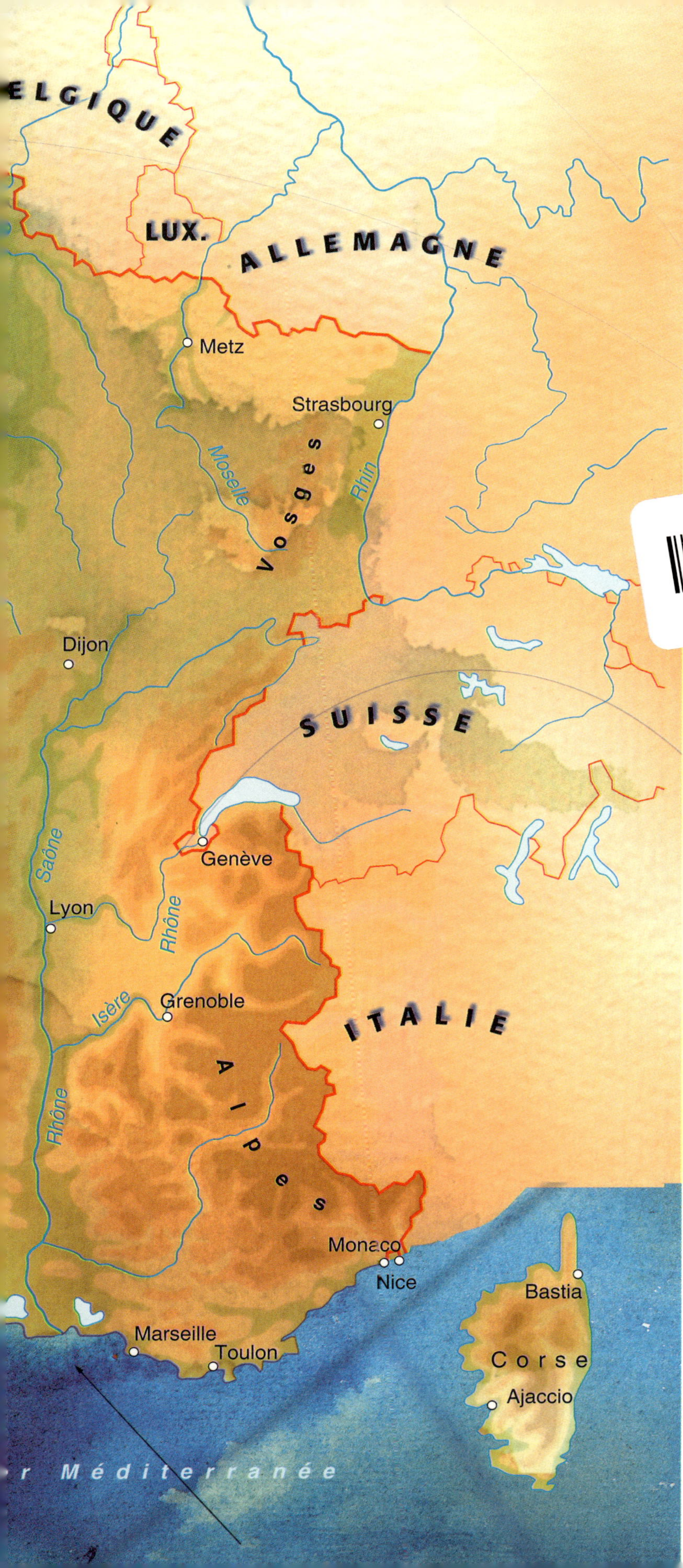

Passages

Lehrwerk für den Französischunterricht

Band 1

VERLAG MORITZ DIESTERWEG
Frankfurt am Main

Passages

Französisch als 2. Fremdsprache

Band 1

von Nicole Bergér, Wolfgang Bufe, Manfred Pelz,
Nicole Verger und Marion Weßling-Bagel

Herausgegeben von Manfred Pelz

Textgestaltung: Nicole Bergér

Chronologisches und Alphabetisches Vokabular:
Catherine Gagnon

Illustrationen:
Wasyl Bagdaschwili, Wuppertal
Andreas Skott, Köln

Karten:
Joachim Zwick, Gießen

ISBN 3-425-06507-2

Visuelles Konzept, Gestaltung, digitale Realisation:
MIC GmbH, Köln
Anhang: Verlag Dr. Wißner, Augsburg
Reproduktion: PHG Lithos GmbH, München
Druck: Ara-Druck, Stuttgart
Bindearbeiten: Münchner Industriebuchbinderei
Aschheim–Dornach

Printed in Germany

Neue Rechtschreibung

المغرب

*fakultativ

Erläuterung der Symbole

 **Hörübung**

 **schriftliche Übung**

 **Gruppenübung**

 **Achtung, aufgepasst!**

 **Leseübung**

 **Partnerübung**

 **Kettenübung**

SALUT, HALLO,

ich bin Marion und das ist mein Bruder Christian. Wir kommen aus Berlin. Die Sommerferien verbringen wir mit unserer Mutter meist am Mittelmeer, dieses Mal auf einem Campingplatz in der Nähe von Marseille.

Dort haben wir ziemlich schnell neue Freunde kennengelernt: Nathalie aus Albi, die mit ihrer Familie in unserer Nähe zeltet, sich ständig mit ihren Schwestern streitet und die Ferien eigentlich lieber in der «colonie de vacances» verbringen würde, wie Séraphin.

Séraphin kann das gar nicht verstehen, denn er hat keine Eltern und Geschwister mehr und lebt bei seinen Großeltern, wenn ich das richtig verstanden habe. Wenn Séraphin bloß nicht ein solcher Angeber wäre. Nathalie scheint das nicht zu stören, sie himmelt ihn an. Ob Séraphin das nicht merkt – oder will er es nicht merken?

Ahmadou ist ebenfalls im Ferienlager. Viele französische Jugendliche fahren auf so eine Jugendfreizeit, weil sie so lange Ferien haben – die Glücklichen –, aber ihre Eltern nicht so viel Urlaub nehmen können. Ahmadou lebt übrigens mit seiner Familie in Paris. Das muss eine tolle Stadt sein. Ich möchte ihn unbedingt nächstes Jahr da besuchen.

Der einzige, der abends nach Hause muss, ist Feisal. Er wohnt nämlich in Marseille. Ich glaube, er fühlt sich nicht besonders wohl hier und hat Heimweh nach Marokko. Er ist oft am Hafen und fährt gerne mit zum Fischen.

Und dann ist da noch Dodo, die von ihren Eltern Dominique genannt wird. Familie Delcourt hat hier ein Ferienhaus, aber das findet Dodo langweilig. Sie hat immer gute Ideen, ist auch sehr sportlich, allerdings ein bisschen wasserscheu. Christian redet manchmal Englisch mit ihr.

Ich spreche schon ein bisschen Französisch, Christian noch nicht. Französischlernen ist gar nicht so schwer. Am einfachsten geht es, wenn man den ganzen Tag mit Französinnen und Franzosen zusammen ist, auch wenn man zunächst nicht jedes Wort versteht.

Auf diese Weise haben wir Französisch gelernt und das kam so:

1 Vive les vacances!

1 A Au camping du soleil

BONNES VACANCES !
Camping du Soleil

1 A Au camping du soleil

1 Qu'est-ce que c'est?

Ecoute.

– Qu'est-ce que c'est?
– C'est un avion.

2 C'est un bateau?

Betrachte das große Bild auf den Seiten 10 und 11 und frage deine Nachbarin / deinen Nachbarn.

a) – Qu'est-ce que c'est en français?
 – C'est un … / C'est une …
 – Je ne sais pas.

b) – C'est un bateau?
 – Oui.
 – Non.

PAROLES, PAROLES …

Du stellst die Frage:	Du erhältst die Antwort:
Qu'est-ce que c'est?	**C'est** **un** coquillage. / **une** mouette.
	Je ne sais pas.
C'est un coquillage? / une mouette?	**Oui.** / **Non.**

LERNTIPP

Vokabelkartei

Christian hat auf dem Campingplatz verschiedene französische Wörter gelernt, aber er kann sich nicht merken, welche Substantive weiblich und welche männlich sind. Deshalb besorgt er sich einen Karteikasten und Karteikärtchen in zwei verschiedenen Farben.

Und so sehen seine Vokabelkarten aus:

Mit diesen Karten kannst du allein oder zusammen mit deinem Partner / deiner Partnerin Vokabeln lernen und wiederholen. Immer dann, wenn du etwas Neues über ein Wort erfährst, z.B. wie der Plural gebildet wird, kannst du deine Karten ergänzen. Bei einer ausreichend großen Sammlung kannst du die Wortkarten nach Themen ordnen oder sie als Dominospiel verwenden.

WUSSTEST DU ...?

Nicht nur in Frankreich, in mehr als 40 Ländern auf der ganzen Welt wird Französisch gesprochen. Zum Beispiel:

Finde heraus, zu welchen Staaten die Flaggen gehören. Kannst du noch andere Länder nennen, in denen Französisch gesprochen wird?

1B Une bouteille à la mer

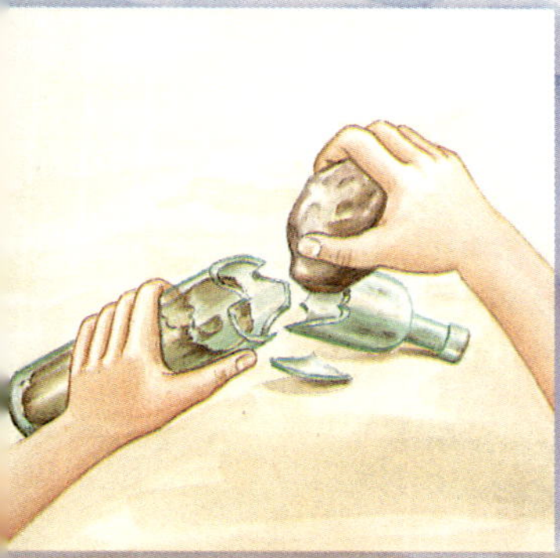

1B Une bouteille à la mer

1 Bonjour, salut. Je m'appelle …

a) *Ecoute.*

b) A toi!
Stelle dich vor und frage deinen Nachbarn / deine Nachbarin.

– Salut, je m'appelle … Et toi, tu t'appelles comment?
– Moi, je m'appelle …

Et toi?

WUSSTEST DU …?

Franzosen küssen sich bei der Begrüßung auf die Wangen. Erwachsene begrüßt man mit «Bonjour madame / mademoiselle» bzw. «Bonjour monsieur» ohne aber den Nachnamen zu nennen. Freunde begrüßen sich untereinander meist mit «Salut». «Salut» kann man auch zum Abschied sagen. Bei der Begrüßung erkundigt man sich auch gleich nach dem Befinden. Unter Freunden fragt man «Ça va?» und sonst «Comment allez-vous?»

2 C'est toi?

Wir haben uns die Namen unserer neuen Freunde nicht gleich merken können und fragen nach.

Christian: Feisal, c'est toi?
Feisal: Oui, c'est moi.
Marion: Dodo, c'est ~ ?
Dodo: Oui, c'est ~ .

A toi! – *Frage deine Mitschüler.*

– Nicole, c'est toi? | – Oui, c'est moi.
| – Non.

3 Qui est-ce?

Als Nathalie und Dodo abends über den Campingplatz gehen, kommt ihnen jemand entgegen.

Nathalie: Qui est-ce? C'est Christian?
Dodo: Oui.
| Non, c'est (Séraphin).
| Je ne sais pas.

A toi! – *Betrachte die Bilder auf den Seiten 14/15 und frage deinen Nachbarn / deine Nachbarin.*

PAROLES, PAROLES …

Du stellst die Frage:	Du erhältst die Antwort:
Qui est-ce?	C'est Nathalie.
C'est Ahmadou?	Oui. Non.
Feisal, c'est toi?	Oui, c'est moi.

4 Bonjour madame. Bonjour monsieur.

a) Dodo und Christian treffen Nathalies Eltern, Monsieur und Madame Lesage.

Dodo: Bonjour madame. Bonjour monsieur.
Mme Lesage: Ah, c'est toi. Bonjour Dodo.
Dodo: C'est Christian, un copain.
M. Lesage: Bonjour Christian.
Christian: Salut.
Dodo: Eh, Christian, on dit «Bonjour monsieur».
Christian: …
Marion: Christian!
Christian: Tschüs, bis morgen.
Dodo: Salut. A demain.
M. Lesage: Au revoir Christian.
Christian: Au revoir monsieur.

b) A toi!

Du bist am Strand und triffst erst Dodo, dann Nathalies Mutter. Begrüße sie, stelle dich vor und verabschiede dich zum Schluss.

PAROLES, PAROLES …

Du grüßt:	Bonjour. Salut (Nathalie). Bonjour monsieur / madame / mademoiselle.
Du stellst dich vor:	Je m'appelle (Feisal). / Je suis (Nathalie).
Du stellst jemanden vor:	Voilà … / C'est …
Du verabschiedest dich:	Au revoir / à demain / à bientôt / à tout à l'heure / salut (Dodo). Au revoir monsieur / madame / mademoiselle.

5 Voilà un marteau

Wem gehört welcher Gegenstand?

Voilà un baladeur.
C'est le baladeur de Nathalie.

Voilà une tente.
C'est la tente de Dodo.

Voilà un appareil-photo.
C'est l'appareil-photo de Christian.

Voilà Dodo, une amie de Nathalie.
C'est l'amie de Nathalie.

Continue.

Voilà …
C'est …

Dodo

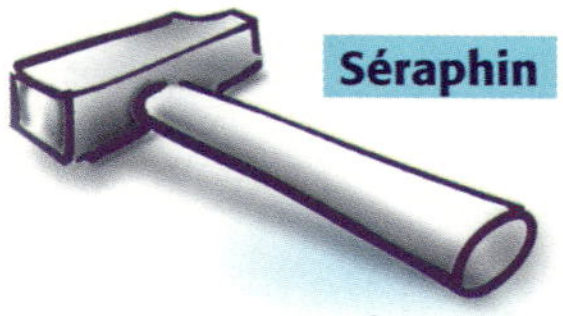

Séraphin

Ahmadou

Feisal

Marion

Christian

ATELIER

un bateau	**le** bateau
un avion	**l'**avion
une bouteille	**la** bouteille
une amie	**l'**amie

Marseille

Marseille wurde 600 v. Chr. durch griechische Seefahrer gegründet und war später eine blühende Handelsstadt des Römischen Reiches. Heute ist sie die wichtigste Hafenstadt im Mittelmeerraum und mit ca. 800 000 Einwohnern die zweitgrößte Stadt Frankreichs nach Paris.

Le Château d'If

Das Château d'If ist eine Festung auf einer Felseninsel im Mittelmeer nahe bei Marseille. Sie ist vom Hafen aus zu sehen. In früheren Zeiten diente sie als Gefängnis.
Es war so gut wie unmöglich von dort zu entfliehen. Als berühmtester Gefangener gilt der Graf von Monte Christo, der Held des gleichnamigen Abenteuerromans von Alexandre Dumas.

6 Un message

Lis le texte.

Nathalie: Qu'est-ce que c'est?
Séraphin: Ben, un message.
Feisal: Passe-moi le miroir:
Ile, château, trésor.
Dodo: Une île? Un château?
Un trésor? Ça alors!

ATELIER

1 un	**2** deux	**3** trois
4 quatre	**5** cinq	**6** six
7 sept	**8** huit	**9** neuf
10 dix	**11** onze	**12** douze

7 Comptine

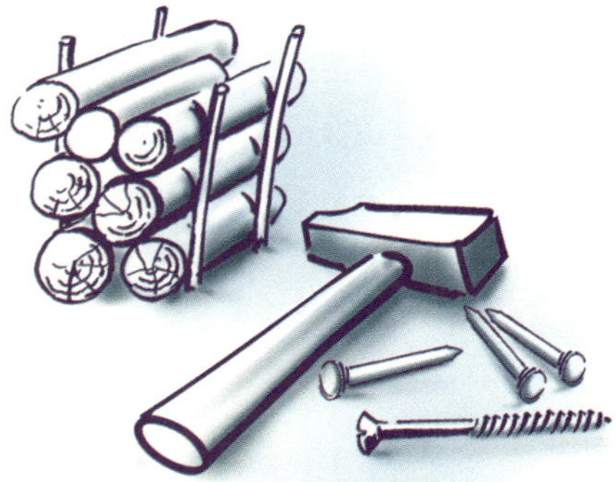

1, 2, 3 –
voilà un tas
de bois,

4, 5, 6 –
marteau, clous et vis,

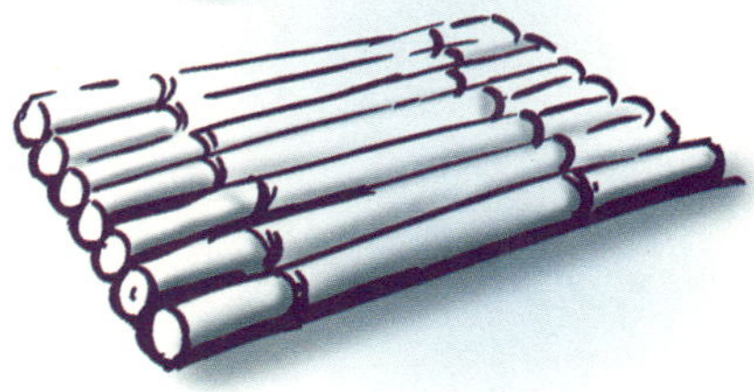

7, 8, 9 –
un radeau
tout neuf,

10, 11, 12 –
le voilà qui bouge
pour un grand voyage, bon courage!

2 Vive l'aventure!

2A On part

2A On part

1 Salut, ça va?

Fragt euch gegenseitig, wie es euch geht.

Ça va.

– Salut, ça va? – Ça va.
– Ça va …

bien **très bien** **mal** **très mal**

2 On part

Feisal: Salut! Tout le monde est là? … Où est Nathalie?
Dodo: Sûrement au lit! … Non, la voilà! … Salut Nathalie, ça va?
Nathalie: Bof, ça va.

Séraphin: Hé, tu viens Ahmadou? Arrête de jouer au foot, tu m'énerves.
Ahmadou: Pas de panique, j'arrive!
Feisal: Christian, Marion, aidez-nous. On met le radeau à la mer.

Ahmadou: C'est lourd!
Séraphin: Pousse. Oh! Hisse! Oh! Hisse!
Tous: Hourra! Il flotte!

ATELIER

Je	**viens**	**d'**Albi.
Tu	**viens**	**de** Marseille.
Il	**vient**	**de** Berlin.
Elle	**vient**	**de** Bordeaux.

3 Tu viens d'où?

a) Wir sind dabei uns etwas näher kennen zu lernen!

Dodo: Christian, tu viens d'où?
Christian: Je viens de Berlin.
Dodo: Et toi, Marion, tu viens d'où?
Marion: Je viens aussi de …

Continue.

b) A toi!

Du stellst dich vor und sagst, woher du kommst. Dann fragst du deine Klassenkameraden.

2B Sur le radeau

2B Sur le radeau

1 Qu'est-ce qu'il fait? / Qu'est-ce qu'elle fait?

a) *Trouve les images.*

a Elle écoute une cassette.
b Il regarde le château.
c Il parle allemand.
d Elle chante une chanson.
e Il mange un sandwich.
f Elle dessine un bateau.
g Il dirige le radeau.

b) *Trouve les infinitifs.*

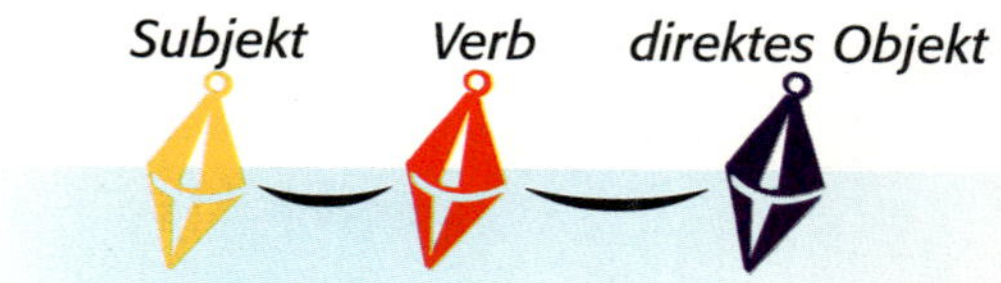

Marion	**chante**	**une chanson.**
Nathalie	**écoute**	**une cassette.**

2 Ecoute, tu m'énerves!

Séraphin befiehlt gerne.
Fais un dialogue avec ta voisine / ton voisin.

Séraphin:	Parle français. ~ le radeau. ~ un château. ~ une chanson. ~ un sandwich.	Christian:	Non! Oui, d'accord. ~, tu m'énerves!

3 Qu'est-ce que tu fais?

Ich will wissen,
was die anderen tun.
Complète les phrases.

Marion:	Qu'est-ce que tu fais, Dodo?
Dodo:	Je dessine un bateau.
Marion:	Ah, tu dessines un bateau!
Marion:	Qu'est-ce que tu fais, Nathalie?
Nathalie:	J'écoute une cassette.
Marion:	Ah, tu ~ une cassette!
Marion:	Qu'est-ce que tu fais, Feisal?
Feisal:	Je ~ le radeau.
Marion:	Ah, tu ~ …!

Continue.

ATELIER

chanter		**arriver**	
je	chante	**j'**	arrive
tu	chant**es**	**tu**	arriv**es**
il / **elle** / **on**	chante	**il** / **elle** / **on**	arrive

ebenso: «jouer» *spielen*, «ramer» *rudern* und viele andere Verben auf -er.
«On» entspricht dem deutschen Personalpronomen «*man*», wird in der französischen Umgangssprache aber auch statt des Personalpronomens **«nous»** (*= wir*) benutzt. Wie kannst du also **«on chante» / «on arrive»** übersetzen?

Was stellst du fest? Finde die Regel.

2. Person Singular	**tu regardes**	**tu écoutes**	**tu parles**	**tu chantes**
Imperativ der 2. Pers. Sg.	**regarde**	**écoute**	**parle**	**chante**

Les Calanques

Der Küstenstreifen zwischen Marseille und Cassis heißt «Calanques». Er ist nur per Schiff oder auf Wanderwegen zu erreichen. Die weißen Kalkfelsen und die zahlreichen Grotten laden ein zum Klettern und Schnorcheln.

2C Des nuages, encore des nuages

1 Qui a peur?

a) *Réponds aux questions.*

1. Qui a faim? C'est Ahmadou.
2. Qui a froid? C'est …
3. Qui a soif? …
4. Qui a peur?
5. Qui a sommeil?
6. Qui a chaud?

b) Ahmadou a faim. Et Nathalie?

Continue.

c) A toi!

– Ça va?
– Non, j'ai …

avoir: soif, sommeil, froid, chaud, peur, faim

LERNTIPP

Hören

Lass dich nicht irritieren, wenn du anfangs nicht viel verstehst. Du gewöhnst dich mit der Zeit an den Klang der Sprache und an das schnelle Sprechtempo. Versuche zunächst herauszufinden, wovon die Rede ist: Wer handelt oder spricht? Wo oder in welcher Situation? In welcher Stimmung? Was geschieht? Oft geben dir Geräusche oder einzelne Wörter (Schlüsselwörter) wichtige Hinweise, um das Geschehen richtig einzuordnen. Benutze deine Kombinationsgabe und Phantasie!

2C Des nuages, encore des nuages

2 Un nuage ... des nuages

Fais des phrases.

Dans le ciel, il y a:

Sur la plage, il y a:

ATELIER

un nuage — **des** nuages
une mouette — **des** mouettes
un bateau — **des** bateaux

Wie lautet der Plural von «château» und «radeau»?

ATELIER

C'est **le** pull de Dodo. — Ce sont **les** pull**s** de Dodo.
C'est **l'**ami d'Ahmadou. — Ce sont **les** ami**s** de d'Ahmadou.
C'est **la** cassette de Nathalie. — Ce sont **les** cassette**s** de Nathalie.
C'est **l'**amie de Marion. — Ce sont **les** amie**s** de Marion.

3 C'est le pull de ...

Qu'est-ce que c'est?
Fais des phrases.

C'est le nounours de Marion.
Ce sont les biscuits de Séraphin.

4 J'ai un trésor

a) *Continue.*

J'ai un nounours.
J'ai un nounours et un ballon.
J'ai un nounours, un ballon et ...

ATELIER

avoir

j' **ai**
tu **as**
il **a**
elle **a**
on **a**

Im Französischen sind ausgerechnet die wichtigsten Verben unregelmäßig. Deshalb musst du sie besonders gut lernen. Wie ist das in anderen Sprachen?

b) *Demande à ta voisine / à ton voisin.*

– Tu as une tente?
– Mais oui. / Ah non.

c) Christian a un appareil-photo et ...
Nathalie a un baladeur et ...

Continue.

3 Un voilier, quelle chance!

3A Venez voir

Venez vite.
Un voilier. Regardez.
Nathalie, réveille-toi.

1 On y va, Dodo?

Fais un dialogue avec ta voisine / ton voisin.

Feisal: Regarde, un port.
On y va, Dodo?
Dodo: Oui, d'accord.
Feisal: Regarde, ~.
On y va, Dodo?
Dodo: Non, pas question.
Feisal: Moi, j'y vais.

Continue.

2 Devinez

Welche Sprechblasen passen zueinander?
Drei Sprechblasen bleiben übrig.

Répondez.
Beeilt euch!
Hört zu!
Kommt her!
Schaut mal!
Regardez.
Lauft weg!
Ecoutez.
Allez.
Steigt hoch!
Venez.
Los!
Wacht auf!
Montez.
Antwortet!

PAROLES, PAROLES ...

Christian braucht als Hilfe ein paar Redewendungen, die immer wieder vorkommen.

Nicht so schnell, bitte!	Pas si vite, s'il vous plaît / s'il te plaît!
Wiederhole bitte!	Répète, s'il te plaît!
Was sagst du?	Qu'est-ce que tu dis?
Wie sagt man das auf Französisch?	Qu'est-ce qu'on dit en français?
Was ist das?	Qu'est-ce que c'est?

Überlege, was er sonst noch auf Französisch wissen möchte.

3 Au camping

Nathalies und Dodos Eltern vermissen ihre Kinder und begeben sich auf die Suche.

M. Lesage: D'abord, je vais à la plage. Ensuite, …
Mme Lesage: Tu vas à la plage? Moi, je vais …?

Continue. Travaille avec ton voisin / ta voisine.

d'abord, ensuite, puis,	je vais tu vas on va	au à la à l' aux	plage stade café restaurant piscine port hôpital supermarché toilettes

Mme Delcourt: Ah non!
Moi, je vais tout de suite au commissariat de police.

ATELIER

aller

je **vais**
tu **vas**
il / elle / on } **va**

ATELIER

le château | **la plage**

au — **à la**
aller
à l' — **aux**

l'hôpital | **les toilettes**

4 Je vais à …

Travaille avec ta voisine / ton voisin.

– Moi, je vais au cinéma, et toi?

Continue.

3B Dans la cale du voilier

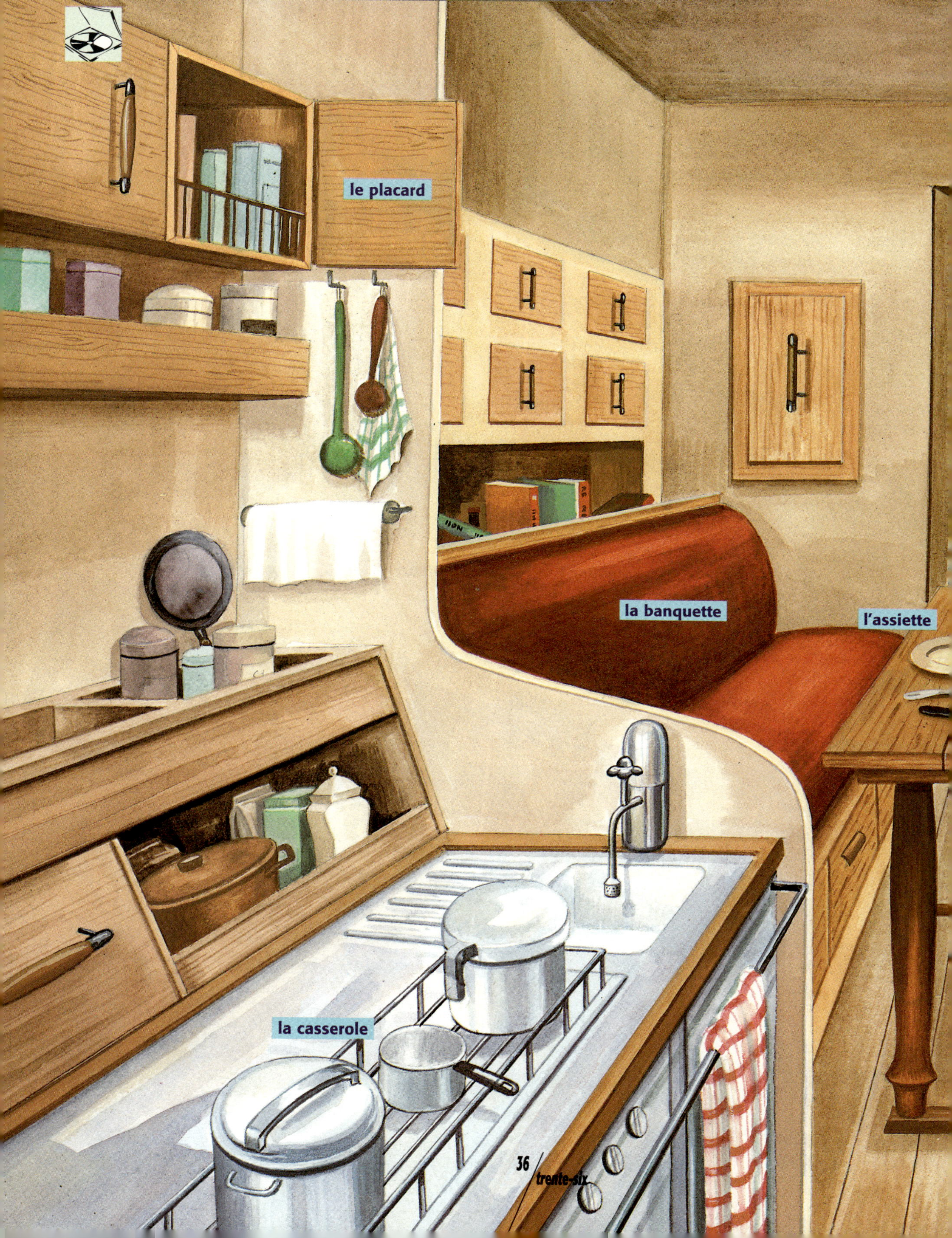

l'eau
la tasse
le sel
le bol
table
la souris
le fromage
l'étagère
THÉ
SUCRE
la confiture
le sucre
CAFÉ
la boîte de conserve
le poisson

3B Dans la cale du voilier

1 Sur le bateau

a) *Regarde l'image et continue.*

Qu'est-ce qu'il y a sur le bateau?
Sur le bateau, il y a une cuisine.
Sur le bateau, il y a une cuisine et ~ .

b) *Regarde l'image, page 36 et 37 et continue.*

Qu'est-ce qu'il y a dans la cuisine?
Dans la cuisine, il y a ~.

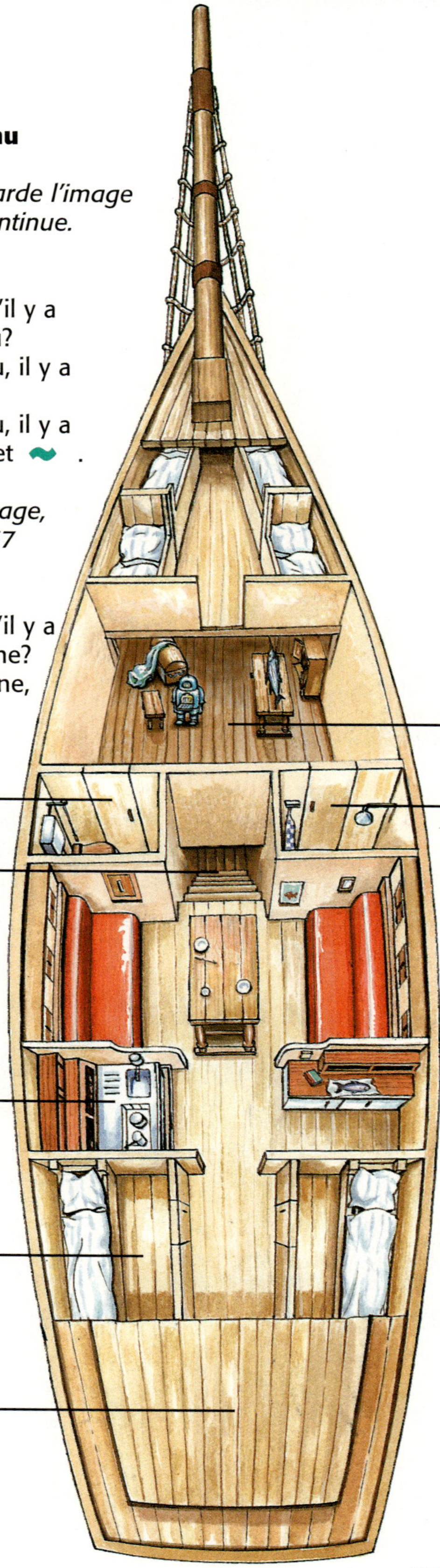

2 Où es-tu?

A cache-cache sur le bateau.

Wer muss suchen?

a) *Complète avec le verbe* «être».

- Dodo, où ~-tu? – Je ~ là.
- Christian et Marion, où ~-vous? – Nous ~ là.
- Où ~ Séraphin et Nathalie?
- Ils ~ sous l'escalier.
- Où ~ Feisal? – Il ~ dans la cabine.

b) *Complète avec* «sur, sous, dans».

- Dodo, où es-tu? – Je suis ~ le pont.
- Où sont Christian et Marion?
- Ils sont ~ la cuisine.
- Séraphin et Nathalie, où êtes-vous?
- Nous sommes ~ l'escalier.

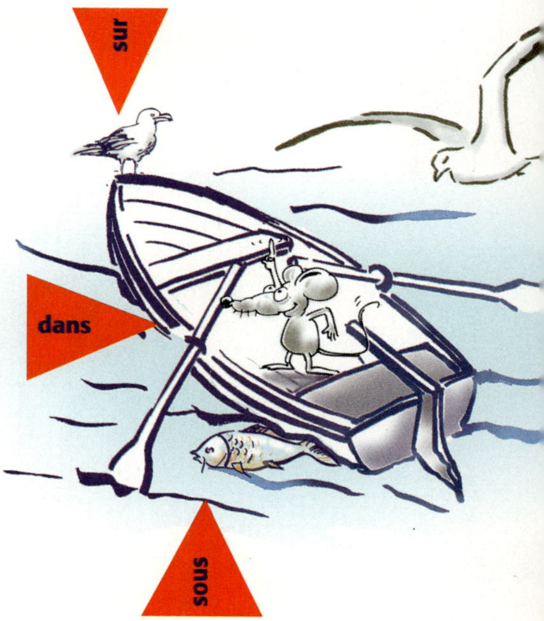

3 Mais quel désordre!

Nach dem Frühstück
ist alles durcheinander.

Regarde la cuisine. Demande à ta voisine / à ton voisin.

1. Où sont les boîtes de conserves?
   Elles sont dans le placard.
2. Où est la confiture?
   Elle …
3. Où est / sont …?

Continue.

ATELIER

être

Je	**suis**	dans le cockpit.	**Nous**	**sommes**	dans la cale.
Tu	**es**	sur le pont.	**Vous**	**êtes**	dans la cuisine.
Il	**est**	à Tourcoing.	**Ils**	**sont**	à Paris.
Elle	**est**	à Bordeaux.	**Elles**	**sont**	à Berlin.
On	**est**	sur le bateau.			

4 Avoir ou être, voilà la question

Complète avec «être» *ou* «avoir».

- La souris est dans le placard. Elle a peur.
- Marion ~ dans la cuisine. Elle ~ faim.
- Séraphin ~ froid. Il ~ sur le pont.
- Feisal ~ dans la cabine. Il ~ sommeil.
- Dodo ~ chaud. Elle ~ dans la cale.

4 Un drôle de bateau

4A Un message à la radio

1 Je veux rentrer à la maison!

a) *Complète les phrases.*

Nathalie:	Je veux ~ papa.	faire marcher
Séraphin:	Je ~ ~ sur le bateau.	rester
Dodo:	Je ~ ~ un message.	rentrer
Feisal:	Je ~ ~ la radio.	revoir
Ahmadou:	Je ~ ~ à la maison.	écrire

b) Nathalie veut ... Dodo ...

Continue.

2 Qu'est-ce que tu veux faire?

Frage jemanden aus der Klasse.
Sie / Er antwortet und fragt weiter!

– Nicolas, tu veux aller au cinéma?
– Oui, je veux bien.
– Dominique, tu veux chanter une chanson?
– Ah non, je veux écouter une cassette.

Continue.

PAROLES, PAROLES ...

Zustimmung / Ablehnung äußern

Nathalie: Tu veux ...?

Feisal:	**Séraphin:**
Oui.	Non.
Oh, oui!	Ah, non!
Oui, je veux bien.	Non, je ne veux pas.
D'accord.	Pas question.
	Non, laisse-moi tranquille!
	Tu m'énerves!

Subjekt	*konjugiertes Verb*	*angehängter Infinitiv*	*Ergänzung*
Ahmadou	**veut**	**manger**	**un sandwich.**
Feisal	**sait**	**parler**	**français.**

Mit «je veux» drücke ich aus, dass ich etwas tun möchte.
Mit «je sais» drücke ich aus, dass ich etwas gelernt habe und nun kann.

ATELIER

vouloir

je **veux**
tu **veux**
il / elle / on **veut**

savoir

je **sais**
tu **sais**
il / elle / on **sait**

3 Dodo sait parler anglais

Ecris les phrases dans ton cahier et compare avec ton voisin / ta voisine.

Christian		chanter.
Ahmadou		réparer le baladeur.
Dodo	sait	parler allemand.
Marion		danser.
Nathalie		parler anglais.
Feisal		diriger le radeau.
Séraphin		écrire un message.

4 Tu sais jouer à la belote?

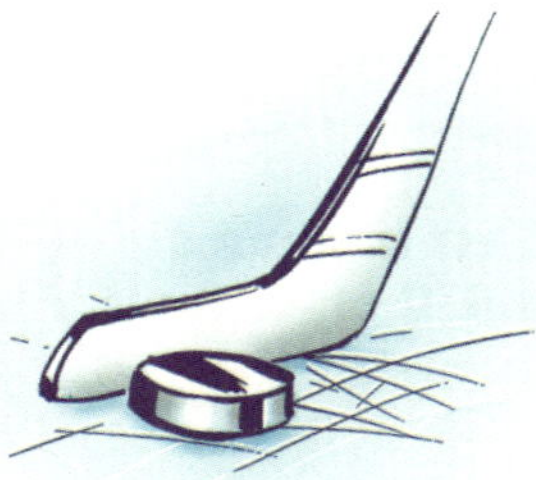

Demande à ta voisine / à ton voisin.

– Tu sais jouer
au tennis?
au volley?
au hockey?
aux échecs?
au ping-pong?
au foot?
à la belote?

– Oui, bien sûr.
– Non, mais je sais jouer …

4B La dispute

Marion: Hört auf zu schreien!
Ahmadou: Arrêtez de crier ou je m´en vais!
Dodo: Tu veux partir? Regarde, le radeau a disparu …
Ahmadou: Quoi? Le radeau a disparu? …
Feisal: … et la plage aussi!
Marion: Schaut doch mal. Die Segel sind oben.
Regardez. Les voiles … les voiles!
Christian: Was ist denn los?
Feisal: Qu´est-ce qui se passe?
Dodo: Le bateau marche tout seul.
Nathalie: Quoi? … Tout seul? C´est incroyable!
Séraphin: Passe-moi tes jumelles, Feisal …
Rien. Nous sommes en pleine mer.
Dodo: Ce n´est pas possible.
Il y a quelqu´un sur le bateau.

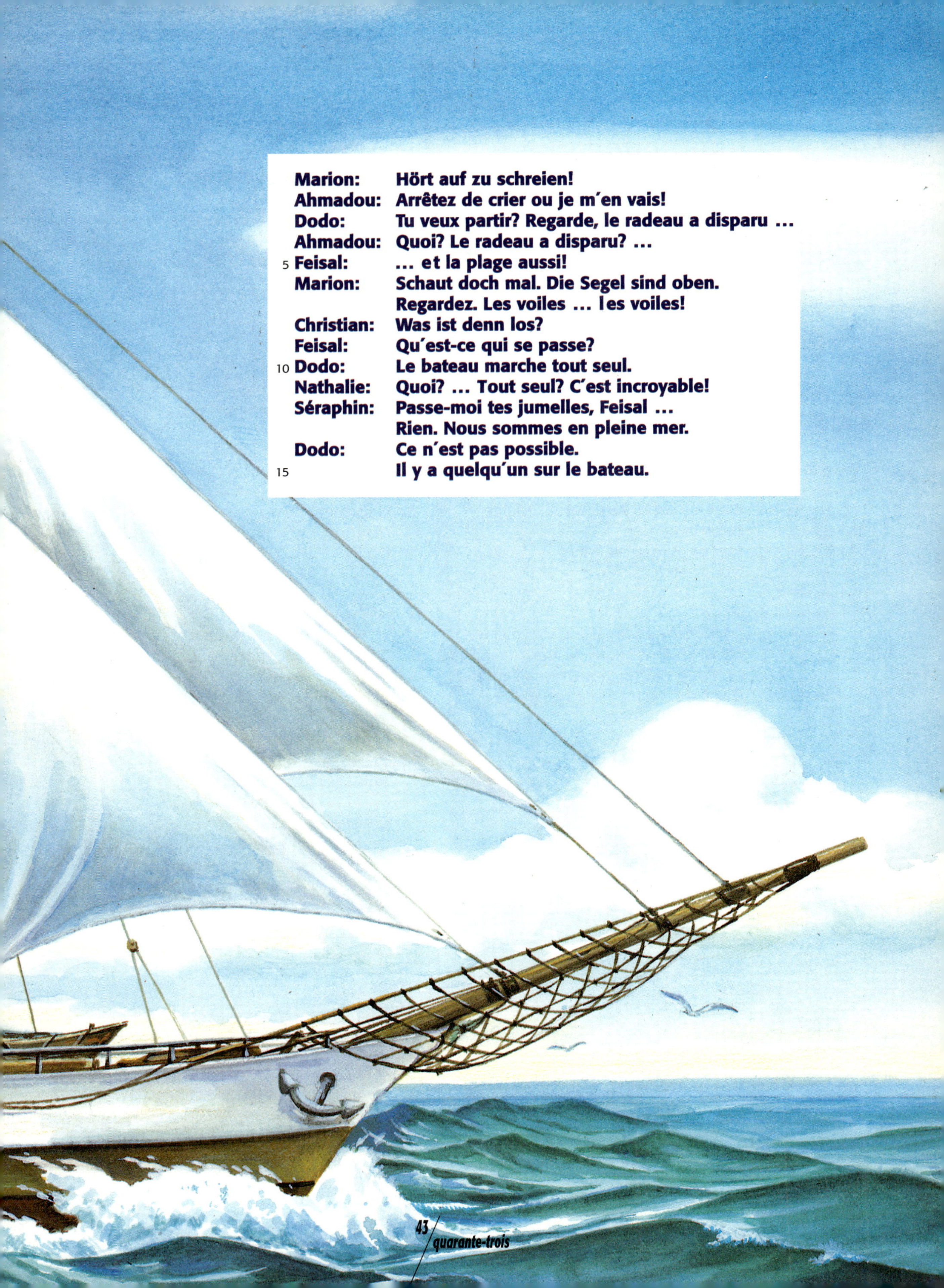

4B La dispute

1 Il y a quelqu'un?

Ein Schiff, das von alleine lossegelt? Nicht möglich, meint Dodo.

Complète les phrases avec le verbe «chercher».

Dodo: Un bateau qui marche tout seul, ce n'est pas possible! Il doit y avoir quelqu'un. Cherchons encore.
Séraphin: Tu as raison, Dodo. Moi, je ~ sur le pont.
Dodo et Nathalie: Nous ~ dans la cale. D'accord?
Séraphin: Bien, et vous, Feisal et Ahmadou?
Feisal: Dans la cuisine.
Dodo: Marion, Christian, vous ~ aussi?
Marion: Nous ~ à l'arrière.
Christian: Je ne comprends pas.
Séraphin explique: Dodo et Nathalie ~ dans la cale. Feisal et Ahmadou ~ dans la cuisine et Marion et toi, vous ~ à l'arrière.
Christian: D'accord. Nous ~ à l'arrière. Mais toi, tu ~ où?

2 Chez Marion et Christian

Nathalie hat keine Lust mehr sich weiter an der Suchaktion zu beteiligen und möchte wissen, was wir in Deutschland so alles haben.

Complète le texte.

1. Nathalie: Vous ~ un animal?
   Marion: Oui, nous ~ un chien. Il s'appelle «Terry».

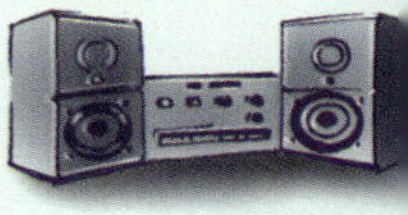

2. Nathalie: Vous ~ une chaîne Hi-Fi?
   Christian: Bien sûr! Nous ~ une super chaîne.

3. Nathalie: Vous ~ un piano?
   Marion: Oui, nous ~ un piano.
   Dodo: Oh, j'adore le piano. Je joue du piano depuis trois ans.
4. Nathalie: Tu ~ des CD de Jean-Michel Jarre?
   Christian: Non, mais nous ~ beaucoup d'autres CD.

5. Nathalie: Tu ~ des rollers?
   Christian: Oui, bien sûr. Toi aussi?
   Nathalie: Ah non! Moi, j' ~ un V.T.T.
   Christian: Un V.T.T.?
   Dodo: Un vélo tout terrain, en anglais c'est: «mountain bike».

ATELIER

chercher

		Impératif
je	cherche	
tu	cherch**es**	Cherche.
il / elle / on	cherche	
nous	cherch**ons**	Cherchons.
vous	cherch**ez**	Cherchez.
ils / elles	cherch**ent**	

ATELIER

avoir

j'	**ai**	nous	**avons**
tu	**as**	vous	**avez**
il / elle / on	**a**	ils / elles	**ont**

Subjekt	Verneinung	konjugiertes Verb	Verneinung	Infinitiv	Ergänzung
Nathalie	**n'**	aime	**pas**		le tennis.
Séraphin et Ahmadou	**ne**	chantent	**pas.**		
Ils	**n'**	aiment	**pas**	chanter.	
Marion	**ne**	veut	**pas**	rester	sur le bateau.

Kannst du selbst die Regel formulieren, wie im Französischen die Verneinung gebildet wird? Was steht zwischen «ne» und «pas»? Wann steht «n'» statt «ne»? Im gesprochenen Französisch wird das «ne» oft weggelassen, im geschriebenen Text muss es unbedingt stehen!

3 Le journal de Nathalie

J'aime …

Séraphin
danser
les boums
les vacances
aller à la plage
faire la grasse matinée
regarder la télé

Je n'aime pas …

les bébés
faire la vaisselle
les cigarettes
l'école
la musique classique
le tennis

a)

Nathalie aime …, mais elle n'aime pas …

Continue.

b) A toi!

Qu'est-ce que tu aimes?
Qu'est-ce que tu n'aimes pas?
Pose la question à ton voisin / à ta voisine et fais une liste avec les réponses.

PAROLES, PAROLES …

Ausdrücken, dass man etwas mag oder nicht mag

Tu aimes …?

Oui, beaucoup.
Oui, c'est chouette. / super. / génial.
Oui, j'adore.

Non, pas du tout.
Non, c'est nul.
Non, je déteste.

A toi!

Benutze deine Liste aus Übung 3b), suche dir eine neue Partnerin / einen neuen Partner und frage sie / ihn nach ihren / seinen Vorlieben.

4 Ahmadou fait le clown

Complète les phrases avec le verbe «faire».

1. Ahmadou fait des bêtises.
   Feisal: Ahmadou, arrête de ~ le clown.
2. Dodo: Nathalie, qu'est-ce que tu ~?
   Nathalie: Je ~ une promenade.
3. Séraphin demande à Christian et Marion:
   Qu'est-ce que vous ~?
   Christian et Marion: Nous ~ la vaisselle.
   Séraphin: Hihi, ils ~ la vaisselle.
4. Et Dodo? Elle ~ la grasse matinée.

LERNTIPP

Verben

Christian kennt inzwischen viele französische Verben. Um nicht den Überblick zu verlieren, legt er eine Verbkartei an.
Er macht eine Musterkarte für Verben mit gleicher Konjugation und notiert auf weiteren Karten nur noch die Infinitive mit der deutschen Übersetzung.
Für Verben, die eine Besonderheit aufweisen, und unregelmäßige Verben legt er eine eigene Karte an.

parler – sprechen

je parle
tu parles
il / elle parle
nous parlons
vous parlez
ils / elles parlent

wie parler werden konjugiert:

aimer – gern haben / mögen / lieben
chercher – suchen
...

A toi!

ATELIER

faire

		Impératif
je	**fais**	
tu	**fais**	**Fais.**
il / elle / on	**fait**	
nous	**faisons**	**Faisons.**
vous	**faites**	**Faites.**
ils / elles	**font**	

4C Qui parle?

Quelques heures plus tard.

Nathalie: Personne. Nous sommes seuls à bord.
Séraphin: C'est incroyable. On est déjà très loin.
Feisal: Oui, le bateau est super rapide.
Dodo: Alors, qu'est-ce qu'on fait maintenant?
Perroquet: A la nage! A la nage!
Ahmadou: Chut, écoutez. Il y a quelqu'un.
Feisal: Mais, c'est la radio!
Perroquet: Bande d'idiots.
Ahmadou: Non, regardez. Il y a un oiseau là-haut … un perroquet!
Nathalie: Où ça?
Ahmadou: Là-haut, sur le mât.
Dodo: Qu'il est beau!

Christian: Kommt mal alle rüber! … Venez voir … Wir sind gerettet!
Dodo: Sauvés!
Feisal: Passe-moi les jumelles, Christian. … Ça alors! … … … Hourra!!!

5 Le pays de Feisal

5A Allons à Fès

Dodo: Mais, on n'est pas à Marseille! Regardez les maisons, le port …

Feisal: On est au Maroc, à Casablanca. Prenez vos affaires! Ma famille habite à Fès: mon grand-père Abdallah, ma grand-mère Amina et mes cousins et cousines Karim, Sihem et Naijla …

Séraphin: Ah … arrête avec ta famille.

Dodo: Il faut téléphoner à nos parents.

Feisal: On peut téléphoner de Fès.

Séraphin: Fès, c'est loin d'ici?

Feisal: Mais non, ce n'est pas loin. On prend le bus. Dépêchez-vous! Mon grand-père va nous aider …

Les jeunes quittent le voilier, heureux d'être enfin sur la terre ferme. Ils montent dans un bus qui part en direction de Fès. Ici tout est différent: il n'y a pas beaucoup de voitures, la route est toute droite. Il y a même des chèvres dans les arbres! Le bus s'arrête dans un petit village. Il y a des ânes et des chameaux partout. Aujourd'hui, c'est le jour du marché. Un quart d'heure plus tard, ils remontent dans le bus.

1 Au guichet

Complète avec le verbe «être».

Feisal: Je voudrais sept billets pour Fès, s'il vous plaît, monsieur.
L'employé: Mais ce ~ des francs, jeune homme! On ~ au Maroc ici!
Feisal: Ah, c' ~ vrai. Que je ~ bête! Vous changez des francs?
L'employé: Ah, non! Il faut aller à la banque. Bon, ça va comme ça. Donne-moi tes francs.
Feisal: Merci, monsieur, vous ~ très gentil.
L'employé: Montez vite. Vous avez de la chance. Le bus part dans cinq minutes.

2 L'argent

Die französische Währung ist zur Zeit noch der Franc.
1 Franc hat 100 Centimes.
Voilà 50 francs.
Voilà ~ francs.
Voilà ~ francs.

Die marokkanische Währungseinheit ist der Dirham.
1 Dirham hat 100 Centimes
Voilà ~ dirhams.
Voilà ~ dirhams.

A toi!

Vielleicht kann jemand französisches und / oder marokkanisches Geld mitbringen. Gib deinem Nachbarn / deiner Nachbarin eine bestimmte Summe weiter. Er / sie muss dann sagen, wie viel Geld er / sie hat.

Besorge dir auf einer Bank eine Umrechnungstabelle und finde heraus, wie viele Dirham 1 DM entsprechen, wie viel der Franc im Vergleich zur DM wert ist und wie vielen Euros die jeweiligen Landeswährungen entsprechen.

A toi!

Kannst du die Regel bilden, nach der die französischen Zahlen zusammengesetzt werden?
Vergleiche mit englischen, deutschen oder anderen Zahlen, die du kennst.

ATELIER

0 zéro	**10** dix	**20** vingt	**30** trente	**40** quarante	**50** cinquante
1 un	**11** onze	**21** vingt et un	**31** trente et un	**41** quarante et un	**51** cinquante et un
2 deux	**12** douze	**22** vingt-deux	**32** trente-deux	**42** quarante-deux	**52** cinquante-deux
3 trois	**13** treize	**23** vingt-trois	**33** trente-trois	**43** quarante-trois	**53** cinquante-trois
4 quatre	**14** quatorze	**24** vingt-quatre	**34** trente-quatre	**44** quarante-quatre	...
5 cinq	**15** quinze	**25** vingt-cinq	**35** trente-cinq	...	...
6 six	**16** seize	**26** vingt-six	...	...	...
7 sept	**17** dix-sept	...	...	...	...
8 huit	**18** dix-huit	...	...	...	...
9 neuf	**19** dix-neuf	...	...	...	...

A toi!

Complète les chiffres.

3 Au café

Complète les phrases avec le verbe «prendre».

Nathalie: J'ai soif. Venez, il y a un café.
Le patron: Alors, les jeunes, qu'est-ce que vous prenez?
Séraphin: Moi, je ~ un coca.
Le patron à Nathalie et Dodo: Et vous, mesdemoiselles, qu'est-ce que vous ~?
Nathalie: Je ~ une bouteille d'eau minérale.
Dodo: Et moi, je ~ un café.
Le patron: Et vous autres, qu'est-ce que vous ~?
Feisal: Nous ~ quatre bouteilles de limonade. Il fait vraiment chaud ici.

4 Dans l'autobus

Un monsieur: Vous descendez où?
Christian: A Fès, Monsieur.
Monsieur: Moi aussi, je descends à Fès.
Christian: C'est encore loin?
Monsieur: Non, c'est à 23 kilomètres d'ici.

A toi!

Vous descendez où?
Faites des dialogues.

PAROLES, PAROLES …

Un billet pour …

Du möchtest eine Fahrkarte:	– Un billet pour Casablanca, s'il vous plaît. – Je voudrais un billet pour Tanger, s.v.p.
Hin-und Rückfahrt:	– un aller (et) retour
Einfache Fahrt:	– un aller simple
Frage nach dem Preis:	– Ça fait combien?
Das kostet:	– Ça fait …

A toi!

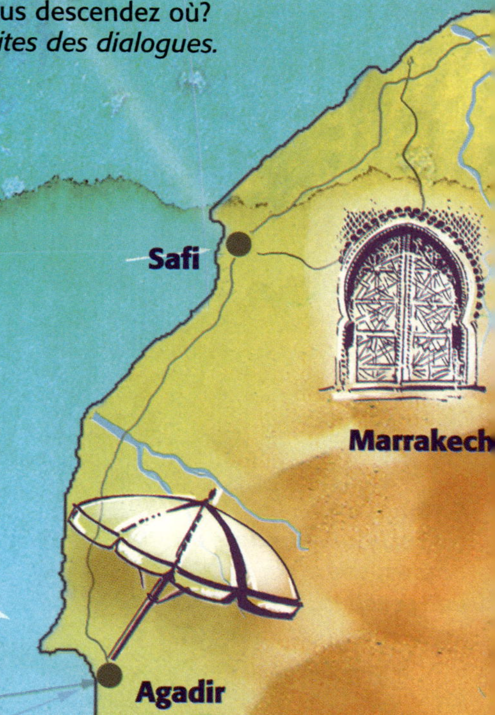

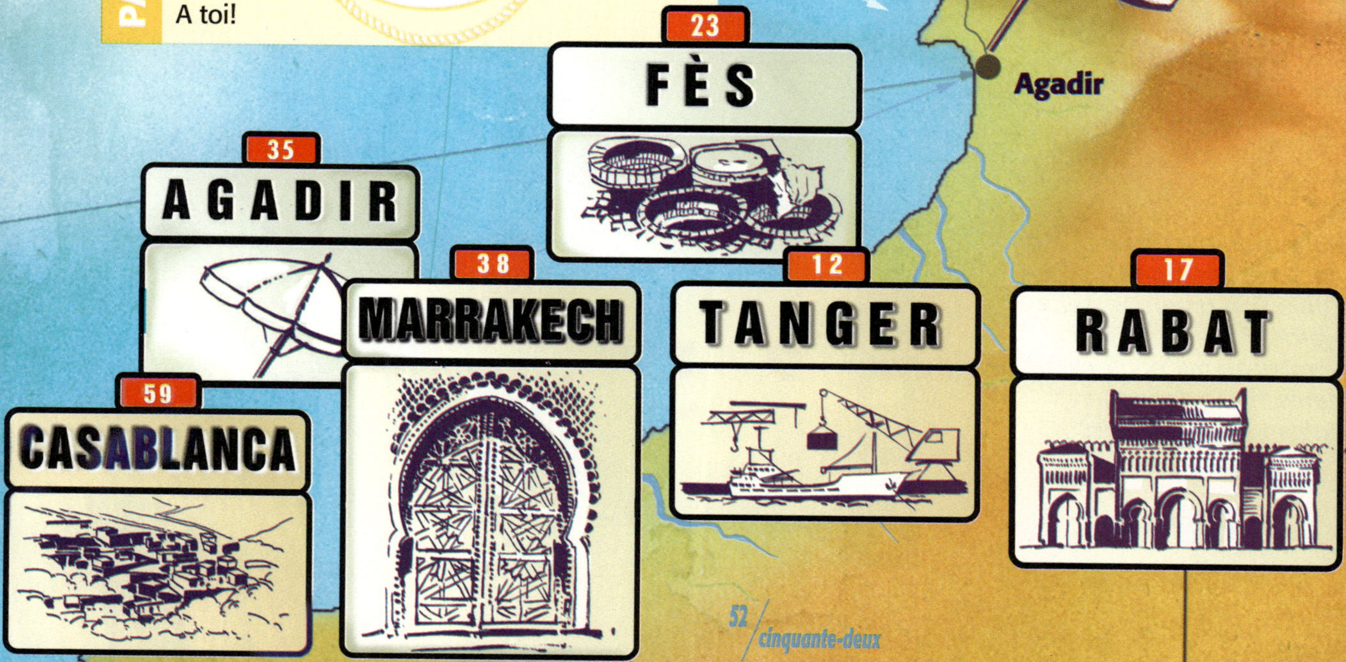

Le Maroc

Marokko gehört zusammen mit Tunesien und Algerien zu den Maghreb-Staaten. Es liegt im äußersten Westen (= el-maghreb-elaqsa) Nordafrikas. Die Hauptstadt ist Rabat. Landessprache ist Arabisch, daneben gibt es noch verschiedene Berbersprachen. Außerdem lernen die Kinder bereits in der Grundschule Französisch, denn Marokko war früher eine französische Kolonie. Seit 1956 ist Marokko wieder unabhängig. Die Staatsreligion ist der Islam.

A toi!

Wenn du noch mehr über Marokko erfahren willst, gibt es verschiedene Möglichkeiten: Frage deine marokkanischen Mitschülerinnen und Mitschüler oder schlage in einem Lexikon oder einem Reiseführer nach.

5B Le labyrinthe des souks

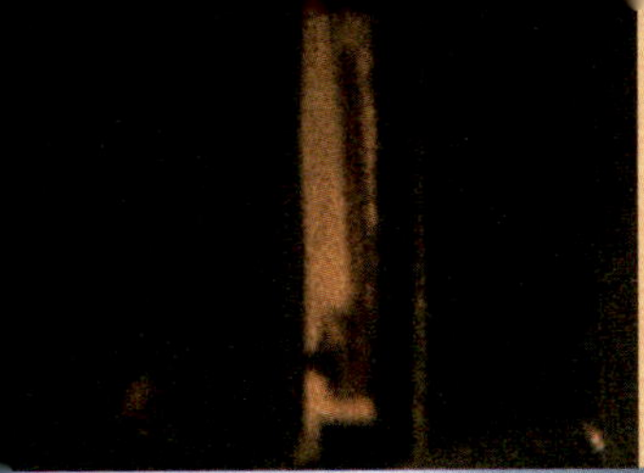

Feisal: Fès! On descend. Eh les filles attendez. Restons ensemble. Il ne faut pas se perdre! C'est un vrai labyrinthe ici!

Ils entrent dans la médina. Les rues sont étroites et sombres. Il y a beaucoup de monde: des hommes en djellaba blanche, des femmes avec des robes de toutes les couleurs, des mendiants, des marchands d'eau avec leurs clochettes, des touristes et beaucoup d'enfants. Partout on crie: «Balek! Balek!», un mot magique qui veut dire: «Attention!». Il est bien difficile de suivre Feisal dans cette foule.

Tout à coup, Feisal s'arrête devant une petite boutique où un jeune garçon, assis par terre, martèle un grand plateau en cuivre.

Feisal: Salut Mohammed!
Mohammed: ... Ça alors... Feisal! ... Qu'est-ce que tu fais ici? Tu n'es pas à Marseille? Ce sont tes copains?
Feisal: Oui.
Mohammed: Vous êtes en vacances?
Feisal: Euh! ... Oui! ... Si tu veux ... C'est une longue histoire! ... Je veux voir grand-père.
Mohammed: Je viens avec vous.

5B Le labyrinthe des souks

1 Oui ou non?

Réponds par «oui» *ou* «non».

1. Est-ce que les copains sont à Marseille?
2. Est-ce que Fès est au bord de la mer?
3. Est-ce qu'ils entrent dans la médina?
4. Est-ce qu'il y a beaucoup de monde dans les rues?
5. Est-ce que des hommes sont en djellaba verte?
6. Est-ce qu'on crie: «Attention! Attention!»?

ATELIER

●	une	voiture	vert**e**	des voitures	vert**es**
	un	bus	vert	des bus	vert**s**
▲	une	voiture	jaune	des voitures	jaune**s**
	un	bus	jaune	des bus	jaune**s**
■	une	voiture	marron	des voitures	marron
	un	bus	marron	des bus	marron

Was fällt dir auf?

Dans le souk des teinturiers à Fès, on trouve toutes les couleurs du monde.

2 Un mirage dans le désert

Du beschreibst deinem Partner / deiner Partnerin eine Fata Morgana: z.B. grüne Häuser, rote Palmen, schwarzer Sand … Dein Partner / Deine Partnerin malt deine Fata Morgana auf ein Blatt Papier. Danach wechselt ihr die Rollen.

palmier

– Je vois un / une / des …

maison

montagne

chameau

village

bus

voiture

tente

chèvre

âne

5C Le couscous pour tous

Chez le grand-père Abdallah, toute la famille est contente de la visite-surprise de Feisal et de ses amis. La grand-mère prépare déjà un énorme couscous. Toute la famille arrive, et tout le monde parle en même temps, un peu en français, un peu en arabe et surtout avec les mains. Le couscous est prêt.

Christian: Qu'est-ce que c'est?
Feisal: Du couscous.
Marion: C'est bon!
Séraphin: Ils n'ont pas de fourchettes?
Nathalie: Chouette, on mange avec les mains.
Dodo: C'est vachement fort, ce truc rouge!
Feisal: Attention, c'est de la harissa!
Ahmadou: J'aimerais boire quelque chose. J'ai soif. Passe-moi l'eau, s'il te plaît.
Dodo: Tiens.
Feisal: Attendez, grand-père apporte du thé à la menthe.
Séraphin: Quoi … du thé à la menthe?
Feisal: Oui, c'est ce qu'on boit ici après les repas. Tu vas voir, c'est une vraie cérémonie.

Le soir, ils se couchent sur d'épais tapis, tous dans la même pièce. Feisal est content d'être là, il n'arrête pas de raconter des histoires. Mais les amis sont tellement fatigués qu'ils n'écoutent plus.

Le couscous et le taboulé – deux spécialités arabes

Le fameux couscous de grand-mère Amina se compose de semoule, de viande et de légumes. Mais sa préparation est un peu compliquée. Si tu veux préparer un plat arabe, prépare un taboulé. C'est aussi très connu en France.

Voilà la recette:

Il faut:
200 g de semoule
500 g de tomates
1 concombre
3 citrons
1 bouquet de persil
de la menthe fraîche
3 cuillères à soupe d'huile d'olive
du sel, du poivre

Mettre la semoule dans un saladier.
Couper les tomates et le concombre en petits morceaux et mettre dans le saladier.
Presser les citrons, hacher le persil et la menthe fraîche et mélanger à la semoule et aux tomates. Ajouter le sel, le poivre et l'huile d'olive. Laisser reposer une nuit au frigidaire.

LERNTIPP

Lesen / Textverstehen

Betrachte zunächst die Bilder und überlege, was sie dir vermitteln. Überfliege den Text und versuche herauszufinden, ob deine Vermutungen bestätigt oder widerlegt werden. Halte dich nicht mit einzelnen Wörtern und Strukturen auf, die du nicht kennst, sondern suche Wörter und Strukturen, die du verstehst.

5C Le couscous pour tous

ATELIER

mon père	ton grand-père	son oncle
ma mère	ta grand-mère	sa tante
mon ami	ton ami	son ami
mon amie	ton amie	son amie
mes frères	tes cousins	ses fils
mes sœurs	tes cousines	ses filles
mes amis	tes amis	ses amis
mes amies	tes amies	ses amies

Was fällt dir auf?

1 Voilà ma famille

Complète avec les déterminants possessifs.

Feisal présente sa famille. Voilà ma grand-mère, la reine du couscous et voilà ~ grand-père, le chef de la famille. Et voilà , ~ tante Samira, elle travaille pour une revue et elle est très élégante. ~ oncle Mohammed, ~ mari, fait de jolis plateaux en cuivre. Et voilà Sihem et Naijla, ~ cousines, les filles de ~ oncle et les sœurs de ~ cousin Karim. Elles font toujours des bêtises. Et voilà, ~ amis de Marseille. Marion et Christian sont ~ amis allemands et voilà ~ copains français, Nathalie, Séraphin, Dodo et Ahmadou.

2 Une grande famille

Regarde la famille de Feisal et pose des questions.

– Qui est Mme Amri?
– C'est la mère de …,
  la fille de …, la femme de …

3 Une télécopie

Da die Telefonverbindung gestört ist, geht Dodo mit Feisal zur Post um ein Fax aufzugeben.

Doch sie wartet vergebens auf den Rückruf.

A toi!

Trouve les déterminants possessifs qui manquent.
Finde die fehlenden Possessifpronomen.

4 Les grands-parents veulent tout savoir

Les grands-parents de Feisal posent des questions à Ahmadou.

Voilà les questions:	Voilà les réponses:
• Tu t'appelles comment?	• Mon père est chauffeur de taxi et ma mère est infirmière.
• Tu habites où?	• Avec mes parents.
• Avec qui?	• Oui, nous sommes Français.
• Et tes parents, qu'est-ce qu'ils font?	• A Paris.
• Tu as des frères et sœurs?	• (Je m'appelle) Ahmadou.
• Vous êtes Français?	• J'ai deux frères et trois sœurs.

a) *Fais un dialogue.*

b) *Ecris un texte.*

Ahmadou habite à …
Son père …, sa mère …
Il a …

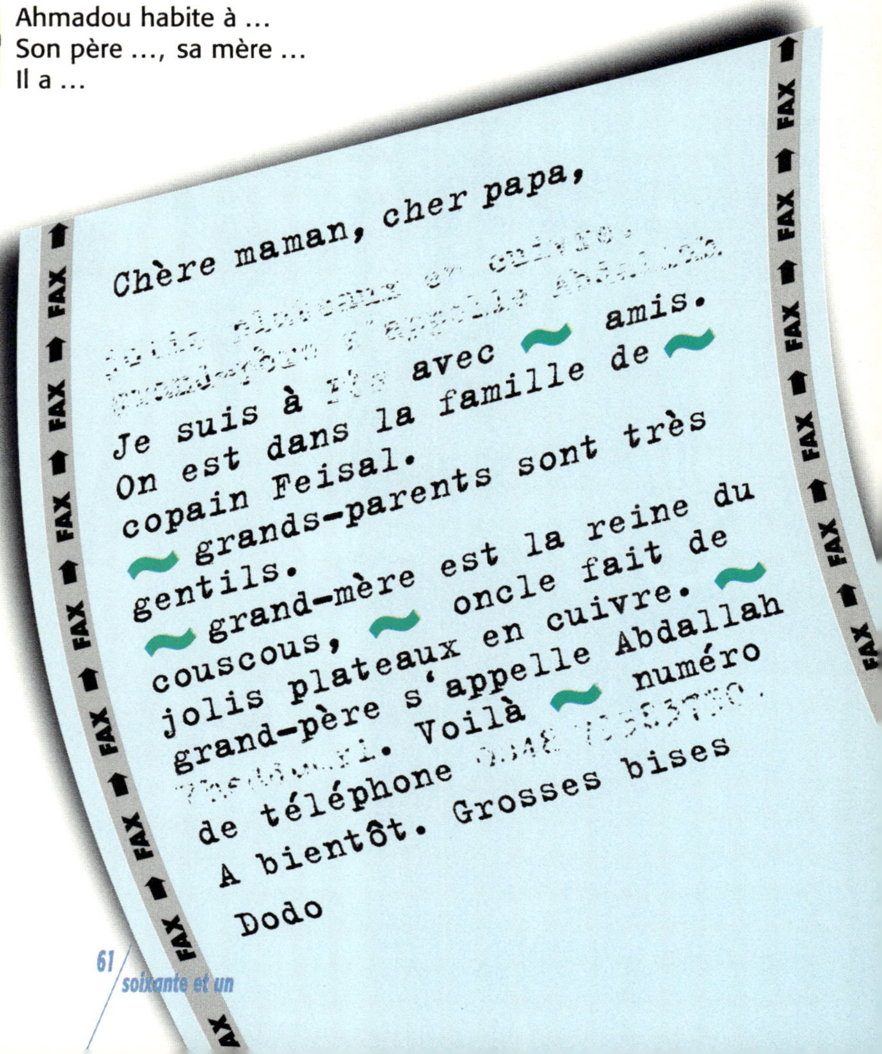

6 Au revoir le bateau

6A Et ça continue

Tout le quartier a déjà entendu parler du drôle de bateau. Les curieux arrivent à la maison d'Abdallah et posent des questions: «Un bateau prêt à partir ... personne dedans ..., un bateau qui marche tout seul ...? Impossible!». Grand-père Abdallah ne comprend rien et veut absolument voir cet étrange voilier. Il décide d'accompagner les enfants jusqu'au port.

Au port de Casablanca, une surprise les attend. Le voilier est toujours là, mais deux policiers montent la garde sur le quai. Que faire?

Grand-père Abdallah fait signe aux enfants de se cacher et s'avance vers les policiers.

Quelques minutes plus tard, il part avec eux. Plus personne!

Feisal: La voie est libre ... Vite, allons chercher nos affaires. Ils vont peut-être revenir.

Ecoute.

6A Et ça continue

1 Carte de débarquement

Eigentlich hätten wir eine «carte de débarquement» ausfüllen müssen.

CARTE DE DÉBARQUEMENT
DISEMBARKATION CARD

1 Nom : / NAME (en caractère d'imprimerie – please print): *Khaddouri*

Nom de jeune fille : / Maiden name:

Prénoms : / Given names: *Feisal Mohammed*

2 Date de naissance : / Date of birth: *13 ans*
(quantième) (mois) (année) (day) (month) (year)

3 Lieu de naissance : / Place of birth: *Fès*

4 Nationalité : / Nationality: *marocaine*

5 Profession : / Occupation: *élève*

6 Domicile : / Address: *11, Boulevard Daniel Casanova*
13000 Marseille France

7 Aéroport ou port d'embarquement : / Airport or port of embarkation: *Marseille*

PAROLES, PAROLES …

Persönliche Daten

- Tu as **quel** âge?
- J'ai … ans.

- **Quel** est ton nom?
- (Tu t'appelles comment?)
- Je m'appelle …

- Tu as **quelle** nationalité? / **Quelle** est ta nationalité?
- Je suis …

A toi!
Wie gut kennst du deinen Nachbarn / deine Nachbarin? Lege für ihn / sie eine «Carte de débarquement» *an.*

ATELIER

le pays	**venir**	**être (nationalité)**	**parler**
la France	**de** France	Français(e)	français
l'Allemagne *(f.)*	**d'**Allemagne	Allemand(e)	allemand
l'Angleterre *(f.)*	**d'**Angleterre	Anglais(e)	anglais
l'Italie *(f.)*	**d'**Italie	Italien(ne)	italien
le Maroc	**du** Maroc	Marocain(e)	arabe
les Etats-Unis	**des** Etats-Unis	Américain(e)	anglais
les Pays-Bas	**des** Pays-Bas	Néerlandais(e)	néerlandais
la Côte d'Ivoire	**de la** Côte d'Ivoire	Ivoirien(ne)	français

2 Passeport

Ahmadou habite à Paris. Ses parents viennent de la Côte d'Ivoire, mais ils sont Français. Dodo habite à Bordeaux. Elle vient de France, elle est Française.

Continue. Ecris les phrases dans ton cahier.

Feisal – Marseille – Maroc – Marocain.
Séraphin – Tourcoing – France – Français.
Les grands-parents de Séraphin – Italie – Italiens.
Christian – Berlin – Allemagne – Allemand.
Sa sœur …

Nathalie – Albi …

PAROLES, PAROLES …

Jemand redet zu viel:
Tais-toi! Taisez-vous!
Ferme-la! *(unhöflich)*

Jemand geht dir auf die Nerven:
Tu m'énerves!
Tu me tapes sur les nerfs.
Tu me casses les pieds.
Quel(le) casse-pieds!

Du hast von etwas genug:
J'en ai marre.
J'en ai ras-le-bol.

Du gibst jemandem die Schuld:
C'est de ta faute.

Du fluchst:
Zut alors!
Mince!

Du bedankst dich:
Merci (bien, beaucoup).
C'est gentil.
C'est drôlement sympa.

Du findest etwas lustig:
C'est marrant.
C'est amusant.

Du findest jemanden nett:
Tu es sympa.
Tu es gentille / gentil.
Tu es super!
Je t'aime.

3 Ils sont comment?

Nathalie est petite et mince …
Christian est grand …

Continue.

petit(e)	**gros(se)**
sympa	**triste**
gai(e)	**grand(e)**
joli(e)	**gentil(le)**
mince	**intelligent(e)**
méchant(e)	**sportif / sportive**

6B La nuit, j'ai peur

Dodo: Mais qu'est-ce que c'est que ce voilier? Où est-ce qu'il nous emmène? Pourquoi est-ce qu'il marche tout seul?

Feisal: C'est vraiment bizarre ..., bizarre ...

Séraphin: C'est la faute à Marion avec son nounours!

Perroquet: Ma faute, ta faute, sa faute ... Et vive les disputes et vogue la galère!

Dodo: Vous entendez le perroquet. Il a raison. Arrêtez de vous disputer. Il est tard et nous sommes tous fatigués. Allons dormir.

Ahmadou: Tu as raison. Allons nous coucher! Nous sommes sept et il y a huit couchettes.

Feisal: Les garçons à l'arrière et les filles à l'avant.

Nathalie: Tu rigoles? Moi, je reste avec Séraphin.

Christian: Et moi, je reste avec ma sœur.

Dodo: Moi, je dors dans le carré. D'accord?

Feisal: D'accord, Ahmadou et moi, on dort à l'arrière.

Marion: Ich will nach Hause, Chris! Bring mich nach Hause.

Christian: Lass mich endlich in Ruhe! Was meinst du wohl, wo ich hin will?

Séraphin: Sur un vrai bateau, il faut monter la garde toutes les deux heures chacun son tour. Marion peut rester au lit. Qui commence?

Ahmadou: Moi et avec qui?

Feisal: Moi!... J'ai bien trop peur pour dormir.

Perroquet: Sapristi, bande de ouistitis! Ruhe im Laden! Et vogue la galère, moi, je surveille.

Une heure plus tard:

Séraphin: Nathalie, tu dors?

Nathalie: Non ... Chut! ... Il y a quelqu'un! ...

Séraphin: Tu rêves!

Nathalie: Je t'assure, il y a quelqu'un! J'entends des pas ... Ecoute! ...

Séraphin: Mais Ahmadou et Feisal montent la garde!

Nathalie: Eh, Ahmadou, c'est toi? Qui est là? ... J'ai peur. Va voir, Séraphin.

Séraphin: Mais non, il n'y a personne. C'est le vent.

Quelques minutes plus tard:

Nathalie: Séraphin?

Séraphin: Mais quoi encore? ... Tais-toi. Je veux dormir. Je suis crevé, il est tard.

Nathalie: Je ne peux pas dormir.

Séraphin: Tu me casses les pieds! Compte les moutons.

Nathalie: Un mouton ... deux moutons ... trois ...

6B La nuit, j'ai peur

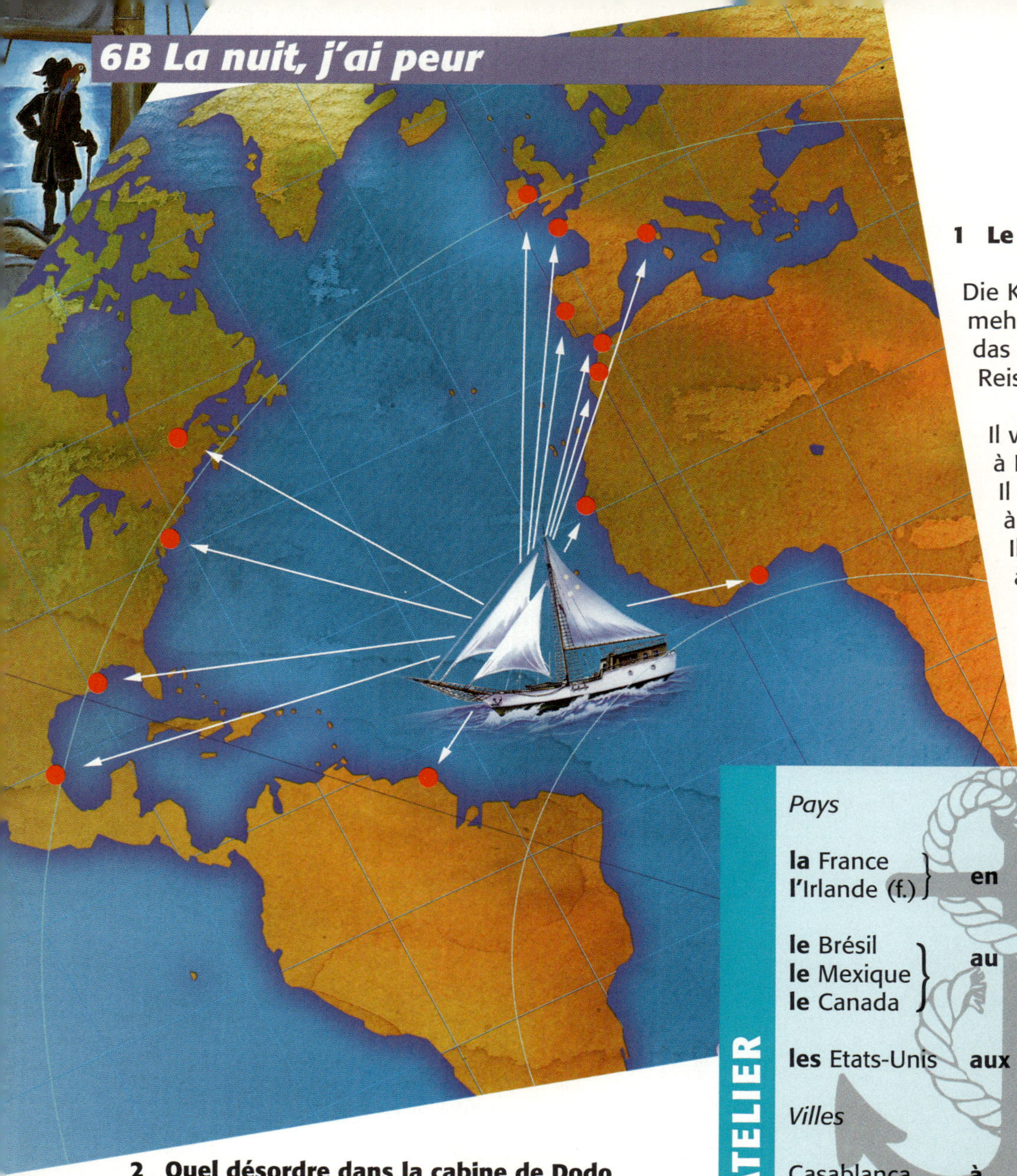

1 Le voyage continue

Die Küste Marokkos ist nicht mehr zu sehen. Nur noch das Meer. Wohin wird die Reise diesmal gehen?

Il va en Guyane, à Kourou?
Il va au Portugal, à Lisbonne?
Il va aux Pays-Bas, à Rotterdam?
Il va …?

Continue.

ATELIER

Pays		
la France **l'**Irlande (f.)	**en**	aller **en** France aller **en** Irlande
le Brésil **le** Mexique **le** Canada	**au**	aller **au** Brésil aller **au** Mexique aller **au** Canada
les Etats-Unis	**aux**	aller **aux** Etats-Unis
Villes		
Casablanca	**à**	aller **à** Casablanca

2 Quel désordre dans la cabine de Dodo

Alle haben ihre Sachen in Dodos Schlafkoje verstreut. Dodo will wissen, wem was gehört.

Dodo fragt:	*Feisal antwortet:*	
C'est à toi?	Oui, c'est à moi.	
C'est à Nathalie?	Oui, c'est à elle.	
	Non, c'est à Séraphin.	Ah, c'est à lui!
	Séraphin / Ahmadou antworten:	
C'est à vous?	Oui, c'est à nous.	
	Non, c'est à Christian et à Marion.	Ah, c'est à eux!
	Non, c'est à Marion et à Nathalie.	Ah, c'est à elles!

– C'est à toi, Marion?
– Non, ce n'est pas à moi. C'est à …
– Ah, c'est à elle / à lui.

Continue.

3 Qui dort où?

Wir sind müde und suchen einen Platz zum Schlafen.

Réponds aux questions.

1. Combien de couchettes est-ce qu'il y a sur le bateau?
2. Où est-ce que Dodo veut dormir?
3. Avec qui est-ce que Christian veut dormir?
4. Et Nathalie?
5. Qui veut dormir dans la cabine d'Ahmadou?

4 Devinette

Imagine un **grand** oiseau **de toutes les couleurs** avec une **petite** tête **marrante**. Il sait parler **français** et raconte des histoires **bizarres**. C'est un animal sympathique. Qu'est-ce que c'est? C'est nu teuqorrep!

ATELIER

Die meisten Adjektive stehen **nach** dem Nomen:

un oiseau **rouge**
une chanson **américaine**
un garçon **sympathique**

Einige Adjektive stehen in der Regel **vor** dem Nomen:

une **petite** maison
un **grand** voilier
un **bon** couscous
une **jolie** fille

5 Le voyage des mots

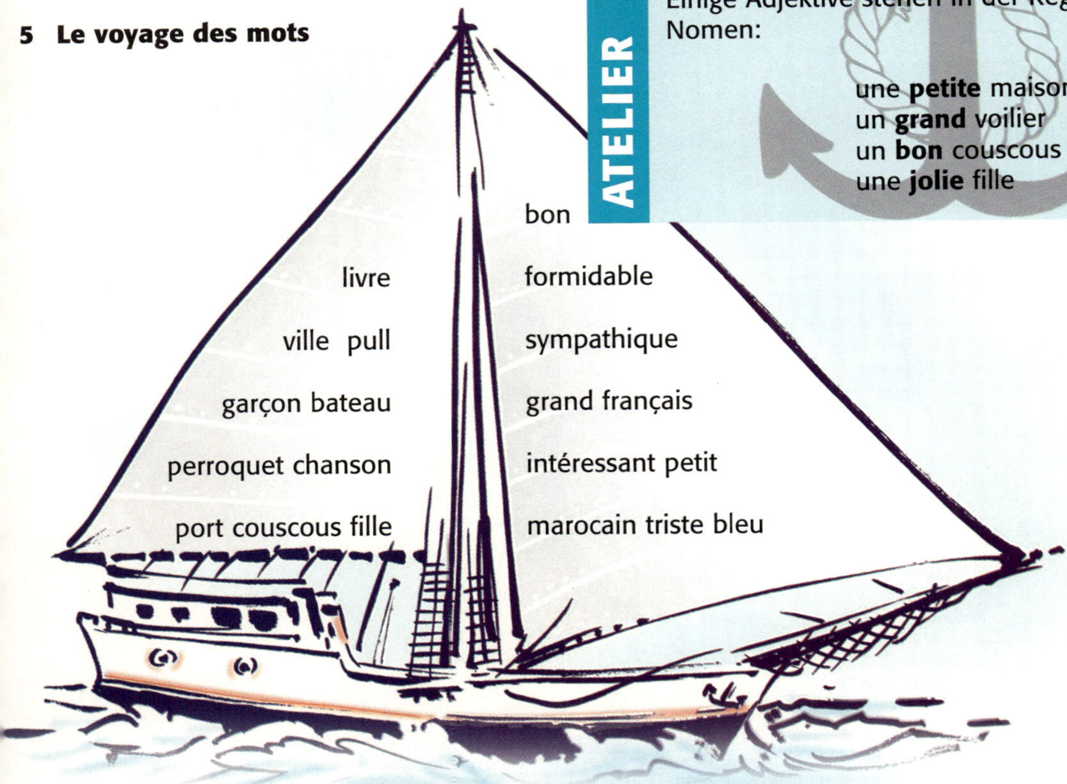

Das Boot kann sich erst in Bewegung setzen, wenn aus den Adjektiven und Nomen Sätze entstehen.
Z.B.: La grand-mère de Feisal prépare des couscous formidables.

Continue et bon voyage!

7 Il y a quelqu'un?

7A Le fantôme d'un pirate?

Santiano

1. C'est un fameux trois-mâts,
fin comme un oiseau.
Hisse et ho, Santiano!
Dix-huit nœuds,
quatre cents tonneaux,
je suis fier d'y être matelot.

Refrain:
Tiens bon la vague
et tiens bon le vent.
Hisse et ho, Santiano!
Si Dieu veut toujours droit devant,
nous irons jusqu'à San Francisco.

2. Je pars pour de longs mois
en laissant Margot.
Hisse et ho, Santiano!
D'y penser j'avais le cœur gros
en doublant les feux de St-Malo.

3. On prétend que là-bas
l'argent coule à flots.
l'argent coule à flots.
On trouve l'or
au fond des ruisseaux,
j'en ramènerai plusieurs lingots.

4. Un jour, je reviendrai,
chargé de cadeaux.
Hisse et ho, Santiano!
Au pays, j'irai voir Margot,
à son doigt, je passerai l'anneau.

Refrain:
Tiens bon le cap
et tiens bon le flot.
Hisse et ho, Santiano!
Sur la mer qui fait le gros dos,
nous irons jusqu'à San Francisco.

Le lendemain matin, les jeunes se retrouvent dans la cuisine pour prendre le petit déjeuner. Il ne reste pas grand-chose: des biscottes et de la morue salée. Tout le monde est de mauvaise humeur, sauf Séraphin qui mange de bon appétit. Il sort de table pour inspecter le bateau. Quinze minutes plus tard, il revient.

Séraphin: Regardez ce que j'ai trouvé sur le pont.
Dodo: Un chapeau.
Nathalie: C'est étrange! Il n'était pas là tout à l'heure, j'en suis sûre.
Séraphin: Et cette canne non plus.
Dodo: Elle est sûrement vieille. Elle est peut être en argent.
Christian: Et ce truc-là?
Dodo: C'est une boucle d'oreille.
Nathalie: Fais voir. Oui, c'est une créole.
Feisal: C'est de l'or?
Ahmadou: Mais non. C'est peut-être une boucle d'oreille de pirate!
Séraphin: De pirate? Et quoi encore! En tout cas, c'est sûr, il y a quelqu'un sur le bateau. Vous vous souvenez des bruits de pas sur le pont, l'autre nuit?
Ahmadou: Tu es fou. Il n'y a personne! On a déjà tout fouillé.
Séraphin: Viens, Christian. On va voir de nouveau.
Dodo: Prenez un couteau dans la cuisine ...et la lampe de poche. On ne sait jamais.

1 Le petit déjeuner

Nach der unruhigen Nacht haben wir alle Hunger und träumen von einem schön gedeckten Frühstückstisch.

Séraphin: Je voudrais du lait froid.

Je voudrais du … / de la … / de l' … / des …

Continue.

2 Dis-moi ce que tu manges …

Au petit déjeuner, les Allemands mangent du jambon.

Continue.

les Allemands
les Français
les Anglais

manger
boire
prendre

Et toi?

ATELIER

le café	**la** confiture
du	**de la**
de l'	**des**
l'eau minérale	**les** céréales

de + le = du
de + les = des

3 La liste des courses

Außer Fisch und Zwieback sind kaum noch Vorräte da. Daher überlegen wir gemeinsam, was alles gebraucht wird.

Nathalie: Il faut du café.
Feisal: Il faut du café et du cacao.
Dodo: Il faut du café, du cacao et …

Continue.

4 Je vais à la boulangerie et j'achète …

Wir phantasieren, was wir im nächsten Hafen kaufen werden.

Ahmadou: Je vais à la crémerie et j'achète du fromage.
Christian: Je vais à la charcuterie et j'achète du jambon …
Dodo: Je vais à la boulangerie …
Nathalie: Je vais à l'épicerie …

Continue.

LERNTIPP

Vokabeln

Manche Wörter kommen dir sicher bekannt vor, du kennst sie als Fremdwörter oder aus dem Englischunterricht, z. B. „cereals". Trage sie auf deinen Vokabelkarten mit ein. Achte hier ganz besonders auf die unterschiedliche Schreibweise und präge sie dir genau ein.

Le petit déjeuner

Wie viele Franzosen isst Dodo jeden Morgen zum Frühstück gern frisches Baguette mit Butter und Marmelade und trinkt Milchkaffee aus einer großen Tasse ohne Henkel. Sonntags holt sie beim Bäcker Croissants und Schokocroissants.

Das gibt es auf dem Schiff natürlich nicht, dafür nur trockenen Zwieback mit Marmelade, auch keine Milch. Dodo ist deswegen ziemlich betrübt. Christian und mir ist das egal. Wir freuen uns über den Camembert von Ahmadou, denn wir essen morgens gerne Käse.

7A Le fantôme d'un pirate?

L'horizon

Que voit-on à bâbord?
On ne voit que l'océan.
Que voit-on à tribord?
Les vagues et leurs
moutons blancs.
Que voit-on à l'avant?
L'horizon, très loin devant.
Que voit-on à l'arrière?
Rien que la mer, la mer, la mer.

(Corinne Albaut)

Des bateaux à la mer

Certains mettent
Les bateaux en bouteille.

D'autres jettent
Les bouteilles à la mer.

Mais la plupart du temps
On met les bateaux à la mer,
Directement.

(Corinne Albaut)

5 Ne vois-tu rien?

Auf offener See gibt es nicht viel zu sehen, oder doch?

Nathalie:	Est-ce que tu vois la bouteille?
Séraphin:	Oui, je la vois.
Christian:	Tu vois le bateau?
Séraphin:	Non, je ne le vois pas.

Continue.

ATELIER

Tu vois	**la**	souris?	Oui, je		**la**	vois.
Tu vois	**le**	perroquet?	Oui, je		**le**	vois.
Tu vois	**les**	garçons?	Non, je	**ne**	**les**	vois **pas**.
Tu aimes	**la**	glace au citron?	Oui, je		**l'**	aime.
Tu aimes	**le**	thé?	Non, je	**ne**	**l'**	aime **pas**.
Tu aimes	**les**	bonbons?	Oui, je		**les**	aime.

Il ne voit rien

Qu'est-ce qu'il voit?
Il ne voit rien.
Qu'est-ce qu'il entend?
Il n'entend rien.
Qu'est-ce qu'il fait?
Il ne fait rien.
Il dort.

Séraphin et Christian inspectent le bateau.

Tu vois quelque chose?

Non, je ne vois rien.

6 Tout le monde est de mauvaise humeur

Alle sind müde und schlecht gelaunt. Ich erhalte jedesmal eine ablehnende Antwort.

Marion: Tu veux quelque chose?
Séraphin: Non, je ne veux rien.

Pose des questions à ton voisin / à ta voisine et réponds par «non».

ATELIER

Est-ce que tu vois quelque chose? Tu vois quelque chose?	Oui. / Non.
Qu'est-ce que tu vois?	Je vois la bouteille. Je ne vois rien.

7 C'est à qui?

Séraphin hat auf dem Deck verschiedene Gegenstände gefunden. Drei davon waren vorher nicht auf dem Schiff. Welche?

WUSSTEST DU...?

Franzosen sagen oft «le truc», wenn ihnen ein Wort nicht einfällt. «Truc» ist also ein nützliches Wort, das alle möglichen Gegenstände bezeichnen kann. Wenn du einen französischen Begriff nicht kennst, kannst du einfach «le truc» sagen. Welches Wort würdest du dafür in deiner Sprache verwenden?

Dodo: Chut! J'entends des voix dans le cockpit.
Ahmadou: Séraphin a raison. Il y a quelqu'un.
Feisal: Non, personne. C'est seulement la radio.
Dodo: Chut! Taisez-vous.

Marion: Hast du was verstanden? Haben sie uns gefunden?
Nathalie: On nous recherche.
Dodo: Ma mère doit être folle d'inquiétude.
Feisal: Mes parents, je m'en fous! Je veux retourner au Maroc, chez mon grand-père.
Nathalie: Eh bien, moi, je trouve qu'on est bien sur notre bateau. J'aime mieux rester ici … avec Séraphin! …

Un peu plus tard.

Feisal: Venez tous, dans le carré, il y a quelque chose qui clignote! On dirait un robot avec un écran de télé.
Nathalie: Quoi? Un robot?
Dodo: On peut peut-être envoyer un message à nos parents avec ça. Il y a un clavier sous l'écran du robot. Il clignote encore. Qu'est-ce que ça veut dire?
Ahmadou: Essaie d'envoyer un message. Tu es bonne élève, toi.
Dodo: Qu'est-ce que j'écris?

7B Avis de recherche

1 Une journée sur le bateau

a) *Complète les phrases avec:*

avoir, dormir, écouter, écrire, faire, jouer, manger (2x), marcher, prendre, regarder

Il est huit heures.
Tout le monde ~.

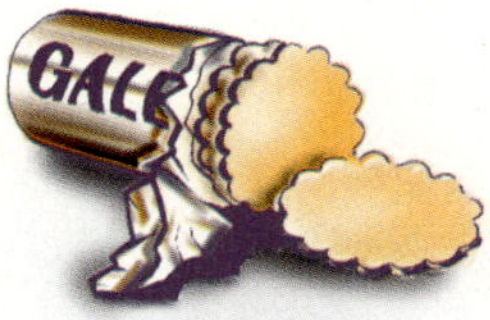

Il est midi.
Dodo ~ des biscuits.

Il est neuf heures et demie. Les amis ~ le petit déjeuner.

Il est midi dix.
Dodo ~ encore faim.

Il est dix heures moins vingt. Nathalie ~ de la musique.

Il est deux heures moins cinq. Feisal ~ marcher la radio.

Il est onze heures moins le quart.
Séraphin ~ la mer.

Il est quatre heures vingt-cinq.
Christian ~ son journal.

Il est sept heures et quart.
Les amis ~ aux cartes.

Il est huit heures moins dix.
Les amis ~ des spaghettis.

Il est minuit.
Un fantôme ~ sur le pont.

b) A toi!

Pose des questions à ton voisin / à ta voisine.

– Qu'est-ce qui se passe à sept heures et quart?
– A sept heures et quart, les amis …

2 Quelle heure est-il?

Christian hat seine Uhr verloren und fragt Ahmadou ständig, wie spät es ist.

Christian: Il est quelle heure?
Quelle heure est-il?
Tu as l'heure, s'il te plaît?
Ahmadou: Il est 7 heures 12.

Continue.

3 La semaine

Lundi, c'est la vie.
Mardi, un biscuit?
Mercredi, oui merci.
Jeudi, bon appétit.
Vendredi, bonjour mon chéri.
Samedi, je reste au lit.
Dimanche, je fais la planche.

Ecris un poème.
Schreibe ein Gedicht mit Wörtern, die auf [i] *enden:*

ici, un ami, le lit, le taxi, la nuit, la souris, bon appétit, deux heures et demie, gentil, petit, le mari, le tapis, Paris, Italie

Kennst du noch andere Wörter auf [i]?

LERNTIPP

Auswendig lernen

Lies das Gedicht mehrere Male laut. Achte auf Reime und zusammengehörende Wörter. Decke einen Teil der Zeile oder einzelne Zeilen mit einem Papierstreifen ab und versuche, die fehlenden Teile auswendig zu ergänzen.

4 Emploi du temps

a) *Lisez le texte.*

Dodo:	Dis donc Ahmadou, quel jour sommes-nous aujourd'hui?
Ahmadou:	Samedi, je crois.
Dodo:	Samedi?
Ahmadou:	Ah non, attends, … vendredi.
Dodo:	Alors, samedi ou vendredi?
Ahmadou:	Je ne sais pas. Peut-être dimanche.
Dodo:	Super, je n'ai rien à faire aujourd'hui.

b) *Faites des dialogues, par exemple:*

Seraphin:	Quand est-ce que tu montes la garde?
Feisal:	Mardi.
Séraphin:	A quelle heure?
Feisal:	A 22 heures.

Continuez.

LUNDI:	19 h 30	faire la vaisselle
MARDI:	22 h	monter la garde
MERCREDI:	16 h	observer la mer
JEUDI:	13 h 50	écouter la radio
VENDREDI:	18 h	inspecter le bateau
SAMEDI:	12 h 30	faire la cuisine
DIMANCHE:	15 h	libre

5 On veut, mais on ne peut pas

1. Feisal veut dormir, mais il ne peut pas.
2. Dodo …

Continue.

1

2
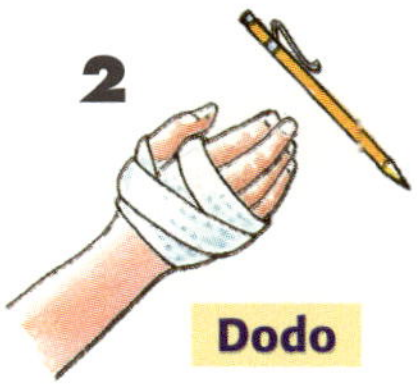
Dodo

3

4

5

Dodo et Marion

6

Nathalie

7

6 Que faire maintenant?

Wir überlegen gemeinsam, wie wir das Schiff wieder verlassen können.

Nathalie: On peut envoyer un message à la police?
Feisal: Oui, on peut.
Séraphin: Mais non, on ne peut pas.

Fais des dialogues avec ton voisin / ta voisine.

on peut nous pouvons	téléphoner monter faire marcher écrire envoyer	l'ordinateur une lettre un message le bateau la garde la radio	à la police maritime aux parents aux grands-parents

ATELIER

pouvoir		**vouloir**	
je	**peux**	je	**veux**
tu	**peux**	tu	**veux**
il / elle / on	**peut**	il / elle / on	**veut**
nous	pouvons	nous	voulons
vous	pouvez	vous	voulez
ils / elles	**peuvent**	ils / elles	**veulent**

7C Le mal de mer

Dodo: Le bateau va si vite, on doit être loin du Maroc.

Ahmadou: Regardez, sur l'écran une carte se dessine. C'est la France?

Séraphin: Sûrement pas! Ça ne vous rappelle rien, cette carte?

Nathalie: Non. Je suis nulle en géographie.

Dodo: Si! On dirait l'Afrique.

Séraphin: Mais non. C'est la carte de la bouteille.

Perroquet: Bizarre. Etrange coïncidence!

Christian: C'est peut-être la carte du trésor?

Ahmadou: Mais alors, on vogue vers le trésor! Un trésor, de l'or, des diamants!

Séraphin: Tu crois au Père Noël! Tu rêves!

Nathalie: Mais qu'est-ce que tu as, Séraphin? Tu es malade? Tu es tout blanc.

Séraphin: J'ai mal au cœur …

Dodo: … ou le mal de mer. Va vite sur le pont, va prendre l'air.

Nathalie: Mon pauvre Séraphin!

Séraphin: Laisse-moi tranquille, tu m'énerves! J'ai envie de vomir.

7C Le mal de mer

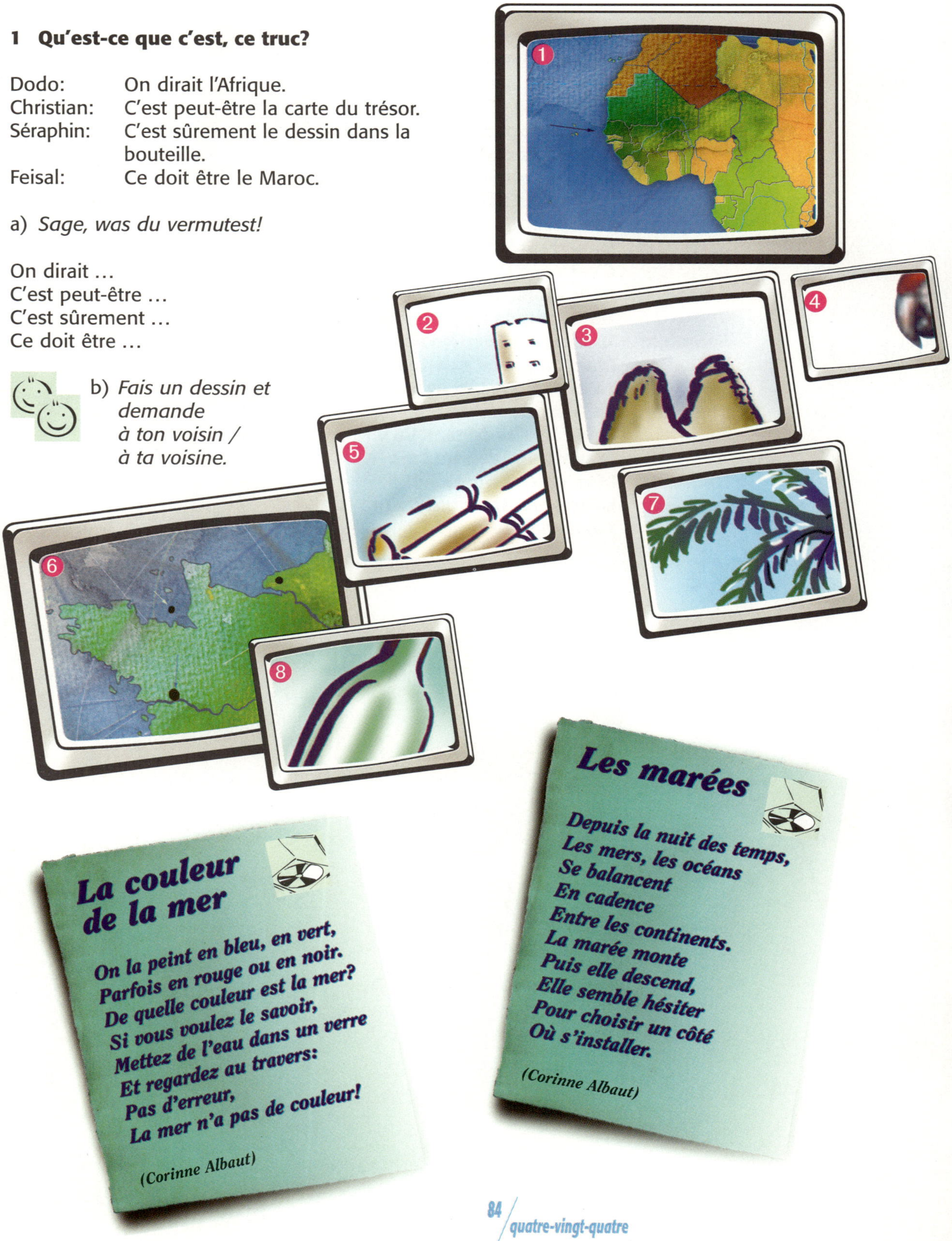

1 Qu'est-ce que c'est, ce truc?

Dodo: On dirait l'Afrique.
Christian: C'est peut-être la carte du trésor.
Séraphin: C'est sûrement le dessin dans la bouteille.
Feisal: Ce doit être le Maroc.

a) *Sage, was du vermutest!*

On dirait …
C'est peut-être …
C'est sûrement …
Ce doit être …

b) *Fais un dessin et demande à ton voisin / à ta voisine.*

La couleur de la mer

On la peint en bleu, en vert,
Parfois en rouge ou en noir.
De quelle couleur est la mer?
Si vous voulez le savoir,
Mettez de l'eau dans un verre
Et regardez au travers:
Pas d'erreur,
La mer n'a pas de couleur!

(Corinne Albaut)

Les marées

Depuis la nuit des temps,
Les mers, les océans
Se balancent
En cadence
Entre les continents.
La marée monte
Puis elle descend,
Elle semble hésiter
Pour choisir un côté
Où s'installer.

(Corinne Albaut)

2 Qui est-ce?

Ich kann mir neue Wörter besser merken, wenn ich dazu kleine Skizzen anfertige.

Avec les mains, on peut écrire.
Avec les yeux, on peut …
Avec les oreilles, …
Avec la bouche, …
Avec les jambes, …
Avec …

A toi!

Continue.

Dis tout ce qu'on peut faire.
Sag, was man alles machen kann.

3 Tout le monde va mal!

Das Meer war sehr unruhig.
Wir alle haben schlecht geschlafen und fühlen uns nicht wohl.

Complète les phrases et donne un conseil.

8 Nous l'avons échappé belle!

8A Quelle journée!

**Ahmadou s'est endormi pendant son tour de garde.
Il est réveillé par les cris du perroquet:
«Ter…re à bâbord! Tous sur le pont!»
Cinq minutes plus tard, les voilà réunis sur le pont, même Nathalie a quitté son lit, mais Séraphin a toujours une drôle de tête.
«Terre à bâbord, à bâbord!»
«Tais-toi» crie Christian.
«Saperlipopette!» répond le perroquet.**

**A l'horizon, on aperçoit une bande verte – on dirait des arbres, une ville et de gros bateaux …
«Et maintenant, à nous le trésor!» crie Ahmadou.
«Jetons l'ancre, on arrive!»**

**Séraphin, toujours malade, retourne au lit.
Nathalie et Marion restent avec lui sur le bateau.
Les autres sont déjà dans le canot de sauvetage et rament à toute vitesse vers le port.**

… La journée passe …

**La nuit tombe et les copains ne sont toujours pas rentrés.
Séraphin, Nathalie et Marion s'inquiètent de plus en plus.
Tout à coup, on entend le perroquet crier: «Chaloupe à bâbord!»
Enfin les voilà!
Ils s'embrassent et parlent tous à la fois.**

Dodo: Quelle journée! Quelle peur! Encore une fois, nous l'avons échappé belle!
Nathalie: Qu'est-ce qui vous est arrivé?
Séraphin: Pourquoi est-ce que vous rentrez si tard?
Marion: Qu'est-ce que vous avez fait?
Séraphin: Et le trésor, vous l'avez trouvé?
Ahmadou: Du calme. L'un après l'autre. On va tout vous raconter.

8A Quelle journée!

1 Une journée sur le bateau

a) Qu´est-ce qui se passe?

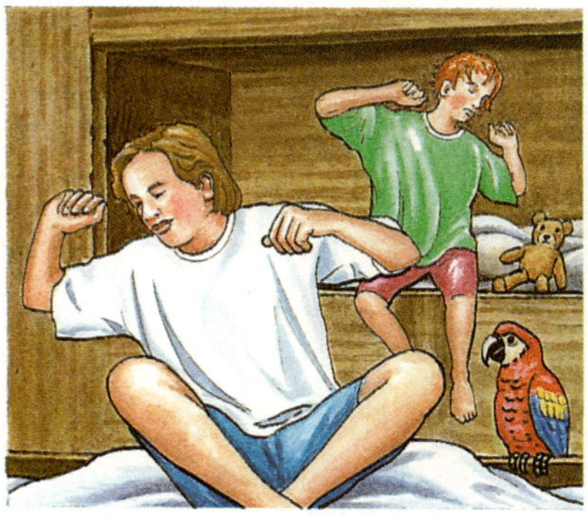

C'est le matin. Le perroquet se réveille. Christian et Marion se lèvent.

Dodo s'habille. Nathalie se lave. Ahmadou jette l'ancre.

C'est l'après-midi. Séraphin, Nathalie et Marion s'inquiètent.

Le canot s'approche du bateau.

C'est le soir. Les enfants s'embrassent.

b) *Beschreibe, wie ein Tag an Bord aussehen könnte.*

A sept heures:
Ahmadou se réveille. Dodo et Feisal se lèvent.
A sept heures et demie:
Ahmadou, Dodo et Feisal prennent le petit déjeuner.
Les autres dorment encore.
A huit heures moins vingt:
...

Continue.

c) A toi!

Wie sieht dein Tag aus?

ATELIER

je	**me**	réveille
tu	**te**	lèves
il	**se**	lave
elle	**s'**	habille
on	**s'**	embrasse
nous	**nous**	disputons
vous	**vous**	dépêchez
ils	**se**	couchent
elles	**s'**	endorment

2 Pourquoi? Parce que ...

Pose des questions à ton voisin / à ta voisine.

– Pourquoi est-ce qu'Ahmadou se réveille?
– Ahmadou / Il se réveille parce que le perroquet crie.

Pourquoi	est-ce que est-ce qu'	Ahmadou se réveille? Ahmadou jette l'ancre? Séraphin retourne au lit? Nathalie et Marion restent sur le bateau? les enfants s'embrassent?	Parce que Parce qu'	il a le mal de mer. elles veulent rester avec Séraphin. le perroquet crie. ils sont contents. ils veulent aller au port.

3 Le journal de Nathalie

On a passé de drôles de journées. Hier, nous avons trouvé un robot. Dodo a essayé d'envoyer un message, mais ça n'a pas marché. Sur l'écran, nous avons vu une carte. La carte du Trésor? Le soir, nous avons mangé du poisson. Séraphin n'a rien mangé ... le mal de mer. Ahmadou et Christian ont joué à la belote. Cette nuit, j'ai bien dormi. Le matin, le perroquet a réveillé tout le monde. Il a crié comme un fou: terre à bâbord.

ATELIER

passé composé		**infinitif**
j'ai	cherch**é**	chercher
tu as	trouv**é**	A toi!
il a	parl**é**	*Continue.*
elle a	chant**é**	
on a	mang**é**	
nous avons	écout**é**	
vous avez	regard**é**	
ils ont	jou**é**	
elles ont	dans**é**	

j'ai	**fait**	faire
j'ai	**pris**	prendre
j'ai	**dormi**	dormir
j'ai	**bu**	boire
j'ai	**vu**	voir
j'ai	**lu**	lire
j'ai	**entendu**	entendre

A toi!
Lis le texte et cherche les verbes au passé composé.

8B Abdoulaye

La côte sénégalaise

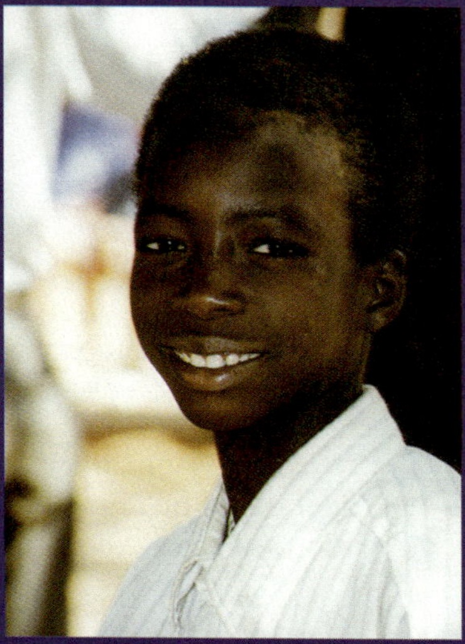

Abdoulaye

Dodo commence alors à raconter leur journée.

Dodo: Bon, … alors, nous avons débarqué au port de Dakar. C'est une grande ville. Sur les trottoirs, il y a des marchands qui vendent de tout: des vêtements, des montres, à boire, à manger …

Nathalie: Vous avez acheté quelque chose?

Ahmadou: Oui, Dodo a acheté un joli boubou à un garçon qui s'appelle Abdoulaye. Il aide son oncle dans son magasin ou bien il guide les touristes qui veulent visiter la ville. Abdoulaye a passé la journée avec nous. Il est très sympa. C'est notre ami maintenant. On lui a parlé du trésor et tout de suite, il a pensé au baobab sacré et a proposé de nous y emmener.

Séraphin: Qu'est-ce que c'est, cette histoire de baobab sacré?

Ahmadou: Minute!

Dodo: D'abord, nous sommes allés à la gare routière avec Abdoulaye, parce que son frère est chauffeur de taxi-brousse. Nous sommes montés dans un taxi déjà plein de monde pour aller dans un petit village dans la brousse.

Séraphin: Quoi? Un village dans la brousse?

La boutique de Mbaye Diallo

Le marché

Des marchands

Feisal: Mais oui, c'est là où se trouve le baobab sacré.

Nathalie: «Sacré?»

Ahmadou: Abdoulaye nous a dit qu'on doit toucher trois fois le tronc du baobab, faire un vœu et ce vœu se réalise.

Séraphin: Et vous avez cru à cette histoire?

Feisal: Oui et alors? Nous avons suivi une piste le long d'un champ d'arachides.

Nathalie: Et le trésor, le baobab sacré?

La gare routière

Le Sénégal

Senegal war früher ebenfalls französische Kolonie (bis 1960). Seitdem ist Französisch die offizielle Landessprache. Außerdem wird von einem großen Teil der Bevölkerung Wolof gesprochen.
Nicht alle Kinder haben die Möglichkeit regelmäßig zur Schule zu gehen. Es ist üblich, dass sie sich um ihre jüngeren Geschwister kümmern oder bei der Feldarbeit mithelfen.

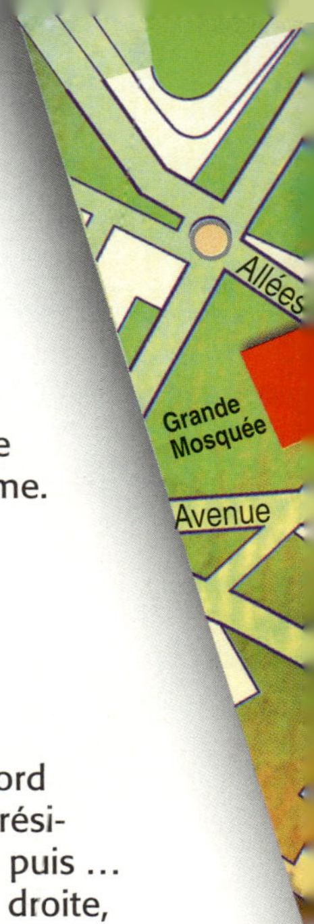

La grande Mosquée

1 Dakar

Dodo veut téléphoner à ses parents. Dans la Route de la Corniche, elle demande le chemin à une dame.

Complète le texte.

Dodo: Pardon madame, on ~ la poste.
Une dame: La grande poste?
Dodo: Oui.
La dame: Alors, pour ~ à la poste … ~ d'abord tout droit. Vous ~ devant le Palais présidentiel. Ensuite, vous ~ à gauche et puis … ah oui …, vous ~ la première rue à droite, c'est l'avenue Roume.
Dodo: Elle s'appelle comment?
La dame: Roume. Vous ~ tout droit et vous tombez sur la place de l'Indépendance.
Dodo: Un instant. Alors, on ~ tout droit, ensuite, on ~ à gauche et puis, à droite?
La dame: C'est ça. Et vous tombez sur la place de l'Indépendance. Vous ~ la rue Le Dantec, elle va au marché Kermel. Et là, derrière le marché, se trouve la grande poste.
Dodo: Oh là là, c'est drôlement compliqué.
La dame: Ecoutez, je viens avec vous. C'est plus simple.
Dodo: Oh, c'est très gentil. Merci madame.

Le Palais présidentiel

Le marché Kermel

PAROLES, PAROLES …

Demander son chemin

Pardon monsieur / madame / mademoiselle …
Pour aller à la / au …
Je cherche la rue / la place …
Où est …

D'abord,	vous allez tu vas	tout droit. jusqu'à …
	vous passez tu passes	devant … derrière …
Ensuite,	vous prenez tu prends	la première rue. la deuxième … la troisième …
Puis,	vous tournez tu tournes	à droite. à gauche.
	vous continuez tu continues	tout droit.

2 Pour aller au port, s'il vous plaît!

Regarde le plan. Tu es dans la boutique d'Abdoulaye. Choisis un lieu (la gare, la grande Mosquée, la poste, la cathédrale, le port, le Palais présidentiel, l'Hôtel de Ville) et explique le chemin à ton voisin / à ta voisine. Est-ce qu'il / elle arrive au bon endroit?

Le port

3 Informations pratiques

Train:
De Dakar à Saint-Louis:
Départ: 15 heures, arrivée: 20 heures.

De Dakar à Bamako (Mali):
Départ: mercredi et samedi 8 heures, arrivée: le lendemain à 14 h 30.

Taxis et car de brousse:
Ils partent quand ils sont pleins et arrivent quand Allah le veut bien. Emportez de l'eau et des sandwichs!

Le musée de l'IFAN:
Visites de 9 heures à 12 h 30 et de 14 heures à 18 h 30 tous les jours sauf le dimanche.

La poste:
Elle est ouverte de 8 h à 12 h et de 15 h à 18 h 30.
La grande poste de Dakar est ouverte de 8 h à 19 h.

A toi!
Quand est-ce qu'on peut visiter le musée?
Quand est-ce que les trains pour Bamako partent?
Quand est-ce que la grande poste de Dakar est ouverte?

8C Le baobab sacré

WUSSTEST DU …?

Das Wort «baobab» bedeutet so viel wie „tausendjähriger Baum“. Ein Baobab wird ungefähr 10 Meter hoch und sein Stamm kann durchaus einen Umfang von mehr als 20 Metern erreichen. Seine Rinde wird zu Stricken verarbeitet und aus seinen Früchten wird ein milchiges Getränk («jus de bouille») gekocht.

Dodo continue à raconter: Il fait presque nuit. Nous sommes seuls en pleine brousse. Nous arrivons dans une clairière. Au milieu un arbre immense … avec des branches qui touchent presque le ciel … et au milieu du tronc … un grand trou noir. Nous nous approchons du baobab pour le toucher … Soudain, un bruit, un bruit sourd et le bruit devient de plus en plus fort. Nous nous approchons encore. Une nuée d'insectes tourne autour du baobab et tout à coup … les insectes nous foncent dessus …

«Attention aux frelons! Vite! … Partons.» nous crie Abdoulaye. Adieu baobab sacré. Adieu trésor.

9 Il faut agir

9A Au boulot!

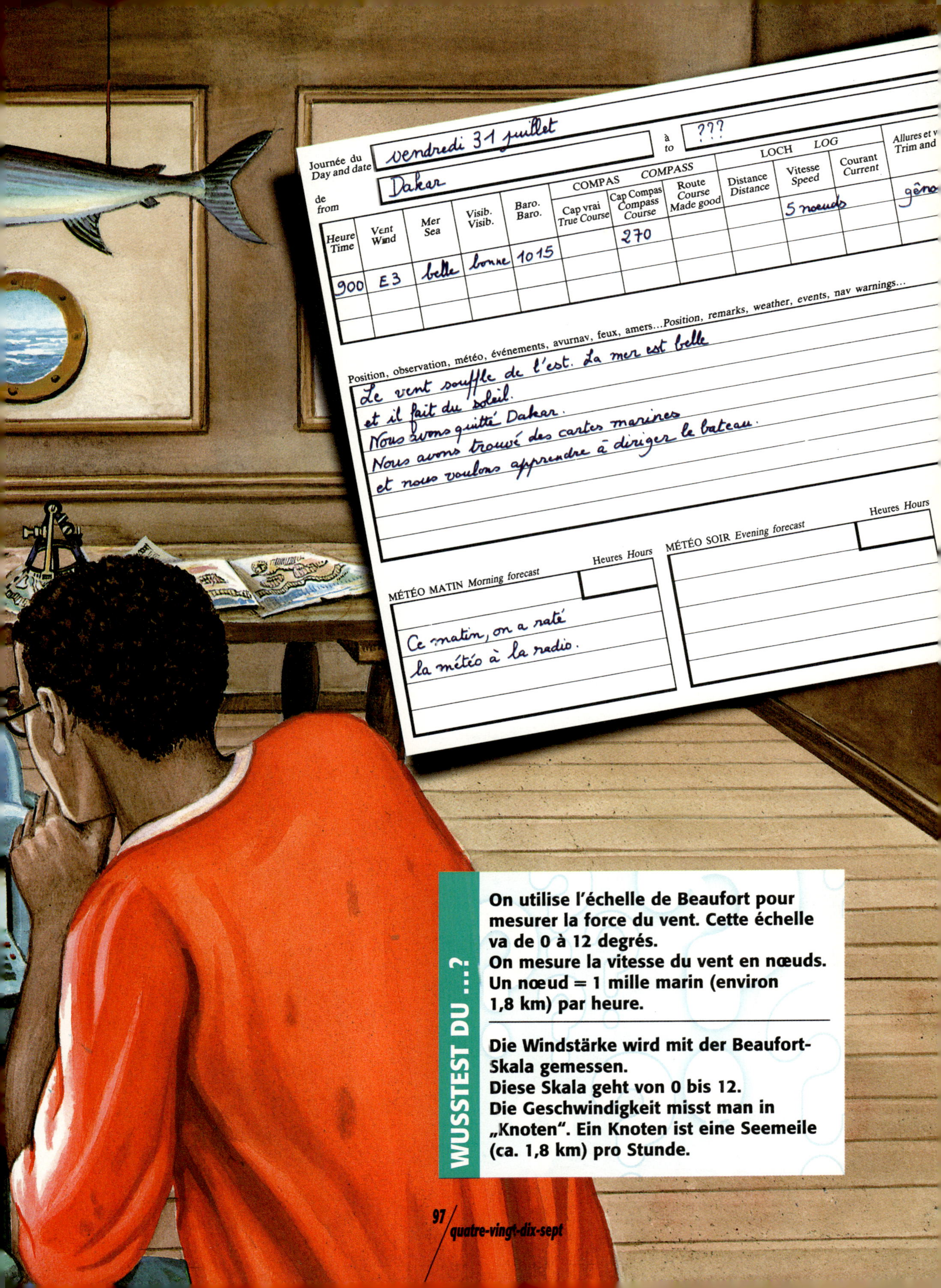

WUSSTEST DU …?

On utilise l'échelle de Beaufort pour mesurer la force du vent. Cette échelle va de 0 à 12 degrés.
On mesure la vitesse du vent en nœuds. Un nœud = 1 mille marin (environ 1,8 km) par heure.

Die Windstärke wird mit der Beaufort-Skala gemessen.
Diese Skala geht von 0 bis 12.
Die Geschwindigkeit misst man in „Knoten". Ein Knoten ist eine Seemeile (ca. 1,8 km) pro Stunde.

9A Au boulot!

1 Vrai ou faux?

Ecoute le texte.

1. Le bateau fait demi-tour et retourne au Maroc.
2. Avec le vent d'est, on va arriver à Marseille.
3. Les jeunes ont trouvé des cartes marines.
4. Il n'y a pas de compas.
5. Les jeunes attendent qu'un bateau les trouve.
6. Ils veulent apprendre à diriger le bateau.

2 Un bon marin

Ecris cinq phrases dans ton cahier.

Pour devenir un bon marin, il faut apprendre à …

diriger	un message
lire	une carte marine
trouver	la radio
écrire	un bateau
faire marcher	le journal de bord
faire	des nœuds marins
	l'alphabet morse
	la bonne direction

3 Un sondage

Cherche dans ta classe quelqu'un …

… qui écrit son journal intime.
… qui lit des romans d'aventure.
… qui écrit des poèmes.
… qui lit des bandes dessinées.
… qui écrit des lettres d'amour.
… qui écrit sur les murs.

Tu écris un journal intime?

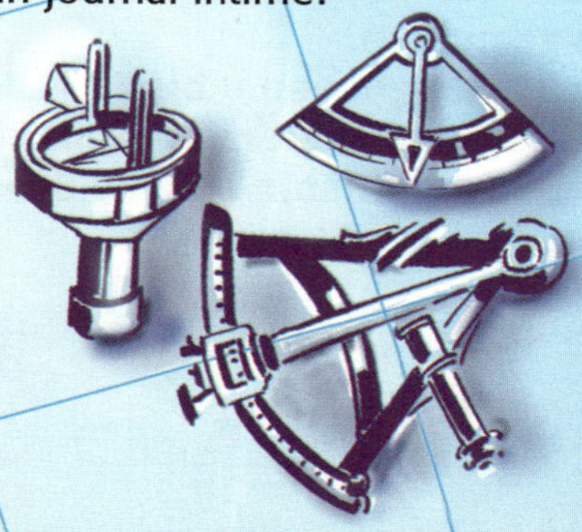

4 L'ABC maritime

A comme ancre
B comme bateau
C comme cockpit
D comme drapeau
E comme escale
F comme foc
G comme gouvernail
H comme hublot
I comme île au trésor
J comme jumelles
K comme ketch
L comme lampe de poche
M comme mât
N comme nœud
O comme océan
P comme pirate
Q comme quart
R comme radeau
S comme sauvetage
T comme tempête
U comme utile
V comme voile
W comme winch
X comme xylophone
Y comme yacht
Z comme zéro

a) *Cherche dans le dictionnaire les mots que tu ne comprends pas.*

b) *Ecris un ABC des mots français que tu connais.*

5 Comment s'orienter?

Les jeunes veulent s'orienter à l'aide du compas et des cartes.

Dis quelle direction il faut prendre pour aller aux Antilles, au Brésil, au Canada, à la Côte d'Ivoire, en Guyane, au Maroc, à Marseille, à New York, au Portugal, au Sénégal.

Pour aller à Marseille, il faut prendre la direction nord-est.
Pour aller au Sénégal, il faut prendre la direction…
Pour aller aux Antilles,…

9B La vaisselle à l'eau de mer

Marion: Chris, schau dir mal deine Füße an.

Nathalie: Tu devrais te laver! Il y a du savon et des serviettes dans le placard.

Dodo: Et nos vêtements? Je n'ai plus rien à me mettre. Si on faisait une lessive?

Séraphin: Mais pour laver, il faut de l'eau et nous n'avons plus beaucoup d'eau douce.

Nathalie: Et cette vaisselle sale! C'est dégoûtant!

Feisal: Il faut aussi nettoyer le pont.

Dodo: Allez au travail! On prend de l'eau de mer pour la lessive et la vaisselle et on garde l'eau douce pour boire.

Ahmadou: Et pour se laver les dents?

Dodo: Tu prends de l'eau de mer.

Ahmadou: Quelle horreur! Pas moi.

Séraphin: Ça suffit! Tout le monde au travail! Nathalie, tu fais la vaisselle. Toi, Feisal, tu nettoies le pont. Dodo, tu fais la lessive, et toi, Ahmadou, tu prends la canne à pêche …

Perroquet: Tu fais, il fait, nous faisons, vous faites … et il commande.

Nathalie: Et toi? Qu'est-ce que tu fais?

Séraphin: Moi? … Rien. Je suis le capitaine.

Dodo: Le capitaine? Ça commence à bien faire!

Feisal: C'est vrai … Il n'y a pas de chef ici!

Ahmadou: On parle, on parle, ça me donne soif, je vais boire un verre d'eau.

Nathalie: Moi, je n'ai pas envie de travailler, je vais dormir.

Dodo: Attends Nathalie, moi aussi je descends. Il fait trop chaud. Tant pis pour la vaisselle.

1 Le grand nettoyage

Avant de commencer le nettoyage, l'équipage fait l'inventaire. Qu'est-ce qu'il y a sur le bateau.

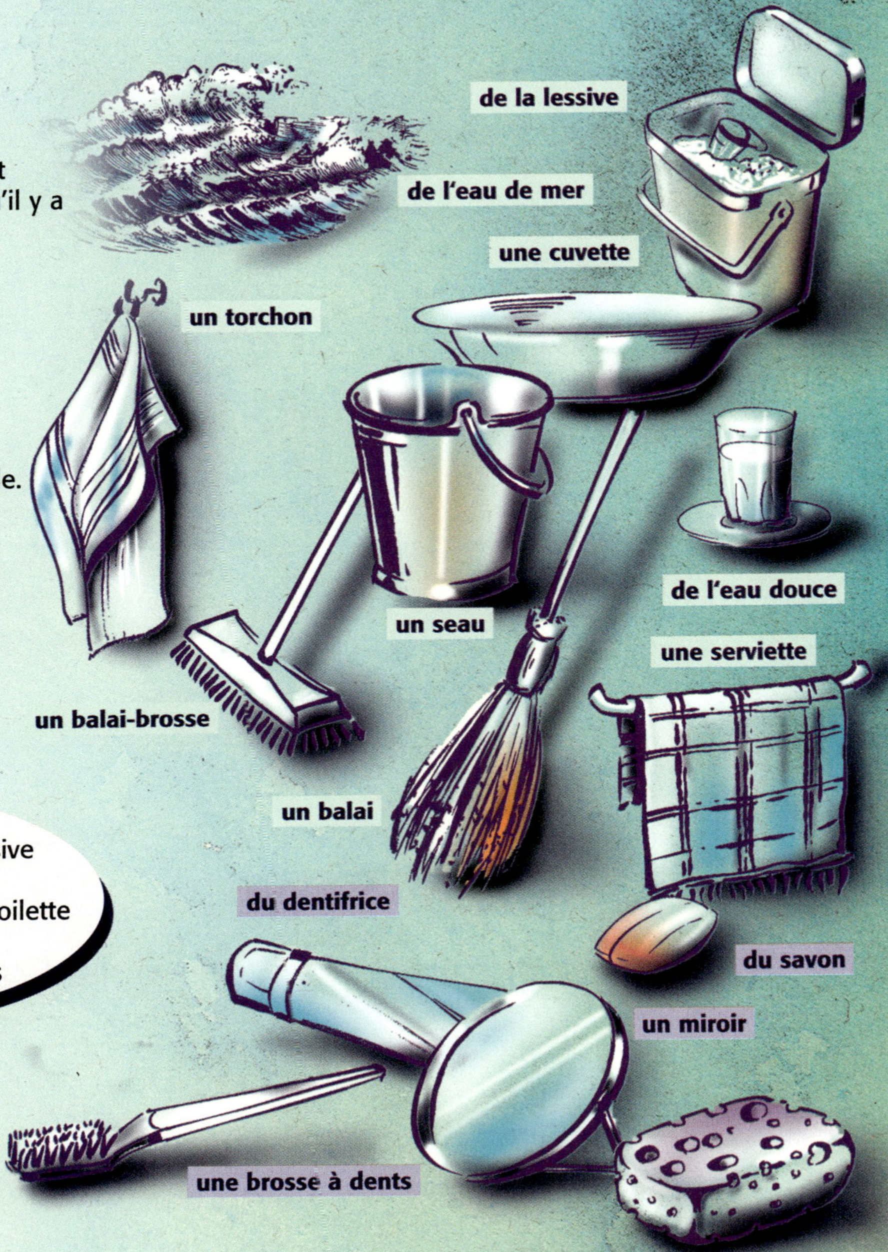

a) Il y a un balai-brosse, mais il n'y a pas de balai.

Continue.

b)
Dodo: Il faut faire la vaisselle.
Feisal: Mais il n'y a pas de torchon.
Dodo: Alors, prends la serviette.
Nathalie: Il faut faire les lits.
Feisal: Ah non, je n'ai pas envie.

Continue.

c)

faire – la vaisselle, la lessive, sa toilette, les lits, le ménage

Nathalie: Je veux faire ma toilette, mais je n'ai pas de savon.
Ahmadou: Je …

Continue.

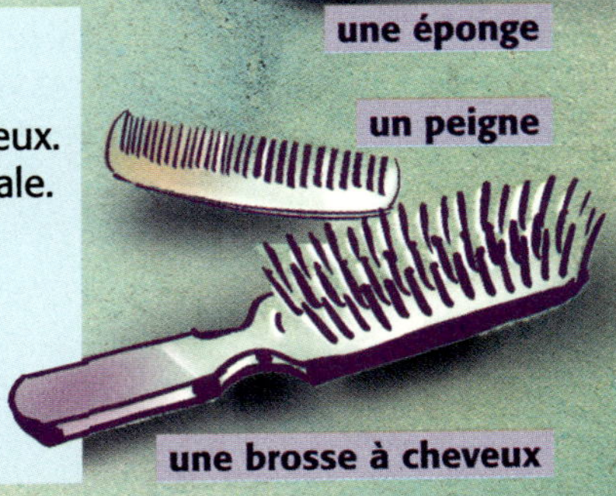

ATELIER

Il	**n'**	y a	**pas de**	lessive,	mais il y a **du** savon.
Je	**n'**	ai	**pas de**	brosse à dents,	mais j'ai **une** brosse à cheveux.
Je	**ne**	bois	**pas d'**	eau de mer,	mais je bois **de l'**eau minérale.
Je	**ne**	mange	**pas de**	fruits,	mais je mange **des** glaces.

Bei Verneinung steht **ne … pas de** oder **ne … pas d'**!

2 Le planning de la journée

L'équipage a réparti le travail à faire dans la journée.

	Dodo	Séraphin	Nathalie	Marion	Christian	Fésal	Ahmadou
faire la lessive	X						
faire la vaisselle		X	X			X	
nettoyer le pont	X			X	X		X
mettre de l'ordre							X
faire les lits							
pêcher				X			
mettre la table					X		
faire le ménage		X				X	
faire la cuisine			X				

a) *Dis ce que chacun va faire.*

Dodo va faire la lessive. Séraphin et Nathalie vont …

b) *Demande à ton voisin / à ta voisine ce qu'il / ce qu'elle va faire aujourd'hui / demain / ce week-end.*

– Qu'est-ce que tu …?
– Je vais …

ATELIER

Je	**vais**	**nettoyer**	le pont.
Tu	**vas**	**faire**	tes devoirs.
Il / Elle	**va**	**boire**	un verre d'eau.
Nous	**allons**	**faire**	le ménage.
Vous	**allez**	**dessiner**	un bateau.
Ils	**vont**	**regarder**	les livres dans la cale.

Mit **aller + Infinitiv** kannst du zukünftige Vorgänge beschreiben.

9C Tout est si calme ... ?

Il fait une chaleur insupportable et l'air est brûlant. Le bateau n'avance presque plus. On n'entend que le bruit du vent dans les voiles, le clapotis des vagues et les cris du perroquet: «De l'air! De l'air!»

Dans la cale, Christian et Feisal ont trouvé un vieux coffre. Il est plein de chapeaux et de vêtements d'une autre époque. Il y a même une robe de marquise!

Quelques heures plus tard, une étrange fête commence sur le pont.

«Madame la marquise, voudriez-vous me faire l'honneur de m'accorder cette danse?»

«Œil de faucon a parlé juste!»

«Vous dansez ce menuet à ravir!»

«La bourse ou la vie!»

«Ohé flibustier! A l'abordage!»

«Tous au saloon, boire du whisky!»

«Abracadabra ... Drei mal schwarzer Kater ...»

Juste à ce moment-là, le robot clignote, une nouvelle carte se dessine sur l'écran. Mais les jeunes sont tous sur le pont et la fête bat son plein. Quel est ce pays? Quelle est leur nouvelle destination ...?

9C Tout est si calme ...?

1 Le coffre

Christian et Feisal trouvent un coffre plein de vêtements d'une autre époque.

Christian:	Oh, regarde ce vieux chapeau, il est super.
Feisal:	Oui, il est chouette. Et là, cette veste, elle est vraiment belle!
Christian:	Oh oui, elle me plaît.

Continue.

2 C'est la fête

a) *Complète avec le verbe* «mettre».

Feisal:	Qu'est-ce que tu mets, Nathalie?
Nathalie:	Moi, je ~ la robe rouge.
Dodo:	Et quel chapeau est-ce que tu ~?
Nathalie:	Je ~ une perruque, je suis une marquise.
Feisal:	Et vous deux, qu'est-ce que vous ~?
Christian	Je ne sais pas encore.
Marion:	Je ~ la veste verte.

b) Et toi?
Qu'est-ce que tu mets?

3 C'est le carnaval

Choisis un costume pour le carnaval et demande à ton voisin / à ta voisine ce qu'il / ce qu'elle met.

Quel	chapeau	est-ce que tu mets?
Quelle	robe	
Quels	gants	
Quelles	chaussures	

4 Elle met un chapeau

Je mets un pull marin.
Tu mets tes chaussures noires?

Elle met ses lunettes de soleil.
Nous mettons de l'ordre.
Vous mettez la table, s'il vous plaît?
Ils mettent la vaisselle dans le lave-vaisselle.

A toi!
Traduis les phrases. Übersetze und erkläre die verschiedenen Bedeutungen von «mettre».

5 Des goûts et des couleurs

Demande à ton voisin / à ta voisine quels sont ses goûts.

Quel est	ton chanteur ton pays ton jour ton film	préféré?
Quelle est	ta boisson ta couleur ta ville ta musique ton heure	préférée?
Quels sont	tes sports	préférés?
Quelles sont	tes chansons	préférées?

ATELIER

Regarde

ce	chapeau	ce	**vieux**	chapeau	ce	**beau**	chapeau
cet	anorak	ce	**vieil**	anorak	ce	**bel**	anorak
cette	robe	cette	**vieille**	robe	cette	**belle**	robe
ces	chapeaux	ces	**vieux**	chapeaux	ces	**beaux**	chapeaux
ces	anoraks	ces	**vieux**	anoraks	ces	**beaux**	anoraks
ces	robes	ces	**vieilles**	robes	ces	**belles**	robes

Erkläre die Tabelle.

ebenso: **nouveau**

10 Sauve qui peut!

10A La tempête

Avec la chaleur, tout le monde, même Séraphin, a fini par s'endormir. Soudain, le vent gronde, l'océan devient fou. Le bateau tangue dangereusement, le bruit des vagues est terrifiant. Dans la cuisine, les tasses, les assiettes et les verres se brisent sur le sol. Tout le monde se réveille et se précipite vers les hublots. C'est la panique.

Quelle tempête! Dodo et Feisal sortent les gilets de sauvetage, Séraphin se cramponne à la barre et essaie de diriger le bateau avec Nathalie. Quel cauchemar! A bout de forces, chacun dans son coin lutte contre le mal de mer.

Et tout à coup, comme par enchantement, la mer redevient calme, les nuages disparaissent et le soleil recommence à briller. Sauvés!

1 Questions

Réponds aux questions.

1. Quels bruits reveillent les jeunes?
2. Qu'est-ce qu'ils font tout de suite?
3. Que font Dodo et Feisal?
4. Qui essaie de diriger le bateau?
5. Pourquoi est-ce que les jeunes ont le mal de mer?
6. Quel temps fait-il après la tempête?

2 Après la pluie, le beau temps

Il fait du soleil. / Il fait beau.
Il fait (très) chaud.
+28°C Il fait 28°C (28 degrés).

Il neige.

Il fait (très) froid.
-10°C Il fait moins 10°C (moins 10).

Il y a des nuages. / Le ciel est nuageux.

Il fait gris. / Le ciel est couvert.

Il pleut. / Il fait mauvais.

Il y a de l'orage.

Il fait du vent.

Le vent est fort. Les vagues sont hautes.

vent fort:	force 10 ou 11
vent faible:	force 2 ou 3

Regarde la carte.

a) Quel temps fait-il en Italie / aux Pays Bas / à Berlin / à Moscou / à Lisbonne / dans le nord du Maroc / dans l'ouest de la France / dans le sud de l'Espagne / dans l'est de l'Europe?

Continue.

b) Quel temps fait-il aujourd'hui?

c) Quel temps fait-il au printemps / en été / en automne / en hiver? Au printemps, …

Perroquet: ALERTE! TERRE A TRIBORD!
Dodo: Qui crie comme ça?
Feisal: C'est le perroquet. Qu'est-ce qu'il raconte?
Perroquet: Tous sur le pont! TEEERRRRRRE A TRIBORD!
Dodo: Terre à tribord? Passez-moi les jumelles … Il a raison. C'est bien la côte … Une plage, … des arbres immenses, … des cocotiers, … des palmiers.
Nathalie: Que c'est beau! Dans quel pays sommes-nous?
Ahmadou: Chouette, des bananiers! J'adore les bananes. Des bananes flambées! Vous connaissez? … Du beurre, un peu de sucre de canne …
Séraphin: Tu ne penses qu'à manger! C'est toi qui vas aller chercher les bananes?
Ahmadou: Pourquoi pas? C'est facile. Tu viens?
Séraphin: Tu es complètement dingue!
Nathalie: Enfin la terre ferme! J'en ai marre d'être sur ce bateau.
Feisal: Christian, aide-moi à jeter l'ancre. Il ne faut pas aller trop près de la côte, il n'y a peut-être pas assez de fond.

Curieux de découvrir ce nouveau pays, les jeunes s'entassent dans le canot de sauvetage et rament vers la plage.

Après avoir mangé au moins quatre bananes chacun, ils se mettent en route pour explorer la nouvelle côte.

Nathalie: Regardez ces grandes fleurs rouges. On dirait des parapluies à l'envers.
Marion: Un petit lion, qu'il est mignon. Je veux le caresser.
Christian: Nein! Nicht, Marion!
Feisal: Regardez ... un éléphant qui marche à reculons!
Nathalie: Et ce petit singe, qu'il est drôle! Il danse le rap sur un serpent. Ça alors!
Dodo: Mais dans quel pays sommes-nous?
Séraphin, est-ce que je rêve?

Des moustiques gros comme des pélicans survolent la tête des enfants et les menacent avec leurs dards géants. Des papillons, grands comme des cerfs-volants cachent le soleil. Des araignées poilues avancent vers eux.

Séraphin: Le camp fichons!
Ici dangereux c'est!
Notre bateau sur allons!
Partons! Vite!
Ahmadou: Retournons le bateau sur, veux d'ici je partir!
Christian: Mais qu'est-ce que vous racontez?
Perroquet: Ils disent de fiche le camp!
Nounours: Let's go everybody!
Back on board!
Perroquet: Nix wie weg hier.
Hier weg wie nix.
Dodo: Le canot tous dans.
Nounours: Come on, this way!
Perroquet: Par ici!

Sauve qui peut! Ils se précipitent dans le canot et rament aussi vite qu'ils peuvent vers le voilier.

10B srevne'l à ednom eL

1 Vrai ou faux?

Corrige.

1. Le perroquet découvre un port.
2. Nathalie veut rester sur le voilier.
3. Les jeunes n'ont pas faim.
4. Feisal voit un lion qui marche à reculons.
5. Nathalie voit un singe sur un serpent.
6. Les moustiques et les araignées ont peur des jeunes.
7. Séraphin veut faire demi-tour.
8. Les jeunes parlent bizarrement.
9. Le nounours parle allemand.
10. Les jeunes décident de rester sur l'île.

2 Tout ça n'est pas normal!

Complète les phrases.

1. Les fleurs sont grandes comme des ~.
2. L' ~ marche à reculons.
3. Le singe danse sur un ~.
4. Les moustiques sont gros comme des ~.
5. Les papillons sont grands comme des ~.

élé · li · phant · pé · vo · lants · cans · pluies · ser · pa · cerfs · ra · pent

WUSSTEST DU ...?

In Frankreich und hauptsächlich in Paris haben Jugendliche oft ihre eigene Sprache, um von den Erwachsenen nicht verstanden zu werden. Diese Sprache heißt «verlan». Sie wird – wie im Deutschen die Schüttelreime – durch Vertauschen der Silben gebildet, z. B.: laisse béton = laisse tomber. «Verlan» ist entstanden aus «l'envers» (= die Verdrehung).

3 Le monde à l'envers

Dans notre histoire, les jeunes changent l'ordre des mots ou parlent une autre langue.

a) *Ecris les phrases dans l'ordre et traduis-les en allemand.*

le camp fichons = Fichons le camp!
= Nichts wie weg!

1. ici dangereux c'est
2. bateau sur allons notre
3. le sur retournons bateau
4. d'ici partir veux je

b) *Traduis les phrases du nounours et du perroquet en français.*

c) A toi!
Envoie un message de 2 à 3 phrases «à l'envers» à ton copain ou à ta copine. Ton professeur ne doit pas comprendre le message, mais ton copain ou ta copine doivent pouvoir le déchiffrer.

4 Les papiers pliés

Nimm ein großes Blatt Papier und unterteile es in vier Spalten von ca. 6 cm Breite. Schreibe einen Satzanfang in die erste Spalte, falte dann das Blatt so, dass niemand deinen Text lesen kann, und gib das Blatt weiter. Dein Nachbar / Deine Nachbarin füllt die nächste Spalte aus, knickt sie um und reicht das Blatt weiter. Zum Schluss werden alle Sätze vorgelesen.

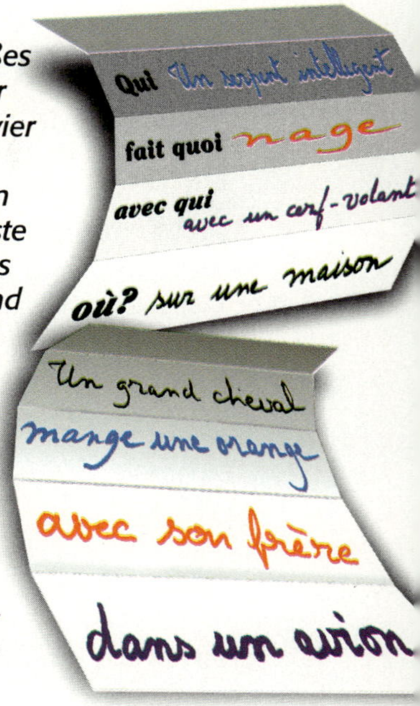

5 Les animaux fantastiques

a) *Quels animaux est-ce que tu reconnais?*

b) *Donne un nom à chaque animal fantastique.*

– Qu'est-ce que c'est?
– Une autruche avec une tête de girafe?
– C'est une girautruche!

c) Comment s'appelle …
… un papillon avec une tête de chat?
… un cheval avec une tête d'araignée?

d) *Trouve d'autres animaux fantastiques.*

6 Images du langage parlé

Complète les phrases.

1. Il est fort comme un ~ .
2. Elle a une mémoire d'~ .
3. Il court comme un ~ .
4. Elle a la chair de ~ .
5. Ils s'entendent comme ~ et ~ .
6. Il a une tête de ~ .

lion · lapin · poule · chien · chat · cochon · éléphant

Le pélican

Le capitaine Jonathan
Etant âgé de dix-huit ans,
Capture un jour un pélican
Dans une île d'Extrême-Orient.
Le pélican de Jonathan
Au matin, pond un œuf tout blanc.

Et il en sort un pélican
Lui ressemblant étonnamment.
Et ce deuxième pélican
pond à son tour un œuf tout blanc.

D'où sort, inévitablement
Un autre qui en fait autant.
Cela peut durer très longtemps
Si l'on ne fait pas d'omelette avant.

(Robert Desnos)

La fourmi

Une fourmi de dix-huit mètres
Avec un chapeau sur la tête,
Ça n'existe pas, ça n'existe pas.
Une fourmi traînant un char
Pleins de pingouins et de canards,
Ça n'existe pas, ça n'existe pas.

Une fourmi parlant français,
Parlant latin et javanais,
Ça n'existe pas, ça n'existe pas.
Eh! Pourquoi pas ?

(Robert Desnos)

11 Attention, des pirates!

11A Ils ont pris notre voilier!

Ils rament et rament. La peur donne des ailes. Ouf, enfin leur voilier. Encore cent mètres … Quels sont ces rires et ces drôles de silhouettes sur leur bateau? Qui sont ces gens à bord? Des habitants de la côte?
Que faire? Retourner sur l'île?
Pas question!
Trop tard! Déjà un canot, avec cinq hommes armés jusqu'aux dents, vient à leur rencontre.
Ils n'ont pas l'air sympa avec leurs pistolets et leurs couteaux, pourtant ils semblent bien s'amuser. Ils crient et rient comme des fous.
Tout à coup, un grand borgne qui semble être le chef crie à ses hommes:
«A l'abordage!»
Quatre hommes sautent dans le canot des jeunes et leur attachent les poignets.
Le perroquet vole dans tous les sens et crie: «A la nage! A la nage!»

Décidément, ils n'ont pas de chance. Les voilà maintenant prisonniers sur leur propre bateau.

Les pirates viennent de découvrir le vieux coffre.
«Tonnerre de Brest!
Je vous l'avais bien dit, il y a un trésor sur ce bateau! Vite! Ouvrez-moi ce coffre.
A nous l'or! L'argent! Les bijoux! …»
Horreur! Le coffre est vide!
Le chef des pirates n'est pas content du tout. Il devient tout blanc, puis tout rouge de colère.
De rage, il soulève le coffre et le jette par-dessus bord.
«Bons à rien! Vous allez voir ça, petite vermine! Vous allez le payer cher!
Matelots! Fouillez-les et enfermez-les dans la cale»
Dans les poches des jeunes, les pirates trouvent quelques pièces de monnaie qu'ils prennent pour de l'or et de l'argent. Les billets ne les intéressent pas, ils ne connaissent que les pièces de monnaie.

1 Désordre

Ecris les phrases dans l'ordre.

1. Il jette le coffre par-dessus bord.
2. Ils ne peuvent pas faire demi-tour.
3. Un canot avec cinq hommes s'approche d'eux.
4. Une mauvaise surprise attend les jeunes.
5. Les pirates fouillent les poches des jeunes et les enferment dans la cale.
6. Sur le bateau, ils voient de drôles de silhouettes.
7. Les pirates trouvent le vieux coffre.
8. Le chef des pirates se met en colère parce que le coffre est vide.

2 On s'amuse bien

Complète le texte avec «bon / bien, mauvais / mal».
Beachte die Veränderlichkeit der Adjektive.

1. Le pirate Grosbras s'amuse ~ avec ses pistolets, mais il tire ~ : c'est un ~ tireur.
2. Christian parle ~ le français maintenant, mais il écrit ~ ; il fait des fautes.
3. Séraphin comprend ~ l'italien, mais il le parle ~ .
4. Dodo est une ~ élève en anglais. Elle parle ~ l'anglais.
5. Quand il y a de la tempête, Séraphin ne va pas ~ , il a mal au cœur, il se sent ~ .
6. Ahmadou nage comme un poisson. Il nage ~ ; c'est un ~ nageur.
7. «Parle plus lentement, je comprends ~ », dit Marion.

ATELIER

Le chef des pirates.

entend	**bien,**	C'est un	**bon** capitaine,
mais il voit	**mal.**	mais un	**mauvais** chef.
Les pirates chantent	**bien.**	Ce sont de	**bons** chanteurs.

3 A nous, le butin!

– Maintenant, c'est notre bateau.
– Non, ce n'est pas votre bateau.
– Ah non, ce n'est pas leur bateau.

Trouvez d'autres objets et continuez l'exercice à trois.

Pirates et corsaires

Autrefois sur les mers
Pirates et corsaires
Se déclaraient la guerre.

On entendait au large
Crier «A l'abordage!
Brisez les bastingages!»

Les pauvres matelots
Etaient jetés à l'eau,
On pillait les bateaux.

Parfois, la mer,
C'était l'enfer.

(Corinne Albaut)

ATELIER

mon livre	ma montre	mes livres
ton crayon	ta trousse	tes crayons
son pull	sa serviette	ses pulls
	notre bateau	**nos** bateaux
	votre coffre	**vos** coffres
	leur ballon	**leurs** ballons

11B Prisonniers

Ecoute le texte.

1 Toc Tac

a) *Lis le texte.*

Dans la cale, on entend du bruit.

Feisal:	Hé! Vous entendez ce bruit, les copains? C'est peut-être Ahmadou?
Séraphin:	Chut! Ecoutez. Le bruit recommence.
Nathalie:	Viens, Christian. On regarde par le trou de la serrure.
Christian:	Je ne vois personne.
Dodo:	Si! Ecoutez encore. Il y a quelqu'un. Séraphin, tu entends?
Séraphin:	Tu as raison. C'est peut-être le grand borgne.
Christian:	Taisez-vous. Quelqu'un arrive.

b) *Explique la différence entre* «voir / regarder» *et* «entendre / écouter».

Chers parents,
J'espère vous revoir bientôt. Est-ce qu'on nous recherche toujours? Nous sommes encore sur le voilier. Nous sommes enfermés dans la cale parce que nous sommes prisonniers des pirates. Venez vite! On vous attend. Venez nous libérer sinon on va nous tuer. Je vous embrasse. Je vous aime bien.
Dodo

2 Venez nous libérer

a) Dodo écrit une lettre à ses parents.

Lis la lettre.

b) Nathalie écrit une lettre à son père.
Ecris la lettre de Nathalie: Cher papa, J'espère te revoir bientôt …

ATELIER

Nathalie pense:	Séraphin	**me**	regarde.	Dodo écrit:	La police	**nous**	cherche.
Séraphin dit:	Je	**te**	regarde.	Les parents disent:	La police	**vous**	cherche.
Séraphin regarde Feisal?	Non, il ne	le	regarde pas.				
Séraphin regarde Nathalie?	Oui, il	la	regarde.	Les jeunes voient les pirates?	Non, ils ne	les	voient pas.
Nathalie pense:	Séraphin	**m'**	aime.	Les jeunes savent:	Nos parents	**nous**	aiment.
Elle dit:	Je	**t'**	aime	Dodo écrit:	Je	**vous**	aime bien.
Séraphin aime Nathalie?	Non, il ne	l'	aime pas.				
Nathalie aime Séraphin?	Oui, elle	l'	aime.	Les jeunes entendent les pirates?	Oui, ils	les	entendent.

On **nous** recherche.
On va **nous** tuer.

3 Le pirate idéal

Un bon pirate **n'**a **pas** peur. Il **ne** se lave **jamais**. Il **ne** boit **jamais** d'eau. Il **ne** sait **pas** lire et il **ne** croit **personne**.

A toi!
Dessine ton pirate idéal et décris-le à ton voisin / à ta voisine qui doit le reproduire.
Mon pirate idéal a un gros nez rouge …

4 Dans le noir, j'ai peur

Nathalie est près de Séraphin. Elle lui pose des questions.

Réponds avec «ne … pas, ne … rien, ne … plus, ne … jamais, ne … personne».

Nathalie: Dis, Séraphin, tu vois quelqu'un?
Séraphin: Non, je ~ vois ~ .
Nathalie: Tu entends ces pas? Quelqu'un arrive.
Séraphin: Mais non.
Nathalie: Dis, tu as toujours peur?
Séraphin: Mais non, voyons! Moi, je ~ ai ~ peur.
Nathalie: Moi, j'ai peur dans le noir. Pas toi?
Séraphin: Je ~ ai ~ peur.
Nathalie: Qu' est-ce que tu as?
Séraphin: Je ~ ai ~ .
Nathalie: Tu es triste?
Séraphin: Non, je ~ suis ~ triste.
Nathalie: Tu as quelque chose à boire?
Séraphin: Non, je ~ ai ~ à boire.
Nathalie: Tu as encore un biscuit?
Séraphin: Non, je ~ ai ~ de biscuit.
Nathalie: Tu me racontes quelque chose?
Séraphin: Non, je ~ te raconte ~ .
Nathalie: Tu dors?
Pas de réponse. Séraphin dort.

ATELIER

	+	−	
noch	**encore**	**ne … plus**	*nicht mehr*
etwas	**quelque chose**	**ne … rien**	*nichts*
jemand	**quelqu'un**	**ne … personne**	*niemand*
immer	**toujours**	**ne … jamais**	*nie*

12 A Fort-de-France

12A Ce n'est pas vrai!

Ont-ils dormi une nuit, deux nuits?
Personne ne le sait.
Dans l'obscurité de la cale, ils ont perdu toute notion de temps.
Tout à coup, la porte s'ouvre. La lumière les aveugle. Un vieux pirate barbu, sans dents, armé de deux pistolets, les pousse sur le pont et les jette dans le canot. Déjà les pirates rament vers la côte. De nouveau des palmiers et des cocotiers.

Bientôt, ils arrivent sur la place du marché d'une petite ville.
La place est pleine de monde: beaucoup d'Africains et quelques Européens, richement habillés. On dirait que les Européens ont mis les vêtements d'une autre époque. Ils ressemblent aux vêtements qui étaient dans le coffre.

Le pirate borgne pousse les jeunes vers une estrade où un homme assis devant une table couverte de papiers écrit avec une plume d'oie. Il leur fait signe de s'asseoir par terre. Il ne dit rien et continue à écrire.
Quelques minutes plus tard, il se lève et s'adresse à la foule qui attend sur la place.
«Regardez ce bel arrivage, Mesdames et Messieurs!
Six beaux jeunes de 11 à 15 ans, en bonne santé! …
Un peu faibles pour les plantations, mais bons pour les travaux de maisons!»

L'homme continue à parler, mais Nathalie n'écoute plus. Elle qui a horreur de faire la vaisselle, se met à crier de toutes ses forces. Il se passe alors quelque chose d'incroyable: Tout à coup il fait presque nuit. Le ciel se couvre de gros nuages noirs et le vent souffle de plus en plus fort. Quelle panique! Tout le monde court dans tous les sens. Sauve qui peut! Une tornade! C'est le moment de partir! Les six jeunes se mettent à courir sans s'arrêter.
Combien de temps? Ils ne le savent pas. Ils sont tellement fatigués qu'ils ne sentent pas le soleil brûlant sur leur peau. Mais ... les revoilà sur la place du marché! Est-ce qu'ils ont tourné en rond? Ce n'est pas possible!
Le vent, la pluie, les nuages, les pirates, le marché aux esclaves ... Tout a disparu! Est-ce qu'ils ont rêvé?

A la place de l'estrade, il y a un gros tas de melons et partout des fruits merveilleux qui leur mettent l'eau à la bouche: des mangues, des maracujas, des caramboles, des papayes, des ananas, des noix de coco ... mais toujours pas de traces d'Ahmadou! Où est-il?

Autour d'eux, des hommes et des femmes aux vêtements de couleurs vives, un foulard noué sur la tête rient et discutent. Ils ont un drôle d'accent mais ils parlent français. Quelle bonne surprise! On peut peut-être leur demander s'ils ont vu un jeune avec un perroquet!

Maintenant que le cauchemar est terminé, il faut absolument retrouver Ahmadou!

12A Ce n'est pas vrai!

1 Puzzle

Mets les phrases dans le bon ordre.

1. On les entasse dans un canot et les pirates rament vers la côte.
2. Un homme se lève et s'adresse à la foule.
3. La porte de la cale s'ouvre.
4. Un vieux pirate avec deux pistolets vient chercher les jeunes et les amène sur le pont.
5. Nathalie crie de toutes ses forces.
6. Ils arrivent dans une petite ville sur la place du marché.
7. Il veut vendre les jeunes comme esclaves.
8. Alors il se passe quelque chose d'incroyable.
9. Il y a beaucoup de monde sur la place. Les gens portent des vêtements d'une autre époque.
10. Une tornade: les jeunes se couchent par terre et ferment les yeux.
11. Quand ils ouvrent les yeux, il n'y a plus de pirates, plus de marché aux esclaves, mais un grand marché de fruits.

2 Pourquoi?

Pose les questions ou donne la bonne réponse.

1. Les jeunes dorment beaucoup
   a parce qu'ils ont faim.
   b parce qu'ils sont dans l'obscurité.
   c parce qu'ils sont malades.
2. La porte s'ouvre
   a parce qu'Ahmadou arrive.
   b parce que le pirate borgne est en colère.
   c parce qu'un vieux pirate barbu vient les chercher.
3. Les pirates entassent les jeunes dans un canot
   a parce qu'ils veulent les vendre comme esclaves.
   b parce qu'ils veulent les jeter à l'eau.
   c parce qu'ils veulent les ramener à Marseille.
4. Ils ne prennent pas les jeunes pour les plantations
   a parce qu'ils sont trop faibles.
   b parce qu'ils ne parlent pas créole.
   c parce que ce sont des enfants.
5. Nathalie se met à crier de toutes ses forces
   a parce qu'elle a peur du pirate borgne.
   b parce qu'elle a mal aux dents.
   c parce qu'elle n'aime pas faire la vaisselle.
6. Les jeunes ne voient plus rien
   a parce qu'il fait nuit.
   b parce qu'il y a une tornade.
   c parce qu'il y a trop de monde.

3 Au marché de Fort-de-France

a) *Accorde les verbes.*

faire, être, sentir, attendre, vouloir, appeler, ne pas entendre, crier, vendre, choisir, toucher, sentir, chercher, trouver, acheter, répondre, prendre, payer, continuer

Il ~ chaud à Fort-de-France. Il ~ midi. Ça ~ bon la cannelle et les fruits. Il y a beaucoup de bruits, le klaxon des autos et la musique des radios et des télévisions.
Un jeune Martiniquais ~ devant son stand de fruits.
Séraphin ~ acheter des fruits. Il l' ~ .
Le jeune homme ~.
Séraphin ~ plus fort: «Hé, toi! Tu ~ les fruits?»
Séraphin ~ des ananas, des mangues et des bananes.
Il les ~ et les ~.
Séraphin: «C'est combien, les ananas?»

Le marchand: «Pour toi, 1 franc la pièce!»
Séraphin ~ dans ses poches.
Il ~ un billet de 50 francs.
Séraphin: «Alors, donne-moi 7 ananas.»
Il ~ aussi 3 mangues pour 2 francs.
Séraphin: «Et le kilo de bananes, c'est combien?»
«Pour toi, 1 franc le kilo!» ~ le jeune homme.
«Chez moi, tout est bon marché!»
Séraphin ~ 2 kilos de bananes et 3 kilos d'oranges. Il ~ et ~ sa promenade sur le marché.

b) A toi!
Tu es au marché. Qu'est-ce que tu achètes?

2	kilo *(m)*	de	jus de fruit
5	litre *(m)*	d'	lait
3	pot *(m)*		confiture
1	boîte *(f)*		cacao
4	bouteille *(f)*		eau minérale
	paquet *(m)*		oranges
			café
			coca
			jus d'orange

PAROLES, PAROLES …

C'est à qui?
Vous désirez?

C'est à moi.

Je voudrais …
Je prends (aussi) …
Donnez-moi …, s'il vous plaît.

Et avec ça?

Merci, c'est tout.

Ça coûte / fait combien?
C'est combien, le kilo?
Combien coûte …?

Ça fait …
(C'est) … francs le kilo.

ATELIER

Séraphin achète **des** fruits: **des** ananas, **des** mangues, **des** bananes et **des** oranges.
Il achète 7 ananas, 3 mangues, **2 kilos de** bananes et **3 kilos d'**oranges.

12 A Ce n'est pas vrai!

ATELIER

60 soixante	61 soixante et un	62 soixante-deux
70 soixante-dix	71 soixante et onze	72 soixante-douze
80 quatre-vingts	81 quatre-vingt-un	82 quatre-vingt-deux
90 quatre-vingt-dix	91 quatre-vingt-onze	92 quatre-vingt-douze
100 cent	101 cent un	102 cent deux
200 deux cents	201 deux cent un	211 deux cent onze

1000 mille

1998 mille neuf cent quatre-vingt-dix-huit

2000 deux mille

La Martinique

La Martinique est une des plus grandes îles des Antilles, avec la Guadeloupe. Depuis 1946, c'est un département français. Elle est à 7000 km de l'Europe (8 heures d'avion) et à 2500 km de l'Amérique du Nord (3 heures d'avion). Sa capitale est Fort-de-France. La langue officielle est le français, mais la langue courante est le créole. C'est la langue des esclaves au temps de l'esclavage (du XVIIe au XIXe siècles). Les pirates s'installent aux Antilles au XVIIe et au XVIIIe siècles. Deux pirates célèbres sont Jean Bart (1650-1702) et Robert Surcouf (1773-1827).

4 Jeu de questions

Pose à ton voisin / à ta voisine des questions sur la Martinique.

1. Quelle altitude a la Montagne Pelée? Et les autres montagnes?
2. Depuis quand la Martinique est-elle un département français?
3. A combien de kilomètres de la France se trouve la Martinique?
4. Quand est né Jean Bart?
5. A quel âge est mort Robert Surcouf?

Mer des Caraïbes

Océan Atlantique
Basse-Pointe
ontagne Pelée
1397 m
Morne Jacob
884 m
Presqu'île de la
Caravelle
Saint-Pierre
1120 m
Pitons du Carbet
1198 m
La Trinité
Le Robert
Fort-de-France
Montagne du Vauclin
884 m
Mome Bigot
460 m
Mome Larcher
477 m
Sainte-Anne

«Mais … C'est Ahmadou! … Regardez! … Devant nous, à côté de la jeune fille!» Ahmadou, le perroquet perché sur son épaule, les regarde d'un air malicieux. Nathalie, Feisal, Christian, Marion, Séraphin se précipitent sur lui et l'embrassent.
«Où étais-tu? Comment es-tu arrivé ici?»
«Holà! Pas tous à la fois!» leur dit Ahmadou. «Allons sur notre bateau. Je vais tout vous raconter. Allez, venez! Il n'y a plus de pirates. Ils sont partis.»
«Comment? Les pirates ont vraiment disparu? Le voilier nous attend? Tu crois qu'on peut y aller?»
Ils discutent encore un moment, puis, pas très rassurés, ils décident de retourner sur leur bateau.

Le voilier est là! Ahmadou a raison, les pirates ont disparu. Avant de se coucher, ils fouillent le bateau de fond en comble, il n'y a vraiment personne à bord. Ahmadou leur promet une grande surprise pour le lendemain, mais d'abord, il faut dormir. Malgré la fatigue, ils ne peuvent pas s'endormir, seul Ahmadou ronfle déjà. Est-ce que leur bateau est hanté? Ce voyage dans le temps, les pirates, le marché aux esclaves, le monde à l'envers, le voilier qui marche tout seul, cette tornade …
Tout cela n'est pas normal!
Qu'est-ce qui va encore leur arriver?
Qui leur a jeté un mauvais sort?
Vont-ils revoir leur famille?
Et ce trésor?
Vont-ils le trouver un jour?

12B Les héros sont fatigués

1 Marie-Rose

Ahmadou voit une jeune Martiniquaise dans la rue.

Complète le texte.

1. Il lui sourit. Elle lui sourit aussi.
2. Il ~ demande son nom.
   Elle ~ répond Marie-Rose.
3. Il ~ parle parce qu'il la trouve jolie.
   Elle ~ pose des questions parce qu'elle le trouve sympa.
4. Il ~ propose de se promener en ville.
   Elle ~ propose de boire un jus de mangue.
5. Il ~ demande son adresse.
   Elle ~ écrit son numéro de téléphone.

ATELIER

Il la regarde et **lui** sourit.

Elle le regarde et **lui** sourit.

Il les regarde et **leur** dit: «Ça alors!»

2 Une rencontre

Complète le texte avec «lui, leur, la, le, l', les».

1. Les amis cherchent Ahmadou et ~ retrouvent enfin sur le marché.
2. Ils sont contents. Ils ~ embrassent et ~ posent beaucoup de questions.
3. Ahmadou ~ arrête et ~ dit qu'il va tout ~ raconter.
4. Il ~ parle alors d'une jeune Martiniquaise et ~ présente Marie-Rose.
5. Les amis ~ regardent avec curiosité.
6. Marie-Rose ~ dit bonjour et ~ sourit timidement.
7. Nathalie ~ trouve sympa et ~ demande son adresse.
8. Les autres ~ posent aussi des questions.
9. Alors Marie-Rose ~ propose de boire quelque chose.
10. Elle veut ~ inviter chez elle, mais Ahmadou veut retourner sur le bateau.

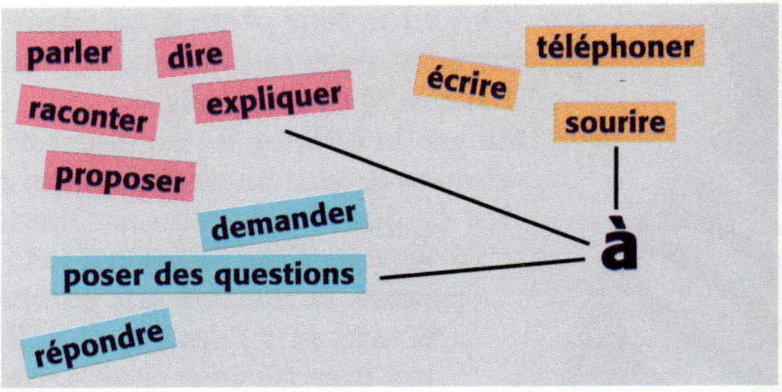

LERNTIPP

Fehler vermeiden

- **Bei Substantiven:**
  Steht der richtige Artikel?
  Stimmt die Pluralendung?
- **Bei Adjektiven:**
  Ist die Angleichung an das Substantiv erfolgt?
- **Bei Verben:**
  Stimmt die Verbendung mit dem Subjekt überein?
  Ist die Ergänzung richtig (direkte oder indirekte Ergänzung)?

3 Quelle cacophonie!

Il y a tellement de bruit sur le marché que Christian ne comprend pas tout.

Pose les questions.

1. Ahmadou arrive à …
   Où est-ce qu'il arrive?
   A Fort-de-France.
2. Il rencontre une jeune Martiniquaise. Elle s'appelle …
   ?
   Marie-Rose.
3. Il lui parle parce que …
   ?
   Il lui parle parce qu'elle est très jolie.
4. Marie-Rose boit un jus de mangue avec …
   ?
   Avec Ahmadou.
5. Marie-Rose écrit son numéro de téléphone pour …
   ?
   Pour Ahmadou.
6. Depuis, il pense toujours à …
   ?
   A Marie-Rose.
7. Ahmadou veut la revoir …
   ?
   Le lendemain matin.

Un cadeau du ciel

Refrain:
Avoir la musique dans le cœur
C'est un cadeau du ciel
Pouvoir partager son bonheur
C'est un cadeau du ciel

Qui dit reggae dit Bob Marley
Qui dit Beatles dit yes-ter-day
J'ai travaillé tous les soirs
Pour acheter ma première guitare
Et jouer toutes les chansons que
j'aimais
Avec mon frère au piano
Et mes copains au bongo
On chantait

Qui dit Rock'n roll dit Elvis Presley
Qui dit Rhythm'n Blues dit Marvin
Gay
On a tous dans la tête une chanson
d'amour
Qui fait coucou les jours de pluie
On a tous dans la tête une chanson
Qu'il fait bon chanter

La Compagnie Créole, D. Vangarde • J. Kluger

Proverbes créoles

Ban-nanne jaune pa ka vini vète.
Les bananes jaunes ne redeviennent jamais vertes.
(Le temps passé ne revient jamais.)

Trop pressé pa ka fè jou ouvè.
Etre pressé ne fait pas venir le jour avant l'heure.
(Tout arrive en son temps.)

Devinette

Moin pas an pied-bois, moin ni fèye, et fèye moin ka fè lé zhomme pâlé? (An live!)
Je ne suis pas un arbre, j'ai des feuilles, et mes feuilles font parler les hommes?

13 L'énigme du trésor

Le lendemain matin, Ahmadou réveille tout le monde: «Allez, réveillez-vous. Il est tard». «Attention! Une autre tornade!» crie Feisal. «Ich will nicht auf den Sklavenmarkt! Ich will nach Hause!» dit Marion. «Je ne veux pas faire la vaisselle! J'ai horreur de ça!» s'écrie Nathalie. «Calmez-vous, on est sur le voilier. Il n'y a plus de danger. A table! Le petit déjeuner est prêt.»

Avec le bon petit déjeuner, les esprits se calment, la bonne humeur revient. Ils attendent avec impatience la surprise d'Ahmadou. Lentement, Ahmadou sort une première enveloppe de sa poche et l'ouvre. Il pose délicatement un petit morceau de parchemin sur la table, sans rien dire. Personne ne bouge. Ahmadou ouvre une deuxième enveloppe, en sort un autre morceau de parchemin et le pose près du premier. «Ça alors! Mais c'est l'autre morceau de la carte! Où est-ce que tu l'as trouvé?» Ahmadou ne répond pas. «Une île! C'est sûrement l'île au trésor! Attendez, j'ai une idée.» Dodo se précipite dans le cockpit avec les deux morceaux du parchemin. Après quelques heures de recherche, elle a réussi à localiser l'île au trésor à l'aide du robot. Cette île se trouve dans le Golfe du Mexique. C'est un ancien repaire de pirates. Les jeunes décident de s'y rendre aussitôt.

Pour la première fois, ils arrivent à diriger le bateau et mettent le cap sur le Golfe du Mexique ... et l'île au trésor. Ils touchent au but, ils sont sûrs de trouver le trésor. Déjà, Feisal aperçoit l'île et les ruines d'un château. Puis la voix du perroquet: «Eurêka! Eurêka! Donnez votre langue au chat! Il est là! Ce n'est pas du bla bla bla!» «A nous le trésor» dit Séraphin. Ils approchent lentement. Personne! L'île semble déserte.

Arrivés à la côte, ils se dirigent tout de suite vers la forteresse. Personne n'est passé par là depuis bien longtemps, on se croirait dans la jungle. Les enfants se piquent les bras et les jambes avec les ronces. Ils avancent lentement, attentifs à chaque bruit.

La forteresse est abandonnée. Broussailles et mauvaises herbes poussent entre les vieilles pierres. Ils marchent en file indienne. Soudain Marion pousse un grand cri. «Qu'est-ce qui te prend?» «Da! Eine Fledermaus!» «Une chauve-souris! Ce n'est pas méchant, elle a plus peur que toi. On continue.» Ils entrent alors dans un grand bâtiment. Une porte s'ouvre sur une petite salle envahie de ronces. Derrière les ronces, Séraphin découvre un grand trou noir. Une entrée secrète?

Dodo allume la lampe de poche: un petit escalier descend … Les jeunes hésitent. Et si c'étaient des oubliettes? Ils décident de tirer au sort pour savoir qui descendra le premier: «Am stram gram pique et pique et colégram bourre et bourre et ratatam am stram gram pique dame».

C'est Feisal qui doit y aller! Courageux, il prend la lampe de poche et descend. Personne ne parle. Chacun retient son souffle et attend, les yeux fixés sur le trou noir.

A toi!

Imagine la suite de l'histoire.

13 L'énigme du trésor (suite)

Ecoute la fin.

L'alphabet

a	[a]	**g**	[ʒe]	**m**	[ɛm]	**s**	[ɛs]	**x**	[iks]
b	[be]	**h**	[aʃ]	**n**	[ɛn]	**t**	[te]	**y**	[igrɛk]
c	[se]	**i**	[i]	**o**	[o]	**u**	[y]	**z**	[zɛd]
d	[de]	**j**	[ʒi]	**p**	[pe]	**v**	[ve]		
e	[ə]	**k**	[ka]	**q**	[ky]	**w**	[dubləve]		
f	[ɛf]	**l**	[ɛl]	**r**	[ɛr]				

Les accents

´	l'accent aigu:	un tr**é**sor
`	l'accent grave:	un po**è**me
^	l'accent circonflexe:	une **î**le

La cédille

ç	le «c» cédille:	un gar**ç**on

Le tréma

ï	i tréma:	les Cara**ï**bes

la minuscule

LA MAJUSCULE

La ponctuation

.	le point
,	la virgule
;	le point-virgule
?	le point d'interrogation
!	le point d'exclamation
:	les deux-points
'	l'apostrophe
-	le trait d'union
« »	les guillemets [gijmɛ] *(m.)*
( )	les parenthèses *(f.)*
...	les points de suspension

1. Les voyelles orales

[a]	glas	gl**a**ce	[teatr] thé**â**tre, [vwala] voil**à**
[i]	livr	l**i**vre	[ami] am**i**, [il] **î**le
[y]	pyl	p**u**ll	[sykr] s**u**cre, [lynɛt] l**u**nettes
[u]	nunurs	n**ou**n**ou**rs	[butɛj] b**ou**teille, [suri] s**ou**ris
[e]	trezɔr	tr**é**sor	[vwalje] voili**er**, [mesaʒ] m**e**ssage
[ɛ]	mɛr	m**e**r	[kasɛt] cass**e**tte, [pɛr] p**è**re, [lɛ] l**ait**
[ø]	məsjø	monsi**eu**r	[vø] v**œu**, [ʃ(ə)vø] chev**eu**x, [ø] **œu**fs
[œ]	baladœr	balad**eu**r	[pœr] p**eu**r, [œj] **œ**il, [sœr] s**œu**r
[ə]	rəvy	r**e**vue	[ʃəmiz] ch**e**mise, [ɑ̃glətɛr] Angl**e**terre
[o]	radjo	radi**o**	[kot] c**ô**te, [bato] b**a**t**eau**, [sovtaʒ] s**au**vetage
[ɔ]	pɔr	p**o**rt	[kasrɔl] casser**o**le, [perɔkɛ] perr**o**quet

2. Les voyelles nasales

[ɑ̃]	tɑ̃t	t**en**te	[avɑ̃tyr] av**en**ture, [ʃɑ̃sɔ̃] ch**an**son
[ɛ̃]	kɔpɛ̃	cop**ain**	[fɛ̃] f**aim**, [vwazɛ̃] vois**in**, [ɛ̃strymɑ̃] **in**strument
[ɔ̃]	balɔ̃	ball**on**	[avjɔ̃] avi**on**, [kɛstjɔ̃] questi**on**

3. Les semi-voyelles

[j]	avjɔ̃	av**i**on	[ʃjɛ̃] ch**i**en, [jø] **y**eux, [kjɔsk] k**i**osque
[ɥ]	biskɥi	bisc**u**its	[nɥi] n**u**it, [kɥizin] c**u**isine, [nɥaʒ] n**u**age
[w]	mwɛt	m**ou**ette	[mirwar] mir**oi**r, [twalɛt] t**oi**lette, [bwat] b**oî**te

4. Les consonnes orales

[p]	pirat	**p**irate	[plaʒ] **p**lage, [aparɛj] a**pp**areil
[t]	tas	**t**asse	[asjɛt] assie**tt**e, [te] **th**é
[k]	kafe	**c**afé	[rakɛt] ra**qu**ette, [kɔkpit] **c**o**ck**pit
[b]	bɑ̃k	**b**anque	[arbr] ar**b**re, [baobab] **b**ao**b**a**b**
[d]	dezɛr	**d**ésert	[dimɑ̃ʃ] **d**imanche, [drapo] **d**rapeau
[g]	bagɛt	ba**gu**ette	[ɑ̃glɛ] an**g**lais, [grɑ̃mɛr] **g**rand-mère
[f]	famij	**f**amille	[ɑ̃fɑ̃] en**f**ant, [alfabɛ] al**ph**abet
[v]	vwalje	**v**oilier	[vil] **v**ille, [sɛrvjɛt] ser**v**iette
[s]	sɔlɛj	**s**oleil	[sitrɔ̃] **c**itron, [garsɔ̃] gar**ç**on, [pisin] pi**sc**ine
[z]	mɛzɔ̃	mai**s**on	[kɥizin] cui**s**ine, [trezɔr] tré**s**or
[ʃ]	ʃato	**ch**âteau	[duʃ] dou**ch**e, [sɑ̃dwitʃ] sandwi**ch**
[ʒ]	plaʒ	pla**g**e	[etaʒɛr] éta**g**ère, [ʒurnal] **j**ournal
[j]	kɔkijaʒ	coqui**ll**age	[bijɛ] bi**ll**et, [famij] fami**ll**e
[l]	lynɛt	**l**unettes	[livr] **l**ivre, [balɔ̃] ba**ll**on
[r]	rado	**r**adeau	[marto] ma**r**teau, [perɔkɛ] pe**rr**oquet

5. Les consonnes nasales

[m]	marto	**m**arteau	[madam] **m**ada**m**e, [sɔmɛj] so**mm**eil
[n]	nunurs	**n**ou**n**ours	[sinema] ci**n**éma, [tenis] te**nn**is
[ɲ]	almaɲ	Allema**gn**e	[mɔ̃taɲ] monta**gn**e, [pɛɲ] pei**gn**e
[ŋ]	kɑ̃piŋ	campi**ng**	[piŋpɔ̃g] pi**ng**-pong, [planiŋ] planni**ng**

Zum Vokabular gibt es zwei Verzeichnisse: nachstehend das chronologische Verzeichnis zu den einzelnen Episoden und auf Seite 180 das alphabetische Register zum Nachschlagen.

Im chronologischen Verzeichnis sind die Vokabeln aller Episoden (Texte und Übungen) in der Reihenfolge ihres Vorkommens mit Lautschrift und der deutschen Übersetzung enthalten.
Wir unterscheiden zwischen aktivem und passivem Wortschatz.
Der **passive Wortschatz** hilft dir, den Text zu verstehen. Er ist zwar umfangreicher als der aktive Wortschatz, muss aber an dieser Stelle noch nicht gelernt werden. Vokabeln, die zum passiven Wortschatz gehören, werden nur bei ihrem ersten Vorkommen im chronologischen Verzeichnis aufgeführt. Wenn du dort eine dir unbekannte Vokabel nicht findest, so schlage bitte im alphabetischen Register nach.
Zum **aktiven Wortschatz** oder **Lernwortschatz** werden nur diejenigen Vokabeln gezählt, die **fett hervorgehoben** sind. Sie werden in späteren Episoden als bekannt vorausgesetzt.

Hier noch einige Hinweise zum Vokabellernen:
- Es ist sehr wichtig, dass du dir zu den Substantiven gleich den Artikel einprägst.
- Vergiss nicht, bei Adjektiven alle Formen zu lernen. In unserem Verzeichnis wird zuerst die weibliche Form genannt.
- Bei den Verben solltest du die Konjugation gleich mitlernen.
- In der dritten Vokabelspalte findest du Beispiele, die dir zeigen, in welchem Zusammenhang die Wörter benutzt werden können. Dadurch kannst du dir die neuen Vokabeln leichter merken.

Abkürzungen

m.	maskulin	*fam.*	umgangssprachlich	qch	quelque chose	=	etw.	etwas
f.	feminin	*Inf.*	Infinitiv	qn	quelqu'un	=	jdn./jdm.	jemand
adj.	Adjektiv							
adv.	Adverb							

1

Vive les vacances [vivlevakɑ̃s]	Hurra Ferien!

1A

Bonnes vacances! [bɔnvakɑ̃s]	Schöne Ferien!
Au camping du soleil [okɑ̃piŋdysɔlɛj]	Auf dem Campingplatz "Zur Sonne"
Allez, vas-y! [alevazi]	Los, auf!
A toi! [atwa]	Du bist dran!
Ah, zut alors! *(fam.)* [azytalɔr]	Verflixt!
J'en ai marre. *(fam.)* [ʒɑ̃nemar]	Ich habe die Nase voll.
Ben quoi? *(fam.)* [bɛ̃kwa]	Also was (ist)?
J'en ai marre du ping-pong. [ʒɑ̃nemardypiŋpɔ̃g]	Ich habe die Nase voll von Tischtennis.
J'arrête. [ʒarɛt]	Ich höre auf.
Alors, qu'est-ce qu'on fait les copains? [alɔrkɛskɔ̃fɛlekɔpɛ̃]	Also, was machen wir?
Je ne sais pas, moi. [ʒən(ə)sɛpamwa]	Weiß ich nicht.
On joue au foot! [ɔ̃ʒuofut]	Spielen wir Fußball!
Non. [nɔ̃]	Nein.
On va à la plage. [ɔ̃vaalaplaʒ]	Wir gehen an den Strand.
On ramasse des coquillages. [ɔ̃ramasdekɔkijaʒ]	Wir sammeln Muscheln.
Ah, non! [anɔ̃]	Oh nein!
Alors quoi? [alɔrkwa]	Also was?
Moi, j'ai une idée. [mwaʒeynide]	Ich habe eine Idee.
Quoi? [kwa]	Was?
Regardez! [rəgarde]	Schaut mal!
L'île là-bas. [lillaba]	Die Insel da drüben.
le château [ləʃato]	das Schloss

Hein? *(fam.)* [ɛ̃]	Hm? Was?
Aller sur l'île à la nage! [alesyrlilalanaʒ]	Zur Insel schwimmen!
Mais, tu es folle *(f.)* / fou *(m.)*. [mɛtyɛfɔl/fu]	Du spinnst wohl! Du bist ja verrückt!
C'est trop loin. [sɛtrolwɛ̃]	Das ist zu weit.
Mais non, pas à la nage. [mɛnõpa(z)alanaʒ]	Aber nein, nicht schwimmen.
On peut ... [õpø]	Man kann ...
Oh, oui! [owi]	Oh ja!
Super! *(fam.)* [sypɛr]	Toll! / Spitze!

1A1

Qu'est-ce que c'est? [kɛskəsɛ]	Was ist das?
Ecoute. [ekut]	Hör zu.
c'est [sɛ]	es ist / das ist
un, une [ɛ̃, yn]	ein, eine
un avion [ɛ̃navjõ]	ein Flugzeug
un nuage [ɛ̃nɥaʒ]	eine Wolke
un château [ɛ̃ʃato]	ein Schloss
un drapeau [ɛ̃drapo]	eine Fahne
une île [ynil]	eine Insel
un bateau [ɛ̃bato]	ein Boot
un coquillage [ɛ̃kɔkijaʒ]	eine Muschel
une mouette [ynmwɛt]	eine Möwe
une plage [ynplaʒ]	ein Strand
un camping [ɛ̃kɑ̃piŋ]	ein Campingplatz
un ballon [ɛ̃balõ]	ein Ball
une glace [ynglas]	ein Eis
une tente [yntɑ̃t]	ein Zelt
un nounours [ɛ̃nunurs]	ein Teddy(bär)
une bouteille [ynbutɛj]	eine Flasche
une raquette [ynrakɛt]	ein Schläger *(Tennis, Badminton)*
un miroir [ɛ̃mirwar]	ein Spiegel
un livre [ɛ̃livr]	ein Buch

1A2

Qu'est-ce que c'est en français? [kɛskəsɛɑ̃frɑ̃sɛ]	Wie heißt das auf Französisch?
oui [wi]	ja
non [nõ]	nein
Je ne sais pas. [ʒən(ə)sɛpa]	Ich weiß nicht.
Paroles, paroles ... [parɔl]	Worte, Worte ...

1B

Une bouteille à la mer [ynbutɛjalamɛr]	Eine Flasche im Meer
Passe-moi le marteau. [pasmwal(ə)marto]	Reich mir mal den Hammer.
Tiens, un clou. [tjɛ̃ɛ̃klu]	Hier bitte, ein Nagel.
Fais attention à la voile. [fɛatɑ̃sjõalavwal]	Pass auf das Segel auf.
Tire sur la corde. [tirsyrlakɔrd]	Zieh das Seil fest.
Voilà le mât pour la voile. [vwalal(ə)mapurlavwal]	Hier ist der Mast für das Segel.
Fais voir. [fɛvwar]	Zeig mal.
Fais gaffe. *(fam.)* [fɛgaf]	Pass auf.
Ile, château, trésor [il, ʃato, trezɔr]	Insel, Schloss, Schatz
Ça vient peut-être du Château d'If. [savjɛ̃pøtɛtrədyʃatodif]	Das kommt vielleicht vom Château d'If.
Allez, on continue. [aleõkõtiny]	Los, machen wir weiter.

1B1

bonjour [bõʒur]	guten Tag	
salut [saly]	hallo, tschüss	
A toi! [atwa]	Du bist dran!	
je m'appelle ... [ʒ(ə)mapɛl]	ich heiße ...	Je m'appelle Marion. Et toi?

et [e]	und	
toi [twa]	du *(zur Betonung)*	
Tu t'appelles comment? [tytapɛlkɔmɑ̃]	Wie heißt du?	
moi [mwa]	ich *(zur Betonung)*	
Ça va? [sava]	Wie geht's?	
Comment allez-vous? [kɔmɑ̃talevu]	Wie geht es Ihnen?	

1B2

C'est toi? [sɛtwa]	Bist du das?	C'est toi? – Oui, c'est moi.

1B3

Qui est-ce? [kiɛs]	Wer ist das?	

1B4

madame (*Abk.:* **Mme**) [madam]	Frau *(Anrede)*	Bonjour madame.
monsieur (*Abk.:* **M.**) [məsjø]	Herr *(Anrede)*	C'est monsieur Delcourt.
une copine, un copain *(fam.)* [ynkɔpin, ɛ̃kɔpɛ̃]	eine Freundin, ein Freund	
mais [mɛ]	aber	
on dit [ɔ̃di]	man sagt	
à demain [ad(ə)mɛ̃]	bis morgen	
au revoir [ɔrvwar]	auf Wiedersehen	

Paroles, paroles ...

je suis [ʒəsɥi]	ich bin	
voilà [vwala]	hier, das ist	
à bientôt [abjɛ̃to]	bis bald	
à tout à l'heure [atutalœr]	bis gleich	
mademoiselle (*Abk.:* **Mlle**) [madmwazɛl]	Fräulein *(Anrede)*	

1B5

voilà [vwala]	das ist, das sind	
le / l', la / l' [lə, la]	der, die, das	
un baladeur [ɛ̃baladœr]	ein Walkman	
un marteau [ɛ̃marto]	ein Hammer	
de [də]	von	
un appareil-photo [ɛ̃naparɛjfɔto]	ein Fotoapparat	C'est l'appareil-photo de Marion? – Non, c'est l'appareil-photo de Christian.
une amie, un ami [ynami, ɛ̃nami]	eine Freundin, ein Freund	
Continue. [kɔ̃tiny]	Mach weiter. Fahre fort.	
un atelier [ɛ̃natəlje]	eine Werkstatt, *hier:* Sprachwerkstatt	

1B6

un message [ɛ̃mesaʒ]	eine Botschaft, eine Meldung	
Lis le texte. [lilətɛkst]	Lies den Text.	
un texte [ɛ̃tɛkst]	ein Text	
ben *(fam.)* [bɛ̃]	also, och, nun	
un trésor [ɛ̃trezɔr]	ein Schatz	
Ça alors! [saalɔr]	Na so was!	

1B7

une comptine [ynkɔ̃tin]	ein Kinderreim	
un tas de bois [ɛ̃tad(ə)bwa]	ein Stapel Holz	
un clou [ɛ̃klu]	ein Nagel	
une vis [ynvis]	eine Schraube	
un radeau [ɛ̃rado]	ein Floß	
un radeau tout neuf [ɛ̃radotunœf]	ein nagelneues Floß	
le voilà qui bouge [ləvwalakibuʒ]	und jetzt bewegt es sich	
Pour un grand voyage, bon courage. [purɛ̃grɑ̃vwajaʒbɔ̃kuraʒ]	Für eine lange Reise, alles Gute.	

2

Vive l'aventure [vivlavɑ̃tyr]	Es lebe das Abenteuer	

2A

On part [ɔ̃par]	Wir gehen / fahren (weg)	
(Vokabular s. unter 2A2)		

2A1

Ça va. [sava]	Es geht.	Ça va? – Oui, ça va bien.
Ça va bien. [savabjɛ̃]	Es geht (mir / uns) gut.	
très [trɛ]	sehr	
Ça va mal. [savamal]	Es geht (mir / uns) schlecht.	

2A2

tout le monde [tul(ə)mɔ̃d]	alle, jeder	
il / elle est [ilɛ/ɛlɛ]	er / sie / es ist	
là [la]	da, hier	
où [u]	wo	
Sûrement au lit! [syrmɑ̃oli]	Bestimmt im Bett!	
la voilà [lavwala]	da ist sie	
Bof [bɔf]	Na ja ...	
tu viens [tyvjɛ̃]	du kommst	
arrête de ... [arɛtdə]	hör auf zu ...	
Tu m'énerves. [tymenɛrv]	Du gehst mir auf die Nerven.	
Pas de panique. [pad(ə)panik]	Nur keine Panik. Immer mit der Ruhe.	
j'arrive [ʒariv]	ich komme	
Aidez-nous. [ɛdenu]	Helft / helfen Sie uns.	
on met ... à la mer [ɔ̃mɛ...alamɛr]	wir lassen ... zu Wasser	
un radeau [ɛ̃rado]	ein Floß	
C'est lourd. [sɛlur]	Das ist schwer.	
Pousse! [pus]	Schieb!	
tous [tus]	alle	
Oh! Hisse! [ois]	Hau ruck!	
il flotte [ilflɔt]	er / es schwimmt	

2A3

d'où [du]	woher	
Berlin [bɛrlɛ̃]		
je viens [ʒəvjɛ̃]	ich komme	
de [də]	aus	
aussi [osi]	auch	Tu viens aussi de Berlin? – Non, je viens de ...
Albi [albi]		
Bordeaux [bɔrdo]		
Marseille [marsɛj]		
Paris [pari]		
Tourcoing [turkwɛ̃]		
il / elle vient [ilvjɛ̃/ɛlvjɛ̃]	er / sie / es kommt	Elle vient d'où? – Elle vient de ...

2B

Sur le radeau [syrlərado]	Auf dem Floß	
tu vois [tyvwa]	du siehst	
On est toujours dans la bonne direction? [ɔ̃nɛtuʒurdɑ̃labɔndirɛksjɔ̃]	Stimmt die Richtung immer noch?	
tout droit [tudrwa]	geradeaus	
C'est encore loin? [sɛ(t)ɑ̃kɔrlwɛ̃]	Ist es noch weit?	
J'ai faim. [ʒefɛ̃]	Ich habe Hunger. Ich bin hungrig.	
C'est bon. [sɛbɔ̃]	Das ist / schmeckt gut.	
J'adore les sandwichs au camembert. [ʒadɔrlesɑ̃dwitʃokamɑ̃bɛr]	Ich liebe Sandwiches mit Camembert.	
Tu en veux? [tyɑ̃vø]	Magst du welche? Magst du davon?	
Non, merci! [nɔ̃mɛrsi]	Nein, danke!	

2B1

Trouve les images. [truvlezimaʒ]	Finde die Bilder.	
une image [ynimaʒ]	ein Bild	
Qu'est-ce que ...? [kɛsk(ə)]	Was ...?	
il / elle fait (*Inf.:* **faire**) [ilfɛ/ɛlfɛ]	er / sie macht	je fais, tu fais, il / elle fait
il / elle écoute (*Inf.:* **écouter**) [ilekut/ɛlekut]	er / sie hört sich ... an, hört zu	j'écoute, tu écoutes, il / elle écoute
une cassette [ynkasɛt]	eine Kassette	
il / elle regarde (*Inf.:* **regarder**) [ilrəgard/ɛlrəgard]	er / sie schaut an	je regarde, tu regardes, il / elle regarde
il / elle parle (*Inf.:* **parler**) [ilparl/ɛlparl]	er / sie spricht	je parle, tu parles, il / elle parle
parler allemand [parlealmɑ̃]	Deutsch reden	Tu parles allemand? – Non.
il / elle chante (*Inf.:* **chanter**) [ilʃɑ̃t/ɛlʃɑ̃t]	er / sie singt	je chante, tu chantes, il / elle chante
une chanson [ynʃɑ̃sɔ̃]	ein Lied	
il / elle mange (*Inf.:* **manger**) [ilmɑ̃ʒ/ɛlmɑ̃ʒ]	er / sie isst	je mange, tu manges, il / elle mange
un sandwich [ɛ̃sɑ̃dwitʃ]	ein Sandwich	
il / elle dessine (*Inf.:* **dessiner**) [ildesin/ɛldesin]	er / sie zeichnet	je dessine, tu dessines, il / elle dessine
il / elle dirige (*Inf.:* **diriger**) [ildiriʒ/ɛldiriʒ]	er / sie lenkt	je dirige, tu diriges, il / elle dirige
Trouve les infinitifs. [truvlezɛ̃finitif]	Finde die Infinitivformen.	

2B2

Fais un dialogue avec ta voisine / ton voisin. [fɛɛ̃djalɔgavɛktavwazin/tɔ̃vwazɛ̃]	Erstelle einen Dialog mit deiner Nachbarin / deinem Nachbarn.
un dialogue [ɛ̃djalɔg]	ein Dialog
Tu m'énerves. [tymenɛrv]	Du gehst mir auf die Nerven.
parler français [parlefrɑ̃sɛ]	Französisch reden
d'accord [dakɔr]	einverstanden, in Ordnung

Atelier

arriver [arive]	ankommen	j'arrive, tu arrives, il / elle arrive
regarde [rəgard]	schau mal	
parle [parl]	sprich	
chante [ʃɑ̃t]	sing	

2C

Des nuages, encore des nuages [denɥaʒɑ̃kɔrdenɥaʒ]	Wolken, noch mehr Wolken
Quelques heures plus tard. [kɛlkəzœrplytar]	Einige Stunden später.
Tu vois encore le château? [tyvwa(z)ɑ̃kɔrləʃato]	Siehst du das Schloss immer noch?
C'est la bonne direction? [sɛlabɔndirɛksjɔ̃]	Stimmt die Richtung?
Mince alors! *(fam.)* [mɛ̃salɔr]	So ein Mist!
On fait demi-tour? [ɔ̃fɛd(ə)mitur]	Kehren wir um?
j'ai [ʒe]	ich habe
J'ai froid. [ʒefrwa]	Mir ist kalt.
Où est mon pull *(fam.)*? [uɛmɔ̃pyl]	Wo ist mein Pulli?
Il y a des biscuits? [iljadebiskɥi]	Gibt es Kekse?
J'ai soif. [ʒeswaf]	Ich habe Durst. Ich bin durstig.
Tu as peur? [tyapœr]	Hast du Angst?
Laisse-la tranquille. [lɛslatrɑ̃kil]	Lass sie in Ruhe.
Aide-moi. [ɛdmwa]	Hilf mir.
plus vite [plyvit]	schneller
Où sommes-nous? [usɔmnu]	Wo sind wir?
Il fait (déjà) nuit. [ilfɛdeʒanɥi]	Es wird (schon) dunkel.
Il est trop tard pour faire demi-tour. [ilɛtrotarpurfɛrdəmitur]	Es ist zu spät, um umzukehren.
Zut! *(fam.)* [zyt]	Verflixt!

2C1

Qui a peur? [kiapœr]	Wer hat Angst?	
qui [ki]	wer	
Réponds aux questions. [repõokɛstjõ]	Beantworte die Fragen.	
une question [ynkɛstjõ]	eine Frage	J'ai une question.
J'ai faim. [ʒefɛ̃]	Ich habe Hunger. Ich bin hungrig.	
J'ai froid. [ʒefrwa]	Mir ist kalt.	
J'ai soif. [ʒeswaf]	Ich habe Durst. Ich bin durstig.	
J'ai peur. [ʒepœr]	Ich habe Angst.	
J'ai sommeil. [ʒesɔmɛj]	Ich bin müde.	
J'ai chaud. [ʒeʃo]	Mir ist warm / heiß.	
il / elle a [ila/ɛla]	er / sie / es hat	
avoir [avwar]	haben	j'ai, tu as, il / elle a

2C2

Fais des phrases. [fɛdefraz]	Bilde Sätze.
une phrase [ynfraz]	ein Satz
des [de]	*unbestimmter Artikel Plural (wird nicht übersetzt)*
le ciel [ləsjɛl]	der Himmel
dans le ciel [dɑ̃l(ə)sjɛl]	am Himmel
il y a [ilja]	es gibt, da sind
une bouée de sauvetage [ynbwed(ə)sovtaʒ]	ein Rettungsring
une rame [ynram]	ein Ruder
des lunettes de soleil [delynɛtdəsɔlɛj]	eine Sonnenbrille
le soleil [ləsɔlɛj]	die Sonne
une serviette [ynsɛrvjɛt]	ein Handtuch
un pull *(fam.)* [ɛ̃pyl]	ein Pulli
un sac [ɛ̃sak]	eine Tasche
un biscuit [ɛ̃biskɥi]	ein Keks

2C3

ce sont ... [səsõ]	es sind ...
les [le]	die *(best. Artikel, Pl.)*

2C4

Demande à ta voisine / à ton voisin. [dəmɑ̃datavwazin/dəmɑ̃datõvwazɛ̃]	Frage deine Nachbarin / deinen Nachbarn.

3

Un voilier, quelle chance! [ɛ̃vwaljekɛlʃɑ̃s]	Ein Segelboot, was für ein Glück!

3A

Venez voir. [vənevwar]	Schaut mal her.
Venez vite. [vənevit]	Kommt schnell!
Qu'est-ce qu'il y a? [kɛskilja]	Was gibt's? Was ist los?
un voilier [ɛ̃vwalje]	ein Segelboot
Regardez. [rəgarde]	Schaut mal!
Tu rêves, non! [tyrɛvnõ]	Du träumst wohl!
Réveille-toi! [revɛjtwa]	Wach auf!
quelqu'un [kɛlkɛ̃]	jemand
Il y a quelqu'un? [iljakɛlkɛ̃]	Ist da jemand?
Répondez. [repõde]	Antworten Sie!
(ne) ... personne [pɛrsɔn]	niemand
plus fort [plyfɔr]	lauter
ensemble [ɑ̃sɑ̃bl]	zusammen
alors [alɔr]	also, nun, dann
On y va? [õniva]	Gehen wir (hin)?
une échelle [yneʃɛl]	eine Leiter
Tu montes? [tymõt]	Gehst du hinauf?

monter [mõte]	steigen, einsteigen	
un capitaine [ɛ̃kapitɛn]	ein Kapitän	
rester [rɛste]	bleiben	
ici [isi]	hier	
J'y vais. [ʒivɛ]	Ich gehe hin.	
Où es-tu? [uɛty]	Wo bist du?	
Montez. [mõte]	Kommt herauf.	

3A1

un port [ɛ̃pɔr]	ein Hafen	
Pas question. [pakɛstjõ]	Kommt nicht in Frage.	

3A2

Devinez. [dəvine]	Ratet!	

Paroles, paroles ...

Pas si vite. [pasivit]	Nicht so schnell!	
s'il vous / s'il te plaît [silvuplɛ, siltəplɛ]	bitte	
Répète, s'il te plaît! [repɛtsiltəplɛ]	Wiederhole bitte!	
Qu'est-ce que tu dis? [kɛskətydi]	Was sagst du?	

3A3

Au camping [okɑ̃piŋ]	Auf dem Campingplatz	
d'abord [dabɔr]	zuerst, zunächst	
aller (à ...) [ale]	gehen (zu / auf / in / nach / an ...)	je vais, tu vas, il / elle va
ensuite [ɑ̃sɥit]	danach	
puis [pɥi]	dann	
à [a]	(hin)zu / auf / in / an / nach	
travailler [travaje]	arbeiten	
avec [avɛk]	mit	
un stade [ɛ̃stad]	ein Stadion	
un café [ɛ̃kafe]	ein Café, eine Kneipe	
un restaurant [ɛ̃rɛstɔrɑ̃]	ein Restaurant	
une piscine [ynpisin]	ein Schwimmbad	
l'hôpital *(m.)* [lɔpital]	ein Krankenhaus	
un supermarché [ɛ̃sypɛrmarʃe]	ein Supermarkt	
les toilettes [letwalɛt]	die Toilette	
un commissariat de police [ɛ̃kɔmisarjad(ə)pɔlis]	ein Polizeirevier	

3A4

un cinéma [ɛ̃sinema]	ein Kino	
une poste [ynpɔst]	eine Post	
une école [ynekɔl]	eine Schule	

3B

Dans la cale du voilier [dɑ̃lakaldyvwalje]	Im Inneren des Segelschiffes	
Suivez-moi. [sɥivemwa]	Folgt mir. Kommt mit.	
Tout est là. [tutɛla]	Es ist alles da.	
dedans [dədɑ̃]	hinein, *hier:* darin	
Miam! [mjam]	Mmmh!	
C'est sucré. [sɛsykre]	Das ist süß.	
Beurk! [bœrk]	Bäh! Pfui!	
C'est salé. [sɛsale]	Das ist salzig.	
une boîte de conserve [ynbwatdəkõsɛrv]	eine Konservendose	
Qu'est-ce que c'est que ça? [kɛskəsɛksa]	Was ist denn das?	
Pouah, ça pue. [pwasapy]	Pfui, das stinkt.	
Jette-le. [ʒɛtlə]	Wirf es weg.	
Ça sent trop mauvais. [sasɑ̃tromɔvɛ]	Es stinkt zu sehr.	
Vous êtes fous. [vuzɛtfu]	Ihr seid verrückt.	

C'est de la morue salée. [sɛd(ə)lamɔrysale]	Das ist Stockfisch. Das ist in Salz eingelegter Kabeljau.	
C'est du poisson. [sɛdypwasõ]	Das ist Fisch.	
une visite [ynvizit]	ein Besuch	
chouette *(fam.)* [ʃwɛt]	klasse, toll	
un lit [ɛ̃li]	ein Bett	
un escalier [ɛ̃nɛskalje]	eine Treppe	
On descend? [õdesɑ̃]	Gehen wir hinunter?	
une cale [ynkal]	ein Schiffsraum, ein Laderaum	
cette machine [sɛtmaʃin]	diese Maschine	
bizarre [bizar]	seltsam, komisch	
une cuisine [ynkɥizin]	eine Küche	
un placard [ɛ̃plakar]	ein Wandschrank	
une banquette [ynbɑ̃kɛt]	eine (Sitz)Bank	
l'eau *(f.)* [lo]	das Wasser	
une assiette [ynasjɛt]	ein Teller	
une casserole [ynkasrɔl]	ein Topf	
une tasse [yntas]	eine Tasse	
le sel [ləsɛl]	das Salz	
un bol [ɛ̃bɔl]	eine Trinkschale	
une table [yntabl]	ein Tisch	
une souris [ynsuri]	eine Maus	
un fromage [ɛ̃frɔmaʒ]	ein Käse	
une étagère [ynetaʒɛr]	ein Regal	
une confiture [ynkõfityr]	eine Marmelade	
le sucre [ləsykr]	der Zucker	
une boîte de conserve [ynbwatdəkõsɛrv]	eine Konservendose	
un poisson [ɛ̃pwasõ]	ein Fisch	

3B1

Sur le bateau [syrləbato]	Auf dem Schiff	
sur [syr]	auf, an	
une page [ynpaʒ]	eine Seite	
une cale [ynkal]	ein Schiffsraum, ein Laderaum	
une douche [ynduʃ]	eine Dusche	
un escalier [ɛ̃nɛskalje]	eine Treppe	
une cabine [ynkabin]	eine Kabine, *hier:* Schlafkoje	
un pont [ɛ̃põ]	eine Brücke, *hier:* ein Deck	
un cockpit [ɛ̃kɔkpit]	ein Cockpit	

3B2

Complète avec ... [kõplɛtavɛk]	Ergänze mit ...	
un verbe [ɛ̃vɛrb]	ein Verb	
vous [vu]	ihr / euch, Sie / Ihnen	
dans [dɑ̃]	in	
sous [su]	unter	

Atelier

être [ɛtr]	sein	je suis, tu es, il / elle est, nous sommes, vous êtes, ils / elles sont

3B3

Mais quel désordre! [mɛkɛldezɔrdr]	Was für ein Durcheinander!	

4

Un drôle de bateau [ɛ̃droldəbato]	Ein seltsames Boot	

4A

Un message à la radio [ɛ̃mesaʒalaradjo]	Eine Meldung im Radio	
une radio [ynradjo]	ein Radio, ein Funkgerät	Dodo écoute la radio.

Chut! [ʃyt]	Pst!	
Attention! [atɑ̃sjɔ̃]	Vorsicht! Achtung! *hier:* Aufgepasst!	
un avis de recherche [ɛ̃navid(ə)rəʃɛrʃ]	eine Suchmeldung	
On y cherche 7 jeunes ... [ɔ̃niʃɛrʃsɛtʒœn]	Sieben Jugendliche werden gesucht ...	
... âgés de 11 à 15 ans. [aʒedəɔ̃zakɛ̃zɑ̃]	... im Alter von 11 bis 15 Jahren.	
... d'avertir immédiatement la police. [davɛrtirimedjatmɑ̃lapɔlis]	... die Polizei sofort zu verständigen.	
la police maritime [lapɔlismaritim]	die Wasserschutzpolizei	
la police [lapɔlis]	die Polizei	
une / un jeune [ynʒœn, ɛ̃ʒœn]	eine Jugendliche, ein Jugendlicher	Les jeunes sont sur le bateau.
une Allemande, un Allemand [ynalmɑ̃d, ɛ̃nalmɑ̃]	eine Deutsche, ein Deutscher	
C'est nous! [sɛnu]	Das sind wir!	
chercher [ʃɛrʃe]	suchen	Nathalie cherche Dodo.
On nous cherche! [ɔ̃nuʃɛrʃ]	Sie suchen uns!	
Ce sont nos parents! [səsɔ̃noparɑ̃]	Es sind unsere Eltern!	
vouloir [vulwar]	wollen	je veux, tu veux, il / elle veut
rentrer à la maison [rɑ̃trealamɛzɔ̃]	nach Hause zurückkehren	Nathalie veut rentrer à la maison.
une maison [ynmɛzɔ̃]	ein Haus	
savoir [savwar]	etw. können, wissen (gelernt haben)	je sais, tu sais, il / elle sait
faire marcher qch [fɛrmarʃe]	(ein Gerät) bedienen	Feisal sait faire marcher la radio?
peut-être [pøtɛtr]	vielleicht	Qu'est-ce que c'est? – Je ne sais pas. C'est peut-être un trésor.
Attends! [atɑ̃]	Warte!	
Zut! *(fam.)* [zyt]	Verflixt!	
Ça ne marche pas. [san(ə)marʃ(ə)pa]	Es funktioniert nicht.	
Pas de réponse. [pad(ə)repɔ̃s]	Keine Antwort. Man hört nichts.	

4A1

revoir [rəvwar]	wiedersehen	
papa [papa]	Papa, Vati	
écrire [ekrir]	schreiben	

4A2

faire [fɛr]	machen, tun	

Paroles, paroles ...

Oui, je veux bien. [wiʒ(ə)vøbjɛ̃]	Ja, gerne.	On va au café? – Oui, je veux bien.
Non, je ne veux pas. [nɔ̃ʒən(ə)vøpa]	Nein, ich will nicht.	Tu viens? – Non, je ne veux pas.
Laisse-moi tranquille! [lɛsmwatrɑ̃kil]	Lass mich in Ruhe!	

4A3

parler anglais [parleɑ̃glɛ]	Englisch reden	Dodo parle français et anglais.
un cahier [ɛ̃kaje]	ein Heft	Nathalie écrit dans un cahier.
comparer [kɔ̃pare]	vergleichen	
une voisine, un voisin [ynvwazin, ɛ̃vwazɛ̃]	eine Nachbarin, ein Nachbar	La police parle avec la voisine de Mme Delcourt.
réparer [repare]	reparieren	Tu sais réparer la radio?
danser [dɑ̃se]	tanzen	Je sais danser le tango.

4A4

jouer à un sport / jouer à un jeu [ʒweaɛ̃spor, ʒweaɛ̃ʒø]	(etw.) spielen (Sport / Spiel)	Tu sais jouer au hockey? – Non.
la belote [labəlɔt]	*(französisches Kartenspiel)*	
le tennis [lətenis]	Tennis	
le hockey [ləɔkɛ]	Hockey	
le volley [ləvɔlɛ]	Volleyball	
les échecs [lezeʃɛk]	Schach	
le ping-pong [ləpiŋpɔ̃g]	Tischtennis	
le foot *(fam.)* [ləfut]	Fußball	
bien sûr [bjɛ̃syr]	natürlich, selbstverständlich	Elle sait jouer au tennis? – Oui, bien sûr.
mais [mɛ]	aber	Il sait jouer au tennis? – Non, mais il sait jouer au ping-pong.

4B

une dispute [yndispyt]	ein Streit	
C'est la faute à Feisal. [sɛlafotafezal]	Feisal ist Schuld daran.	
Il casse tout. [ilkastu]	Er macht alles kaputt.	
C'est son idée. [sɛsõnide]	Das ist seine Idee.	
... avec leur fichue bouteille! *(fam.)* [avɛklœrfiʃybutɛj]	... mit ihrer blöden Flasche!	
Arrêtez de crier. [areted(ə)krije]	Hört auf zu schreien.	
Je m'en vais. [ʒəmɑ̃vɛ]	Ich gehe weg.	
partir [partir]	abfahren, weggehen	
Le radeau a disparu. [ləradoadispary]	Das Floß ist verschwunden.	
Quoi? [kwa]	Was?	Quoi? Tu ne sais pas danser?
une voile [ynvwal]	ein Segel	Le bateau a deux voiles.
Qu'est-ce qui se passe? [kɛskispas]	Was passiert? Was ist los?	
marcher [marʃe]	laufen, gehen	Le baladeur de Nathalie ne marche pas.
Le bateau marche tout seul. [ləbatomarʃ(ə)tusœl]	Das Boot fährt ganz allein los.	
incroyable [ɛ̃krwajabl]	unglaublich	
tes jumelles [teʒymɛl]	dein Fernglas	
en pleine mer [ɑ̃plɛnmɛr]	mitten auf dem Meer	
Ce n'est pas possible. [sənɛpapɔsibl]	Das ist nicht möglich.	Un trésor? Ce n'est pas possible.

4B1

qui [ki]	der, die, das *(Relativpronomen)*	
Il doit y avoir quelqu'un. [ildwa(t)iavwarkɛlkɛ̃]	Es muss jemand da sein.	
encore [ɑ̃kɔr]	noch (einmal)	
Tu as raison. [tyarɛzõ]	Du hast Recht.	
bien *(adv.)* [bjɛ̃]	gut	
à l'arrière [alarjɛr]	hinten	
Je ne comprends pas. [ʒən(ə)kõprɑ̃pa]	Ich verstehe nicht.	Qu'est-ce que tu dis? Je ne comprends pas.

4B2

chez [ʃe]	bei (jdm.), zu (jdm.)	
un animal; des animaux [ɛ̃nanimal, dezanimo]	ein Tier	
une chienne, un chien [ynʃjɛn, ɛ̃ʃjɛ̃]	eine Hündin, ein Hund	Dodo a un chien. Il s'appelle Fido.
il s'appelle [ilsapɛl]	er heißt	
une chaîne Hi-Fi [ynʃɛn'ifi]	eine Stereoanlage	
un piano [ɛ̃pjano]	ein Klavier	
jouer d'un instrument [ʒwedɛ̃nɛ̃strymɑ̃]	spielen *(Instrument)*	
adorer [adɔre]	(sehr) lieben	Dodo adore la musique rock.
depuis [dəpɥi]	seit, seitdem	
un an [ɛ̃nɑ̃]	ein Jahr	
un CD (un compact-disc) [ɛ̃sede, ɛ̃kõpaktdisk]	eine CD	
beaucoup d'autres [bokudotr]	viele andere	
des rollers [derɔlœr]	Inlineskater	
un V.T.T. (= vélo tout terrain) [ɛ̃vetete, ɛ̃velotuterɛ̃]	ein Mountainbike	
en anglais [ɑ̃nɑ̃glɛ]	auf Englisch	

4B3

un journal [ɛ̃ʒurnal]	eine Zeitung, *hier:* ein Tagebuch	Nathalie écrit un journal.
aimer [eme]	lieben, mögen	Ahmadou aime le foot.
une boum *(fam.)* [ynbum]	eine Fete, eine Party	On fait une boum. Tu viens? – D'accord.
les vacances [levakɑ̃s]	die Ferien	Christian et Marion sont en vacances.
faire la grasse matinée [fɛrlagrasmatine]	bis in den Tag hinein schlafen	En vacances, je fais la grasse matinée.
une télé(vision) [yntele(vizjõ)]	ein Fernseher	
regarder la télé [rəgardelatele]	fernsehen	Qu'est-ce que tu fais? – Je regarde la télé. Il y a un film super.
un bébé [ɛ̃bebe]	ein Baby	

faire la vaisselle [fɛrlavɛsɛl]	(Geschirr) spülen	Nathalie n'aime pas faire la vaisselle.
la vaisselle [lavɛsɛl]	das Geschirr	
une cigarette [ynsigarɛt]	eine Zigarette	
la musique classique [lamyzikklasik]	klassische Musik	
poser une question à qn [pozeynkɛstjõakɛlkɛ̃]	jdm. eine Frage stellen	
une liste [ynlist]	eine Liste	
une réponse [ynrepõs]	eine Antwort	≠ question

Paroles, paroles ...

beaucoup [boku]	sehr, viel	Tu aimes la musique rock? – Oui, beaucoup.
chouette *(fam.)* [ʃwɛt]	klasse, toll	Le volley? C'est chouette!
super *(fam.)* [sypɛr]	super, toll	
géniale, génial [ʒenjal]	genial, großartig	Le hockey, c'est génial.
(ne) ... pas du tout [padytu]	überhaupt nicht	Nathalie n'aime pas du tout le tennis.
C'est nul. [sɛnyl]	Das taugt nichts.	Les cigarettes, c'est nul.
détester [detɛste]	hassen	≠ aimer

4B4

faire [fɛr]	machen, tun	je fais, tu fais, il / elle fait, nous faisons, vous faites, ils / elles font
une bêtise [ynbetiz]	eine Dummheit, Blödsinn	
un clown [ɛ̃klun]	ein Clown	Le clown fait des bêtises.
une promenade [ynprɔmnad]	ein Spaziergang	Nathalie et Dodo font une promenade sur le pont.
demander à qn [dəmɑ̃de]	jdn. etw. fragen	
un devoir [ɛ̃dəvwar]	eine Hausaufgabe	Faites les devoirs!

4C

seule, seul [sœl]	allein	
à bord [abɔr]	an Bord	
On est déjà très loin. [õnɛdeʒatrɛlwɛ̃]	Wir sind schon sehr weit weg.	
super rapide [sypɛrrapid]	superschnell	
alors [alɔr]	also, nun, dann	Alors, qu'est-ce qu'on fait?
maintenant [mɛ̃t(ə)nɑ̃]	jetzt, nun	
A la nage! [alanaʒ]	Los, wegschwimmen!	
Bande d'idiots. [bɑ̃ddidjo]	Ihr Dummköpfe.	
un oiseau; des oiseaux [ɛ̃nwazo, dezwazo]	ein Vogel	Tu as un chien? – Non, mais j'ai deux oiseaux.
un perroquet [ɛ̃perɔkɛ]	ein Papagei	Le perroquet sait parler.
Où ça? [usa]	Wo denn?	
là-haut [lao]	dort hinauf, dort oben	
un mât [ɛ̃ma]	ein Mast	
Qu'il est beau! [kilɛbo]	Er ist wunderschön!	
Sauvés! [sove]	Gerettet!	

5

un pays [ɛ̃pei]	ein Land	

5A

le Maroc [ləmarɔk]	Marokko	Le Maroc est un pays en Afrique.
Casablanca [kazablɑ̃ka]		
prendre [prɑ̃dr]	nehmen	je prends, tu prends, il / elle prend, nous prenons, vous prenez, ils / elles prennent
votre *(sg.)*; vos *(pl.)* [vɔtr, vo]	Ihr(e); Ihre *(Pl.)* / euer(e); eure *(Pl.)*	
les affaires [lezafɛr]	Sachen *(Kleider, persönliche Gegenstände)*	
ma, mon; mes [ma, mõ, me]	mein(e); meine *(Pl.)*	
une famille [ynfamij]	eine Familie	Dans ma famille, nous sommes trois.
habiter à [abite]	wohnen	Nous habitons à Albi.

un grand-père [ɛ̃grɑ̃pɛr]	ein Großvater	Feisal aime beaucoup son grand-père.
une grand-mère [yngrɑ̃mɛr]	eine Großmutter	Sa grand-mère s'appelle Amina.
une cousine, un cousin [ynkuzin, ɛ̃kuzɛ̃]	eine Cousine, ein Cousin	Ses cousins habitent aussi à Fès.
Arrête avec ta famille. [arɛtavɛktafamij]	Hör auf mit deiner Familie.	
Il faut téléphoner à nos parents. [ilfotelefɔneanoparɑ̃]	Wir müssen unsere Eltern anrufen.	
C'est loin d'ici. [sɛlwɛ̃disi]	Es ist weit weg von hier.	
un bus [ɛ̃bys]	ein Bus	On prend l'avion pour aller à Fès? – Non, on prend le bus.
Dépêchez-vous. [depeʃevu]	Beeilt euch!	
il va nous aider [ilvanuzede]	er wird uns helfen	
quitter [kite]	verlassen	Les amis quittent le bateau.
heureuse, heureux [ørøz, ørø]	glücklich	
être heureux de [ɛtrørødə]	glücklich / froh sein zu ...	
enfin [ɑ̃fɛ̃]	endlich, schließlich	
sur la terre ferme [syrlatɛrfɛrm]	auf festem Boden	
une direction [yndirɛksjɔ̃]	eine Richtung	
en direction de [ɑ̃dirɛksjɔ̃də]	in Richtung ..., nach ...	
Tout est différent. [tutɛdiferɑ̃]	Alles ist anders.	
une voiture [ynvwatyr]	ein Wagen, ein Auto	Vous avez une voiture?
une route [ynrut]	eine Landstraße	
La route est toute droite. [larutɛtutdrwat]	Die Straße ist ganz gerade.	
même [mɛm]	sogar	
une chèvre [ynʃɛvr]	eine Ziege	Vous aimez le fromage de chèvre madame? – Non, je déteste.
un arbre [ɛ̃narbr]	ein Baum	Tu montes sur l'arbre?
s'arrêter [sarete]	anhalten	
petite, petit [pətit, pəti]	klein	
un village [ɛ̃vilaʒ]	ein Dorf	Vous allez au village monsieur? – Oui, j'y vais.
un âne [ɛ̃nan]	ein Esel	Qu'est-ce que c'est, un âne? – C'est un animal.
un chameau; des chameaux [ɛ̃ʃamo, deʃamo]	ein Kamel	
partout [partu]	überall	Au Maroc, il y a des chameaux partout.
aujourd'hui [oʒurdɥi]	heute	
un jour [ɛ̃ʒur]	ein Tag	
un marché [ɛ̃marʃe]	ein Markt	
un quart d'heure [ɛ̃kardœr]	eine Viertelstunde	
plus tard [plytar]	später	
remonter (dans) [rəmɔ̃te]	wieder einsteigen	

5A1

un guichet [ɛ̃giʃɛ]	ein Schalter	
un billet [ɛ̃bijɛ]	ein Fahrschein, ein Ticket	Feisal achète des billets au guichet.
je voudrais [ʒəvudrɛ]	ich möchte	Je voudrais deux billets pour Rabat.
pour [pur]	*hier:* nach	
une employée, un employé [ynɑ̃plwaje, ɛ̃nɑ̃plwaje]	eine Angestellte, ein Angestellter	
un franc [ɛ̃frɑ̃]	ein Franc *(französische Währung)*	Un billet pour ...? Ça fait ... francs.
jeune [ʒœn]	jung	
jeune homme [ʒœnɔm]	junger Mann *(Anrede)*	
C'est vrai. [sɛvrɛ]	Stimmt.	
bête *(fam.)* [bɛt]	dumm, blöd	
Que je suis bête! [kəʒ(ə)sɥibɛt]	Ich bin vielleicht dumm!	
changer [ʃɑ̃ʒe]	wechseln, ändern	je change, nous changeons, ils / elles changent
il faut (faire qch) [ilfo]	man muss (etw. tun), braucht	
une banque [ynbɑ̃k]	eine Bank	Je voudrais changer des francs. – Il faut aller à la banque.
Ça va comme ça. [savakɔmsa]	Das geht schon so.	
donner qch à qn [dɔne]	jdm. etw. geben	
merci [mɛrsi]	danke	Voilà les billets. – Merci, madame.
Vous êtes très gentils. [vuzɛttrɛʒɑ̃ti]	Sie sind sehr freundlich, sehr nett.	

vite *(adv.)* [vit]	schnell	Dodo parle très vite.
avoir de la chance [avward(ə)laʃɑ̃s]	Glück haben	
une minute [ynminyt]	eine Minute	

5A2

l'argent *(m.)* [larʒɑ̃]	das Geld	
un centime [ɛ̃sɑ̃tim]	ein Centime *(französische Münze)*	

5A3

venir (de) [vənir]	kommen (aus ...)	
Qu'est-ce que vous prenez? [kɛskəvuprəne]	Was möchtet ihr trinken?	
un patron [ɛ̃patrɔ̃]	ein Chef, *hier:* ein Besitzer, ein Wirt	
un coca [ɛ̃kɔka]	eine Cola	
une eau minérale [ynomineral]	ein Mineralwasser	Qu'est-ce que tu prends? – Une eau minérale.
le café [ləkafe]	der Kaffee	Un café, s'il vous plaît!
autre [otr]	andere, anderer, anderes	
une limonade [ynlimɔnad]	eine Limonade	Feisal a soif. Il prend une limonade.
Il fait chaud. [ilfɛʃo]	Es ist warm / heiß.	
vraiment *(adv.)* [vrɛmɑ̃]	wirklich	

Paroles, paroles

Tanger [tɑ̃ʒe]		
un aller et retour [ɛ̃naleer(ə)tur]	eine Hin- und Rückfahrt	Je voudrais un aller et retour pour Tanger.
un aller simple [ɛ̃nalesɛ̃pl]	eine einfache Fahrt	Je voudrais un billet pour Rabat. – Aller et retour? – Non, un aller simple, s'il vous plaît.
Ça fait combien? [safɛkɔ̃bjɛ̃]	Wie viel macht das? Wie viel kostet das?	Une limonade, ça fait combien?
ça [sa]	das, es	Qu'est-ce que c'est que ça? – Ça, c'est un baladeur.

5A4

un autobus [ɛ̃nɔtɔbys]	ein Autobus	
descendre [desɑ̃dr]	hinuntergehen, herunterkommen, *hier:* aussteigen	je descends, tu descends, il / elle descend, nous descendons, vous descendez, ils / elles descendent
C'est loin? [sɛlwɛ̃]	Ist das weit?	
encore [ɑ̃kɔr]	noch	C'est encore loin?
c'est à ... d'ici [sɛta...disi]	es ist / liegt ... von hier entfernt	
un kilomètre [ɛ̃kilɔmɛtr]	ein Kilometer	La poste, c'est loin d'ici? – Non, c'est à deux kilomètres d'ici.
Agadir [agadir]		
Marrakech [marakɛʃ]		
Meknès [mɛknɛs]		
Rabat [raba]		

5B

Dans le labyrinthe des souks [dɑ̃ləlabirɛ̃tdesuk]	Im Labyrinth der Basare	
un souk [ɛ̃suk]	ein Souk, ein Basar	
une fille [ynfij]	ein Mädchen	Qui c'est, la fille là-bas? – C'est ma copine Nathalie.
(se) perdre [pɛrdr]	(sich) verlieren	
Il ne faut pas se perdre. [ilnəfopas(ə)pɛrdr]	Wir dürfen uns nicht verlieren.	
un vrai labyrinthe [ɛ̃vrɛlabirɛ̃t]	ein echtes Labyrinth	
entrer dans [ɑ̃tredɑ̃]	hineingehen, hereinkommen	Les amis entrent dans un souk.
une médina [ynmedina]	*nordafrikanisches Stadtviertel*	
une rue [ynry]	eine Straße	Des jeunes jouent au foot dans la rue.
étroit<u>e</u>, étroit [etrwat, etrwa]	eng, schmal	
sombre [sɔ̃br]	dunkel	
beaucoup de monde [bokud(ə)mɔ̃d]	viele Leute	

l'homme *(m.)* [lɔm]	ein Mann	Séraphin est un jeune homme.
une djellaba [yndʒɛlaba]	Dschellaba *(arabischer Kapuzenmantel)*	
en djellaba [ɑ̃dʒɛlaba]	mit einer Dschellaba bekleidet	
blanche, blanc [blɑ̃ʃ, blɑ̃]	weiß	Les voiles du bateau sont blanches.
une femme [ynfam]	eine Frau, eine Ehefrau	≠ un homme
une robe [ynrɔb]	ein Kleid	Tu vois la jeune femme avec la robe blanche?
une couleur [ynkulœr]	eine Farbe	Dodo a des robes de toutes les couleurs.
de toutes les couleurs [dətutlekulœr]	bunt	
une mendiante, un mendiant [ynmɑ̃djɑ̃t, ɛ̃mɑ̃djɑ̃]	eine Bettlerin, ein Bettler	
une marchande, un marchand [ynmarʃɑ̃d, ɛ̃marʃɑ̃]	eine Händlerin, ein Händler	
un marchand d'eau [ɛ̃marʃɑ̃do]	ein Wasserverkäufer	
leur *(sg.)*, leurs *(pl.)* [lœr]	ihr(e) *(bezieht sich auf mehrere Besitzer)*	
une clochette [ynklɔʃɛt]	ein Glöckchen	
une / un touriste [ynturist, ɛ̃turist]	eine Touristin, ein Tourist	A Agadir, il y a beaucoup de touristes.
une / un enfant [ynɑ̃fɑ̃, ɛ̃nɑ̃fɑ̃]	ein Kind	M. et Mme Amri ont trois enfants: Karim, Naila et Sihem.
crier [krije]	schreien	
un mot [ɛ̃mo]	ein Wort	Djellaba, c'est un mot français? – Non, arabe.
magique [maʒik]	magisch	
un mot magique [ɛ̃momaʒik]	ein Zauberwort	
qui veut dire [kivødir]	das so viel heißt wie	
Attention! [atɑ̃sjɔ̃]	Vorsicht! Achtung! *hier:* Aufgepasst!	Attention! Une voiture!
difficile [difisil]	schwierig	Le français n'est pas difficile.
bien difficile [bjɛ̃difisil]	sehr schwierig	
il est difficile de [ilɛdifisildə]	es ist schwierig, zu ...	
suivre qn [sɥivr]	jdm. folgen	
cette foule [sɛtful]	diese Menschenmenge	
cette, ce, cet; ces [sɛt, sə, sɛt, se]	diese, dieser, dieses; diese *(Pl.)*	
une foule [ynful]	eine (Menschen)Menge	
tout à coup [tutaku]	plötzlich	
devant [dəvɑ̃]	vor *(örtlich)*	
une boutique [ynbutik]	ein Laden	
où [u]	wo *(Relativpronomen)*	
un garçon [ɛ̃garsɔ̃]	ein Junge	Un garçon crie.
assis par terre [asipartɛr]	auf dem Boden sitzend	
marteler [martəle]	hämmern	
grande, grand [grɑ̃d, grɑ̃]	groß	
un plateau; des plateaux [ɛ̃plato, deplato]	ein Tablett	
le cuivre [ləkɥivr]	Kupfer	
être en vacances [ɛtrɑ̃vakɑ̃s]	im Urlaub sein, Ferien haben	
si tu veux [sityvø]	*hier:* sozusagen	
C'est une longue histoire. [sɛtynlɔ̃gistwar]	Das ist eine lange Geschichte.	
voir [vwar]	sehen, *hier:* besuchen	

5B1

réponds par ... [repɔ̃par]	antworte mit ...	
Est-ce que ... [ɛskə]	*Einleitung einer Frage*	Est-ce que Feisal habite à Fès?
verte, vert [vɛrt, vɛr]	grün	Les arbres sont verts.

Atelier

une teinturière, un teinturier [yntɛ̃tyrjɛr, ɛ̃tɛ̃tyrje]	eine Färberin, ein Färber	
trouver [truve]	finden	≠ chercher
le monde [ləmɔ̃d]	die Welt	
orange [ɔrɑ̃ʒ]	orange	Le pull de Nathalie est orange.
marron [marɔ̃]	kastanienbraun	J'ai une robe marron.
jaune [ʒon]	gelb	La banane est jaune.
rouge [ruʒ]	rot	
bleue, bleu [blø]	blau	Le drapeau français est bleu, blanc, rouge.

grise, gris [griz, gri]	grau	La souris est grise.
noire, noir [nwar]	schwarz	≠ blanche, blanc
violette, violet [vjɔlɛt, vjɔlɛ]	violett	

5B2

un mirage [ɛ̃miraʒ]	eine Fata Morgana	
un désert [ɛ̃dezɛr]	eine Wüste	
un palmier [ɛ̃palmje]	eine Palme	Est-ce qu'il y a des palmiers dans le désert?
une maison [ynmɛzõ]	ein Haus	Au Maroc, les maisons sont blanches.
une montagne [ynmõtaɲ]	ein Berg	Le Mont Blanc est une montagne.

5C

chez [ʃe]	bei (jdm.), zu (jdm.)	Les amis sont chez le grand-père de Feisal.
un couscous [ɛ̃kuskus]	Kuskus *(typisches nordafrikanisches Gericht aus Grieß, Gemüse und Fleisch)*	
pour [pur]	für	J'ai un livre pour mon cousin.
toute la famille [tutlafamij]	die ganze Familie	
contente, content de [kõtɑ̃t, kõtɑ̃]	froh, glücklich über	Les jeunes sont contents des vacances.
une visite-surprise [ynvizitsyrpriz]	ein Überraschungsbesuch	
préparer [prepare]	vorbereiten	La grand-mère de Feisal prépare un couscous.
déjà [deʒa]	schon, bereits	Vite, grand-père arrive. – Déjà!
énorme [enɔrm]	riesig	
en même temps [ɑ̃mɛmtɑ̃]	gleichzeitig	
un peu [ɛ̃pø]	ein wenig	Tu as faim? – Oui, un peu.
en arabe [ɑ̃narab]	auf Arabisch	
surtout [syrtu]	vor allem	
une main [ynmɛ̃]	eine Hand	
prête, prêt à ... [prɛt, prɛ]	fertig, bereit zu ...	
Ils n'ont pas de fourchettes? [ilnõpad(ə)furʃɛt]	Haben sie keine Gabeln?	
vachement *(adv., fam.)* [vaʃmɑ̃]	echt, wahnsinnig	
forte, fort [fɔrt, fɔr]	stark, laut, *hier:* scharf	
un truc *(fam.)* [ɛ̃tryk]	ein Ding	
la harissa [laarisa]	die Harissa *(sehr scharfe Paste)*	
boire [bwar]	trinken	
J'aimerais boire quelque chose. [ʒɛmrɛbwarkɛlkəʃoz]	Ich möchte gern etwas trinken.	
Tiens. [tjɛ̃]	Hier, nimm.	
attendre qn / qch [atɑ̃dr]	auf jdn. / etw. warten	
apporter qch [apɔrte]	jdm. etw. (mit) bringen	Le grand-père de Feisal apporte du café.
la menthe [lamɑ̃t]	Minze, *hier:* Pfefferminz	
du thé à la menthe [dytealamɑ̃t]	Pfefferminztee	
après [aprɛ]	nach	
un repas [ɛ̃r(ə)pa]	eine Mahlzeit	Après le repas, les Marocains boivent du thé à la menthe.
une cérémonie [ynseremɔni]	eine Zeremonie	
le soir [ləswar]	der Abend, am Abend, abends	
se coucher [səkuʃe]	schlafen gehen, sich hinlegen	
épaisse, épais [epɛs, epɛ]	dick	
un tapis [ɛ̃tapi]	ein Teppich	
le / la même [mɛm]	derselbe, dieselbe, dasselbe	
une pièce [ynpjɛs]	ein Zimmer	
arrêter de faire qch [arete]	aufhören etw. zu tun	
raconter qch à qn [rakõte]	jdm. etw. erzählen	
tellement ... que ... [tɛlmɑ̃...kə]	so (viel) ..., dass ...	
fatiguée, fatigué [fatige]	müde	
ne ... plus [nəply]	nicht mehr	
un taboulé [ɛ̃tabule]	ein Taboulé *(kaltes Gericht aus Weizengrieß und Gemüse)*	

une spécialité [ynspesjalite]	eine Spezialität
fameuse, fameux [famøz, famø]	berühmt
se composer de [səkõpozedə]	bestehen aus
une semoule [ynsəmul]	ein Grieß
une viande [ynvjɑ̃d]	ein Fleisch
un légume [ɛ̃legym]	ein Gemüse
une préparation [ynpreparasjõ]	eine Vorbereitung
compliquée, compliqué [kõplike]	kompliziert
si [si]	wenn
un plat [ɛ̃pla]	ein Gericht
connue, connu [kɔny]	bekannt
la France [lafrɑ̃s]	Frankreich
une recette [ynrəsɛt]	ein Rezept
un gramme [ɛ̃gram]	ein Gramm
une tomate [yntɔmat]	eine Tomate
un concombre [ɛ̃kõkõbr]	eine Gurke
un citron [ɛ̃sitrõ]	eine Zitrone
un bouquet [ɛ̃bukɛ]	ein Strauß, *hier:* ein Bund
un persil [ɛ̃pɛrsi]	eine Petersilie
fraîche, frais [frɛʃ, frɛ]	frisch
une cuillère [ynkɥijɛr]	ein Löffel
une soupe [ynsup]	eine Suppe
une cuillère à soupe [ynkɥijɛrasup]	*hier:* ein Esslöffel
l'huile *(f.)* [lɥil]	das Öl
une olive [ynɔliv]	eine Olive
l'huile d'olive *(f.)* [lɥildɔliv]	das Olivenöl
le poivre [ləpwavr]	der Pfeffer
mettre [mɛtr]	setzen, stellen, legen
un saladier [ɛ̃saladje]	eine Salatschüssel
couper [kupe]	schneiden
un morceau [ɛ̃mɔrso]	ein Stück
presser [prese]	(aus)pressen, drücken
hacher ['aʃe]	zerkleinern, hacken
mélanger à [melɑ̃ʒe]	vermischen mit
ajouter qch [aʒute]	etw. hinzufügen
laisser [lese]	lassen
reposer [rəpoze]	(aus)ruhen
une nuit [ynnɥi]	eine Nacht

5C1

présenter qn [prezɑ̃te]	jdn. vorstellen	Feisal présente ses copains à sa famille.
sa, son; ses [sa, sõ, se]	ihr(e) / sein(e); ihre / seine *(Pl.)*	Abdallah, c'est le grand-père de Feisal? – Oui, c'est son grand-père.
ma, mon; mes [ma, mõ, me]	mein(e); meine *(Pl.)*	Ce sont mes affaires: mon pull, ma raquette et mes lunettes de soleil.
ta, ton; tes [ta, tõ, te]	dein(e); deine *(Pl.)*	C'est ton chien? – Oui, c'est mon chien.
le déterminant possessif [lədetɛrminɑ̃pɔsesif]	der Possessivbegleiter	
une reine, un roi [ynrɛn, ɛ̃rwa]	eine Königin, ein König	
un chef [ɛ̃ʃɛf]	ein Chef	
un chef de famille [ɛ̃ʃɛfdəfamij]	ein Familienoberhaupt	
une tante [yntɑ̃t]	eine Tante	Samira Amri est la tante de Feisal.
une revue [ynrəvy]	eine Zeitschrift	Nathalie regarde une revue.
élégante, élégant [elegɑ̃t, elegɑ̃]	elegant	
un oncle [ɛ̃nõkl]	ein Onkel	
un mari [ɛ̃mari]	ein (Ehe)Mann	L'oncle de Feisal s'appelle Mohammed. C'est le mari de Samira.
jolie, joli [ʒɔli]	hübsch	
une fille [ynfij]	*hier:* eine Tochter	M. et Mme Amri ont trois enfants: un fils et deux filles.
une sœur [ynsœr]	eine Schwester	Dans ma famille, nous sommes deux enfants. Ma sœur Marion et moi.
toujours [tuʒur]	immer (noch)	

5C2

une mère [ynmɛr]	eine Mutter	La mère de Christian et Marion habite à Berlin-Kreuzberg.

Atelier

un père [ɛ̃pɛr]	ein Vater	≠ une mère
un frère [ɛ̃frɛr]	ein Bruder	≠ une sœur
un fils [ɛ̃fis]	ein Sohn	≠ une fille

5C3

une télécopie [yntelekɔpi]	ein Fax	
chère, cher [ʃɛr]	liebe, lieber	Dodo écrit: "Cher papa ..."
maman [mamɑ̃]	Mama, Mutti	≠ papa
gentille, gentil [ʒɑ̃tij, ʒɑ̃ti]	nett, freundlich	
un numéro [ɛ̃nymero]	eine Nummer	
un téléphone [ɛ̃telefɔn]	ein Telefon	
grosse, gros [gros, gro]	dick, fett, groß	
une bise [ynbiz]	ein Küsschen	
Grosses bises. [grosbiz]	Viele Grüße und Küsse!	
manquer [mɑ̃ke]	fehlen	

5C4

les grands-parents [legrɑ̃parɑ̃]	die Großeltern	La grand-mère et le grand-père, ce sont les grands-parents.
comment [kɔmɑ̃]	wie	Comment s'appelle la tante de Feisal? – Samira.
les parents [leparɑ̃]	die Eltern	Les parents d'Ahmadou habitent à Paris.
un chauffeur [ɛ̃ʃofœr]	ein Fahrer	
un taxi [ɛ̃taksi]	ein Taxi	
une infirmière, un infirmier [ynɛ̃firmjɛr, ɛ̃nɛ̃firmje]	eine Krankenschwester, ein Krankenpfleger	

6A

continuer [kɔ̃tinɥe]	weitermachen	Je ne veux pas arrêter de jouer, je veux continuer.
un quartier [ɛ̃kartje]	ein Viertel	La médina est un quartier de Fès.
Tout le quartier a déjà entendu parler du drôle de bateau. [tul(ə)kartje adeʒaɑ̃tɑ̃dyparledydroldəbato]	Das ganze Viertel hat schon von dem merkwürdigen Boot gehört.	
les curieux [lekyrjø]	die Neugierigen	
un bateau prêt à partir [ɛ̃batoprɛtapartir]	ein Boot, das startklar ist	
partir [partir]	abfahren, weggehen	je pars, tu pars, il / elle part, nous partons, vous partez, ils / elles partent
personne dedans [pɛrsɔndədɑ̃]	niemand drinnen	
impossible [ɛ̃pɔsibl]	unmöglich	Tu viens au cinéma ce soir? – Impossible.
comprendre [kɔ̃prɑ̃dr]	verstehen	s. prendre
(ne) ... rien [rjɛ̃]	nichts	
absolument *(adv.)* [apsɔlymɑ̃]	unbedingt	
étrange [etrɑ̃ʒ]	seltsam, komisch	Regarde le perroquet, il est étrange.
décider de faire qch [deside]	sich entschließen etw. zu tun	
accompagner [akɔ̃paɲe]	begleiten	Est-ce que tu accompagnes ta mère au supermarché? – Oui, je veux bien.
jusqu'au port [ʒyskopɔr]	bis zum Hafen	
au port de [opɔrdə]	am Hafen von	
une surprise [ynsyrpriz]	eine Überraschung	
un policier [ɛ̃pɔlisje]	ein Polizist	
monter la garde [mɔ̃telagard]	aufpassen, Wache halten	
un quai [ɛ̃ke]	ein Kai	Sur le quai, il y a deux policiers.
Que ...? [kə]	Was ...?	Que font les enfants? – Ils montent sur le voilier.
faire signe à qn de faire qch [fɛrsiɲ]	jdm. ein Zeichen geben etw. zu tun	
(se) cacher [kaʃe]	(sich) verstecken	

s'avancer vers qn / qch [savɑ̃sevɛr]	auf jdn. / etw. zugehen	
quelques minutes plus tard [kɛlkəminytplytar]	einige Minuten später	
eux [ø]	sie, *hier:* ihnen *(3. Pers. Pl.)*	
Plus personne! [plypɛrsɔn]	Niemand mehr!	
une voie [ynvwa]	ein Weg	
libre [libr]	frei	Tu es libre ce soir? – Non, je vais à la disco avec ma copine.
aller / venir chercher qn / qch [aleʃɛrʃe, vənirʃɛrʃe]	jdn. / etw. holen	Va chercher mes lunettes de soleil, s'il te plaît.
notre *(sg.)*, nos *(pl.)* [nɔtr, no]	unser(e)	
les affaires [lezafɛr]	Sachen *(Kleider, persönliche Gegenstände)*	Je vais chercher mes affaires.
revenir [rəv(ə)nir]	zurückkommen, wiederkommen	je reviens, tu reviens, il / elle revient, nous revenons, vous revenez, ils / elles reviennent
Dépêche-toi. [depɛʃtwa]	Beeil dich!	
Encore! [ɑ̃kɔr]	*hier:* Schon wieder!	
Quel(le) casse-pieds! *(fam.)* [kɛlkaspje]	Was für eine Nervensäge!	
Il faut toujours l'attendre. [ilfotuʒurlatɑ̃dr]	Man muss immer auf sie warten.	
pénible [penibl]	*hier:* anstrengend	
cette Marion [sɛtmarjɔ̃]	diese Marion	
sympa(thique) [sɛ̃pa, sɛ̃patik]	sympathisch	
au lieu de nous disputer [oljødənudispyte]	anstatt uns zu streiten	
aidons-la à retrouver ... [edɔ̃laarətruve]	lasst uns ihr helfen ... wieder zu finden	
J'en ai ras-le-bol. *(fam.)* [ʒɑ̃neral(ə)bɔl]	Mir reicht's. Mir steht's bis hier!	
ce sale bateau [səsalbato]	dieses grässliche Schiff	
un marabout [ɛ̃marabu]	ein Marabu	
un bout de ficelle [ɛ̃budfisɛl]	ein Stück Bindfaden	
une selle de cheval [ynsɛldəʃ(ə)val]	ein Pferdesattel	
un cheval de course [ɛ̃ʃ(ə)valdəkurs]	ein Rennpferd	
Vous avez vu? [vuzavevy]	Habt ihr gesehen?	
terrible [teribl]	*hier:* schrecklich, furchtbar	
Ça y est! [sajɛ]	Jetzt haben wir's.	
On est fichus. [ɔ̃nɛfiʃy]	Wir sind erledigt.	
Au secours! / A l'aide! [os(ə)kur/alɛd]	Hilfe!	

6A1

une carte [ynkart]	eine Karte	Est-ce que tu as une carte du Maroc?
le débarquement [lədebarkəmɑ̃]	das Aussteigen *(Schiff)*	
une carte de débarquement [ynkartdədebarkəmɑ̃]	*Karte, die ausgefüllt werden muss, wenn man in einem Hafen an Land geht*	
un nom [ɛ̃nɔ̃]	ein Name	
le nom de jeune fille [lənɔ̃d(ə)ʒœnfij]	der Mädchenname	
un prénom [ɛ̃prenɔ̃]	ein Vorname	Pascal, c'est votre prénom? – Non, c'est mon nom.
un âge [ɛ̃naʒ]	ein Alter	Mon frère a six ans. Il a l'âge d'aller à l'école.
un lieu [ɛ̃ljø]	ein Ort	
une date de naissance [yndatdənɛsɑ̃s]	ein Geburtsdatum	
un an [ɛ̃nɑ̃]	ein Jahr	Feisal a treize ans.
une nationalité [ynnasjɔnalite]	eine Staatsangehörigkeit	Feisal est de nationalité marocaine.
marocaine, marocain [marɔkɛn, marɔkɛ̃]	marokkanisch	
une profession [ynprɔfesjɔ̃]	ein Beruf	
une / un élève [ynelɛv, ɛ̃nelɛv]	eine Schülerin, ein Schüler	
une adresse [ynadrɛs]	eine Adresse	
un boulevard [ɛ̃bulvar]	ein Boulevard *(breite Straße)*	Quelle est ton adresse? – 11, Boulevard Daniel Casanova à Marseille.
un aéroport [ɛ̃naerɔpɔr]	ein Flughafen	
l'embarquement *(m.)* [lɑ̃barkəmɑ̃]	das Einsteigen *(Schiff)*	

Paroles, paroles ...

quelle, quel [kɛl]	welche, welcher, welches; was für ein(e)	Quelle cassette est-ce que tu écoutes? – La cassette de ...

Tu as quel âge? [tyakɛlaʒ]	Wie alt bist du?	Tu as quel âge? – J'ai treize ans.
J'ai ... ans. [ʒe...ɑ̃]	Ich bin ... Jahre alt.	
Quel est ton nom? [kɛlɛtɔ̃nɔ̃]	Wie ist dein Name? Wie heißt du?	Quel est ton nom? – Je m'appelle ...

Atelier

un pays [ɛ̃pei]	ein Land	
venir (de) [vənir]	kommen (aus ...)	je viens, tu viens, il / elle vient, nous venons, vous venez, ils / elles viennent
la France [lafrɑ̃s]	Frankreich	La France est un grand pays.
la Française, le Français [lafrɑ̃sɛz, ləfrɑ̃sɛ]	die Französin, der Franzose	Les Français aiment bien manger.
française, français [frɑ̃sɛz, frɑ̃sɛ]	französisch	Mes parents ont une voiture française.
l'Allemagne *(f.)* [lalmaɲ]	Deutschland	Christian et Marion viennent d'Allemagne.
l'Allemande, l'Allemand [lalmɑ̃d, lalmɑ̃]	die Deutsche, der Deutsche	Ils sont Allemands.
allemande, allemand [almɑ̃d, almɑ̃]	deutsch	C'est un livre allemand?
l'Angleterre *(f.)* [lɑ̃glətɛr]	England	Le Palais de Buckingham est en Angleterre.
l'Anglaise, l'Anglais [lɑ̃glɛz, lɑ̃glɛ]	die Engländerin, der Engländer	Les Anglais aiment le thé.
anglaise, anglais [ɑ̃glɛz, ɑ̃glɛ]	englisch	
l'Italie *(f.)* [litali]	Italien	Les grands-parents de Séraphin viennent d'Italie.
l'Italienne, l'Italien [litaljɛn, litaljɛ̃]	die Italienerin, der Italiener	Les Italiennes sont très élégantes.
italienne, italien [italjɛn, italjɛ̃]	italienisch	Les spaghettis sont une spécialité italienne.
arabe [arab]	arabisch	Le couscous est une spécialité arabe.
les États-Unis [lezetazyni]	die Vereinigten Staaten von Amerika, USA	
l'Américaine, l'Américain [lamerikɛn, lamerikɛ̃]	die Amerikanerin, der Amerikaner	Est-ce que Michael Jackson est Anglais? – Non, il est Américain.
américaine, américain [amerikɛn, amerikɛ̃]	amerikanisch	Aux Etats-Unis, on parle américain.
les Pays-Bas [lepeiba]	die Niederlande	Le Gouda vient des Pays-Bas.
la Néerlandaise, le Néerlandais [laneɛrlɑ̃dɛz, ləneɛrlɑ̃dɛ]	die Niederländerin, der Niederländer	La reine Béatrice est Néerlandaise.
néerlandaise, néerlandais [neɛrlɑ̃dɛz, neɛrlɑ̃dɛ]	niederländisch	
la Côte d'Ivoire [lakotdivwar]	die Elfenbeinküste	En Côte d'Ivoire, on parle français.
ivoirienne, ivoirien [ivwarjɛn, ivwarjɛ̃]	von der Elfenbeinküste	Ahmadou a des amis ivoiriens.

6A2

un passeport [ɛ̃paspɔr]	ein Reisepass	Ahmadou a un passeport français.

6A3

petite, petit [p(ə)tit, p(ə)ti]	klein	Moi, je suis petite, et toi?
sympa(thique) [sɛ̃pa, sɛ̃patik]	sympathisch	L'ami de mon frère est très sympa.
gaie, gai [ge]	fröhlich	C'est un enfant gai.
jolie, joli [ʒɔli]	hübsch	Nathalie est jolie.
mince [mɛ̃s]	schlank	Séraphin est grand et mince.
méchante, méchant [meʃɑ̃t, meʃɑ̃]	böse	Mon frère est méchant. Il prend toujours mes affaires.
grosse, gros [gros, gro]	dick, fett, groß	≠ mince
triste [trist]	traurig	≠ gaie, gai
grande, grand [grɑ̃d, grɑ̃]	groß	≠ petite, petit
gentille, gentil [ʒɑ̃tij, ʒɑ̃ti]	nett, freundlich	≠ méchante, méchant
intelligente, intelligent [ɛ̃teliʒɑ̃t, ɛ̃teliʒɑ̃]	intelligent, klug	Mon copain est très intelligent: il parle français, anglais et allemand.
sportive, sportif [spɔrtiv, spɔrtif]	sportlich	Dodo est très sportive. Elle joue au volley, au tennis et au foot.

Paroles, paroles ...

Tais-toi! Taisez-vous! *(fam.)* [tɛtwa, tezevu]	Sei still! Seien Sie / Seid still!	
fermer [fɛrme]	schließen	Fermez les livres.

Ferme-la! *(fam.)* [fɛrm(ə)la]	Halt die Klappe!	
Tu me tapes sur les nerfs. *(fam.)* [tym(ə)tapsyrlenɛr]	Du nervst. Du gehst mir auf die Nerven.	
Tu me casses les pieds. *(fam.)* [tym(ə)kaslepje]	Du gehst mir auf den Wecker.	
C'est de ta faute. [sɛdətafot]	Du bist Schuld.	
Mince! *(fam.)* [mɛ̃s]	So ein Mist!	
Merci bien. [mɛrsibjɛ̃]	Danke schön.	Voilà le café. – Merci bien.
C'est drôlement sympa. *(fam.)* [sɛdrolmɑ̃sɛ̃pa]	Es ist wirklich nett.	
marrante, marrant [marɑ̃t, marɑ̃]	lustig, witzig	
amusante, amusant [amyzɑ̃t, amyzɑ̃]	lustig, witzig	
Je t'aime. [ʒətɛm]	Ich liebe dich.	

6B

Où est-ce qu'il nous emmène? [uɛskilnuzɑ̃mɛn]	Wo führt er uns hin?	
où est-ce que [uɛskə]	wo(hin)	Où est-ce qu'il va? – Je ne sais pas.
bizarre [bizar]	seltsam, komisch	≈ étrange
Et vive les disputes et vogue la galère! [evivledispytevɔglagalɛr]	Es lebe der Streit und lassen wir den Dingen ihren Lauf.	
entendre [ɑ̃tɑ̃dr]	hören	j'entends, tu entends, il / elle entend, nous entendons, vous entendez, ils / elles entendent
avoir raison [avwarrɛzõ]	Recht haben	
Arrêtez de vous disputer. [areted(ə)vudispyte]	Hört auf, euch zu streiten.	
tard *(adv.)* [tar]	spät	
fatiguée, fatigué [fatige]	müde	Il est tard. Je suis fatigué.
dormir [dɔrmir]	schlafen	je dors, tu dors, il / elle dort, nous dormons, vous dormez, ils / elles dorment
une couchette [ynkuʃɛt]	ein Schlafplatz, *hier:* eine Koje	Les enfants dorment dans une couchette.
à l'avant [alavɑ̃]	vorne	
un carré [ɛ̃kare]	*hier:* ein Gemeinschaftsraum	
l'heure *(f.)* [lœr]	*hier:* die Stunde	Un jour a 24 heures.
plus tard [plytar]	später	Tu veux jouer au foot? – Oui, mais plus tard.
monter la garde [mõtelagard]	aufpassen, Wache halten	Tu as raison, il faut monter la garde.
toutes les deux heures [tutledøzœr]	alle zwei Stunden	
chacune, chacun [ʃakyn, ʃakɛ̃]	jede, jeder	
chacun son tour [ʃakɛ̃sõtur]	einer nach dem anderen	
pouvoir [puvwar]	können	je peux, tu peux, il / elle peut, nous pouvons, vous pouvez, ils / elles peuvent
commencer (à) [kɔmɑ̃se]	anfangen (zu)	je commence, nous commençons, ils / elles commencent
J'ai bien trop peur pour dormir. [ʒebjɛ̃tropœrpurdɔrmir]	Ich habe (viel) zu viel Angst um zu schlafen.	
Sapristi, bande de ouistitis! [sapristibɑ̃ddəwistiti]	Verflixt, ihr komischen Vögel!	
surveiller [syrveje]	Wache halten, aufpassen	
rêver [reve]	träumen	Regarde, c'est Michael Jackson. – Tu rêves!
Je t'assure! [ʒ(ə)tasyr]	Das kannst du mir glauben! Das garantiere ich dir!	
un pas [ɛ̃pa]	ein Schritt	Chut! J'entends des pas.
Va voir. [vavwar]	Schau mal nach.	
le vent [ləvɑ̃]	der Wind	
Mais quoi encore? [mɛkwaɑ̃kɔr]	Was ist denn jetzt schon wieder?	
Je suis crevé. [ʒ(ə)sɥikrəve]	Ich bin kaputt, total fertig.	
compter [kõte]	zählen	Mon petit frère sait compter jusqu'à dix.
un mouton [ɛ̃mutõ]	ein Schaf	

6B1

un voyage [ɛ̃vwajaʒ]	eine Reise	
la Guyane [lagɥijan]	Guyana	
Kourou [kuru]		
Rotterdam [rɔtɛrdam]		
le Portugal [ləpɔrtygal]	Portugal	
Lisbonne [lizbɔn]	Lissabon	

Atelier

l'Irlande *(f.)* [lirlɑ̃d]	Irland	
le Brésil [ləbrezil]	Brasilien	
le Mexique [ləmɛksik]	Mexiko	
le Canada [ləkanada]	Kanada	
une ville [ynvil]	eine Stadt	

6B2

être à qn [ɛtra]	jdm. gehören	C'est à Nathalie ce pull? – Non, c'est à Dodo.
C'est à elle / à lui. [sɛtaɛl, sɛtalɥi]	Das gehört ihr / ihm.	Le CD de Michael Jackson, c'est à Christian? – Oui, c'est à lui.
C'est à elles / à eux. [sɛtaɛl, sɛtaø]	Das gehört ihnen.	Le radeau, c'est aux enfants? – Oui, c'est à eux.

6B3

combien de ...? [kɔ̃bjɛ̃də]	wie viele?	

6B4

imaginer [imaʒine]	sich vorstellen	
la tête [latɛt]	der Kopf	

Atelier

bonne, bon [bɔn, bɔ̃]	gut	Ma mère prépare un bon repas.

6B5

formidable [fɔrmidabl]	großartig	Ce sont des vacances formidables.
intéressante, intéressant [ɛ̃teresɑ̃t, ɛ̃teresɑ̃]	interessant	Le livre est très intéressant.

7A

un fantôme [ɛ̃fɑ̃tom]	ein Gespenst	
un pirate [ɛ̃pirat]	ein Pirat	
le lendemain matin [ləlɑ̃dmɛ̃matɛ̃]	am nächsten Morgen	
(se) retrouver [rətruve]	sich (wieder) treffen; wieder finden	
pour (faire qch) [purfɛrkɛlkəʃoz]	um (etwas zu tun)	Pour aller aux États-Unis, on peut prendre l'avion ou le bateau.
Il ne reste pas grand-chose. [ilnərɛstəpagrɑ̃ʃoz]	Es ist / bleibt nicht mehr viel übrig.	
une biscotte [ynbiskɔt]	ein Zwieback	
être de bonne / mauvaise humeur [ɛtrədəbɔnymœr, ɛtrədəmɔvɛzymœr]	gut / schlecht gelaunt sein	
sauf [sof]	bis auf, außer	
manger d'un bon appétit *(fam.)* [mɑ̃ʒedɛ̃bɔnapeti]	mit gutem Appetit essen	
sortir de table [sɔrtirdətabl]	vom Tisch aufstehen	
inspecter [ɛ̃spɛkte]	kontrollieren	
Regardez ce que j'ai trouvé sur le pont. [rəgardeskəʒetruvesyrləpɔ̃]	Schaut mal, was ich an Deck gefunden habe.	

un chapeau; des chapeaux [ɛ̃ʃapo, deʃapo]	ein Hut	Je ne trouve pas mon chapeau.
Il n'était pas là tout à l'heure. [ilnetɛpalatutalœr]	Er war vorhin nicht da.	
sûre, sûr [syr]	sicher	Je ne veux pas rester ici, c'est sûr.
J'en suis sûr. [ʒɑ̃sɥisyr]	Da bin ich mir sicher.	
une canne [ynkan]	ein (Geh)Stock	Mon grand-père cherche sa canne.
non plus [nɔ̃ply]	auch nicht	
sûrement *(adv.)* [syrmɑ̃]	bestimmt	
vieille, vieux, vieil [vjɛj, vjø, vjɛj]	alt	
en argent *(m.)* [ɑ̃narʒɑ̃]	aus Silber	
l'argent *(m.)* [larʒɑ̃]	*hier*: das Silber	
Et ce truc-là? [es(ə)trykla]	Und dieses Ding da? Und das da?	
un truc *(fam.)* [ɛ̃tryk]	ein Ding	
une boucle d'oreille [ynbukləd ɔrɛj]	ein Ohrring	Qu'est-ce que c'est ce truc? – C'est une boucle d'oreille de pirate.
une créole [ynkreɔl]	*großer, runder Ohrring*	
l'or *(m.)* [lɔr]	das Gold	
Et quoi encore! [ekwaɑ̃kɔr]	Ja, was denn noch alles?	
en tout cas [ɑ̃tuka]	jedenfalls	
se souvenir de qch [səsuvnirdə]	sich an etw. erinnern	
un bruit [ɛ̃brɥi]	ein Geräusch, ein Lärm	Arrête de faire du bruit!
l'autre nuit [lotrənɥi]	neulich nachts	
Tu es folle! / Tu es fou! [tyɛfɔl/tyɛfu]	Du spinnst wohl! Du bist verrückt!	Ecoute, il y a quelqu'un sur le bateau! – Tu es folle! Il n'y a personne.
On a déjà tout fouillé. *(fam.)* [ɔ̃nadeʒatufuje]	Wir haben schon alles durchsucht.	
aller voir [alevwar]	nachsehen, nachschauen	Est-ce que Nathalie dort? – Je ne sais pas. Je vais voir.
de nouveau [dənuvo]	noch einmal, wieder	
un couteau; des couteaux [ɛ̃kuto, dekuto]	ein Messer	Pour manger, on prend un couteau et une fourchette.
(ne) ... jamais [ʒamɛ]	nie	
une lampe de poche [ynlɑ̃pdəpɔʃ]	eine Taschenlampe	

7A1

un petit déjeuner [ɛ̃ptideʒœne]	ein Frühstück	Qu'est-ce que tu manges au petit déjeuner?
le lait [ləlɛ]	die Milch	Un café avec du lait? – Oui, merci.
froide, froid [frwad, frwa]	kalt	Le café n'est pas bon. Il est froid.
le thé [ləte]	der Tee	Qu'est-ce que vous prenez? – Une tasse de thé, s'il vous plaît.
les céréales [lesereal]	das Müsli	Tu aimes les céréales? – Oui, le muesli.
le pain [ləpɛ̃]	das Brot	Il y a du pain? – Oui, il y a encore deux baguettes.
le chocolat chaud [ləʃɔkɔlaʃo]	der heiße Kakao	J'ai froid. – Voilà, bois un bon chocolat chaud.
chaude, chaud [ʃod, ʃo]	warm, heiß	≠ froide, froid
le café au lait [ləkafeolɛ]	der Milchkaffee	Les Français boivent du café au lait au petit déjeuner.
un croissant [ɛ̃krwasɑ̃]	ein Croissant	Tu veux un croissant? – Oui, je veux bien.
un pain au chocolat [ɛ̃pɛ̃oʃɔkɔla]	ein Schokocroissant	Dodo adore le pain au chocolat.
une baguette [ynbagɛt]	ein Stangenweißbrot	La baguette est du pain blanc.
le beurre [ləbœr]	die Butter	Qu'est-ce que tu veux sur ton pain? – Du beurre, s'il te plaît.
un œuf; des œufs [ɛ̃nœf, dezø]	ein Ei	On fait une omelette avec des œufs.
un yaourt [ɛ̃jaurt]	ein Joghurt	Tu aimes le yaourt? – Oui, le yaourt nature.
le miel [ləmjɛl]	der Honig	Le miel est très sucré.
un jus [ɛ̃ʒy]	ein Saft	
un jus d'orange [ɛ̃ʒydɔrɑ̃ʒ]	ein Orangensaft	Qu'est-ce que vous prenez? – Je voudrais un jus d'orange, s'il vous plaît.
le jambon [ləʒɑ̃bɔ̃]	der Schinken	Je voudrais un sandwich au jambon, s'il vous plaît.

7A2

Dis-moi ce que tu manges … . [dimwaskətymɑ̃ʒ]	Sag mir, was du isst … .	
boire [bwar]	trinken	je bois, tu bois, il / elle boit, nous buvons, vous buvez, ils / elles boivent

7A3

les courses [lekurs]	die Einkäufe	

7A4

une boulangerie [ynbulɑ̃ʒri]	eine Bäckerei	A la boulangerie, on trouve du pain, des croissants et des pains au chocolat.
acheter (qch) [aʃte]	(etw.) kaufen	
une épicerie [ynepisri]	ein Lebensmittelgeschäft	Où est-ce que je peux acheter du miel? – A l'épicerie.
une charcuterie [ynʃarkytri]	eine Metzgerei	Je vais à la charcuterie pour acheter du jambon.
une crémerie [ynkrɛmri]	*ein Geschäft, in dem Milchprodukte verkauft werden*	A la crémerie, on peut acheter du lait et du fromage.

7A5

Ne vois-tu rien? [nəvwatyrjɛ̃]	Siehst du nichts?	
voir [vwar]	sehen	je vois, tu vois, il / elle voit, nous voyons, vous voyez, ils / elles voient

Atelier

le, la; les [lə, la, le]	ihn, sie, es *(direktes Objekt Sg.)*; sie *(direktes Objekt Pl.)*	Tu vois l'île? – Non, je ne la vois pas.
une glace au citron [ynglasositrɔ̃]	ein Zitroneneis	
un bonbon [ɛ̃bɔ̃bɔ̃]	ein Bonbon	
quelque chose (de …) [kɛlkəʃoz]	etwas	
(ne) … rien [rjɛ̃]	nichts	Tu veux quelque chose? – Non, je ne veux rien.

7B

une voix [ynvwa]	eine Stimme	Marion aime chanter. Elle a une jolie voix.
seulement [sœlmɑ̃]	nur	J'ai seulement 30 francs sur moi.
Nous sommes samedi 28 juillet. [nusɔmsamdivɛ̃tɥitʒɥijɛ]	Heute ist Samstag, der 28. Juli.	
Il est dix heures trente. [ilɛdizœrtrɑ̃t]	Es ist 10 Uhr 30.	
partis de [partidə]	abgereist, abgefahren von	
aperçu [apɛrsy]	das gesehen wurde	
a quitté … pour une destination inconnue [akitepuryndɛstinasjɔ̃ɛ̃kɔny]	hat … mit unbekanntem Ziel verlassen	
toute personne susceptible d'apercevoir ce voilier [tutpɛrsɔnsysɛptibl(ə) dapɛrsəvwarsəvwalje]	jeder, der das Schiff sichtet	
est prié(e) de prévenir … [ɛprijedəprevnir]	ist gebeten … zu benachrichtigen	
la gendarmerie [laʒɑ̃darm(ə)ri]	die Polizeiwache, das Polizeirevier	
… la plus proche [laplyprɔʃ]	die nächste …	
rechercher qn [rəʃɛrʃe]	nach jdm. suchen, fahnden	La police recherche sept jeunes.
une inquiétude [ynɛ̃kjetyd]	eine Sorge	
être folle / fou d'inquiétude [ɛtrəfɔldɛ̃kjetyd, ɛtrəfudɛ̃kjetyd]	verrückt vor Sorge sein, sich große Sorgen machen	
Je m'en fous! *(fam.)* [ʒ(ə)mɑ̃fu]	Es ist mir piepegal!	
retourner [rəturne]	zurückkehren	Marion veut retourner en Allemagne.
eh bien … [ebjɛ̃]	*hier:* also …, nun …	
que [kə]	dass	
aimer mieux faire qch [ememjø]	etw. lieber tun	
clignoter [kliɲɔte]	blinken	
on dirait … [ɔ̃dirɛ]	es sieht aus wie / als ob …	

un robot [ɛ̃rɔbo]	ein Roboter	Séraphin voudrait avoir un robot pour faire ses devoirs.
un écran [ɛ̃nekrɑ̃]	ein Bildschirm	
envoyer qch à qn [ɑ̃vwaje]	jdm. etw. schicken	j'envoie, nous envoyons, ils / elles envoient
un clavier [ɛ̃klavje]	eine Tastatur	
Qu'est-ce que ça veut dire? [kɛskəsavødir]	Was bedeutet das?	Qu'est-ce que ça veut dire "bienvenue"? – Ça veut dire "Willkommen".
essayer de faire qch [eseje]	versuchen etw. zu tun	j'essaie, nous essayons, ils / elles essaient
une / un élève [ynelɛv, ɛ̃nelɛv]	eine Schülerin, ein Schüler	Les élèves essaient de faire les devoirs.
écrire [ekrir]	schreiben	j'écris, tu écris, il / elle écrit, nous écrivons, vous écrivez, ils / elles écrivent

7B1

le matin [ləmatɛ̃]	der Morgen, am Morgen, morgens	Le matin, je prends un bon petit déjeuner.
midi [midi]	zwölf Uhr, Mittag	A midi, je mange à la cantine.
l'après-midi *(m.)* [laprɛmidi]	der Nachmittag, am Nachmittag, nachmittags	En France, les enfants vont à l'école l'après-midi.
le soir [ləswar]	der Abend, am Abend, abends	Le soir, je regarde la télévision.
la nuit [lanɥi]	die Nacht, nachts	La nuit, les enfants dorment.
une journée [ynʒurne]	ein Tag *(zur Betonung der Dauer)*	
Il est ... heures. [ilɛ…œr]	Es ist ... Uhr.	Il est sept heures. La journée commence.
demie, demi [dəmi]	(ein) halb	Je pars pour l'école à sept heures et demie.
moins [mwɛ̃]	weniger, minus; *hier:* vor	L'autobus arrive à huit heures moins dix.
un quart [ɛ̃kar]	ein Viertel	L'école commence à neuf heures moins le quart.
la mer [lamɛr]	das Meer	La mer est bleue.
les spaghettis [lespageti]	die Spagetti	
minuit [minɥi]	zwölf Uhr nachts, Mitternacht	Il est minuit. Tout le monde dort.
se passer [səpase]	geschehen, passieren	

7B2

Quelle heure est-il? / Il est quelle heure? [kɛlœrɛtil/ilɛkɛlœr]	Wie spät ist es?	Quelle heure est-il? – Il est dix heures vingt-cinq.
l'heure *(f.)* [lœr]	*hier:* die Uhrzeit	C'est l'heure d'aller dormir.
Tu as l'heure? [tyalœr]	Weißt du, wie spät es ist?	Tu as l'heure? – Oui, il est trois heures et quart.

7B3

une semaine [ynsəmɛn]	eine Woche	Septs jours font une semaine.
lundi *(m.)* [lɛ̃di]	Montag	Les vacances commencent lundi.
mardi *(m.)* [mardi]	Dienstag	Mardi, nous allons à Paris.
mercredi *(m.)* [mɛrkrədi]	Mittwoch	Mercredi soir, les jeunes vont au cinéma.
jeudi *(m.)* [ʒødi]	Donnerstag	Jeudi, je joue au volley.
Bon appétit! [bɔnapeti]	Guten Appetit!	
vendredi *(m.)* [vɑ̃drədi]	Freitag	Vendredi soir, nous allons en discothèque.
ma chérie, mon chéri *(fam.)* [maʃeri, mɔ̃ʃeri]	mein Liebling, mein Schatz	
samedi *(m.)* [samdi]	Samstag	Samedi, mon père joue au foot.
dimanche *(m.)* [dimɑ̃ʃ]	Sonntag	Dimanche, mes grands-parents viennent déjeuner à la maison.
faire la planche [fɛrlaplɑ̃ʃ]	den toten Mann machen	
un poème [ɛ̃pɔɛm]	ein Gedicht	C'est difficile d'écrire un poème.

7B4

le jour [ləʒur]	der Tag, am Tag, tagsüber	Ce n'est pas tous les jours dimanche.
aujourd'hui [oʒurdɥi]	heute	Qu'est-ce que tu fais aujourd'hui? – Rien.
Quel jour sommes-nous aujourd'hui? [kɛlʒursɔmnu(z)oʒurdɥi]	Was für einen Tag haben wir heute?	
croire qn [krwar]	jdm. glauben	

Je n'ai rien à faire. [ʒ(ə)nerjɛ̃nafɛr]	Ich habe nichts zu tun.	
par exemple [parɛgzɑ̃pl]	zum Beispiel	
un exemple [ɛ̃nɛgzɑ̃pl]	ein Beispiel	
observer [ɔpsɛrve]	beobachten	
A quelle heure ...? [akɛlœr]	Um wie viel Uhr?	A quelle heure commence l'école?
à (neuf) heures (trente) [anœvœrtrɑ̃t]	um (neun) Uhr (dreißig)	L'école commence à huit heures trente.

7B6

maintenant [mɛ̃t(ə)nɑ̃]	jetzt, nun	Est-ce que tu viens à la piscine avec moi? – Non, pas maintenant. Peut-être plus tard.
téléphoner à qn [telefɔne]	jdn. anrufen	
un ordinateur [ɛ̃nɔrdinatœr]	ein Computer	J'ai un ordinateur pour faire mes devoirs.
une lettre [ynlɛtr]	ein Brief	Séraphin écrit une lettre à ses grands-parents.

7C

le mal de mer [ləmaldəmɛr]	die Seekrankheit	Le bateau va très vite. J'ai le mal de mer.
si [si]	so, dermaßen	
on doit être loin de ... [ɔ̃dwatɛtrəlwɛ̃də]	wir müssen weit von ... entfernt sein	
se dessiner [sədesine]	sich abzeichnen, erkennbar werden	
sûrement pas [syrmɑ̃pa]	bestimmt nicht	
Ça ne vous rappelle rien cette carte? [sanvurapɛlrjɛ̃sɛtkart]	Erinnert euch diese Karte nicht an etwas?	
si [si]	doch	Ce n'est pas ton frère là-bas? – Si, c'est mon frère.
Je suis nulle / nul en géographie. [ʒəsɥinylɑ̃ʒeografi]	Ich bin schlecht in Geographie.	
l'Afrique *(f.)* [lafrik]	Afrika	L'Afrique est un grand continent.
une coïncidence [ynkɔɛ̃sidɑ̃s]	ein Zufall	
voguer *(littér.)* [vɔge]	segeln	
vers [vɛr]	auf ... zu, in Richtung ...	
un diamant [ɛ̃djamɑ̃]	ein Diamant	
le Père Noël [ləpɛrnɔɛl]	der Weihnachtsmann	
croire au Père Noël [krwaropɛrnɔɛl]	an den Weihnachtsmann glauben	
malade [malad]	krank	Je ne vais pas à l'école aujourd'hui: je suis malade.
être toute blanche, être tout blanc [ɛtrətutblɑ̃ʃ, ɛtrətublɑ̃]	ganz blass sein	
avoir mal au cœur [avwarmalokœr]	Übelkeit empfinden	Tu es malade? – Oui, j'ai mal au cœur.
avoir le mal de mer [avwarləmaldəmer]	seekrank sein	Quand on a le mal de mer, on a mal au cœur.
l'air *(m.)* [lɛr]	die Luft	
prendre l'air [prɑ̃drəlɛr]	frische Luft schnappen	
pauvre [povr]	arm	Pauvre Séraphin, il est toujours malade.
vomir [vɔmir]	sich erbrechen	
J'ai envie de vomir. [ʒeɑ̃vid(ə)vɔmir]	Mir ist schlecht. Ich muss mich erbrechen.	

7C1

on dirait ... [ɔ̃dirɛ]	es sieht aus wie / als ob ...	Qu'est-ce que c'est? – On dirait un château.
Ce doit être ... [sədwatɛtr(ə)]	Das muss ... sein. / Es ist bestimmt ...	Qu'est-ce que c'est ce truc? – Ce doit être un trésor.

7C2

la tête [latɛt]	der Kopf	Qu'est-ce qu'il y a? Tu fais une drôle de tête.
les cheveux [leʃvø]	die Haare	Nathalie a les cheveux noirs.
une oreille [ynɔrɛj]	ein Ohr	Les éléphants ont de grandes oreilles.
un œil; des yeux [ɛ̃nœj, dezjø]	ein Auge	J'ai les yeux bleus.
le nez [ləne]	die Nase	Le clown a un gros nez rouge.
la bouche [labuʃ]	der Mund	On ne parle pas la bouche pleine.

un bras [ɛ̃bra]	ein Arm	Nathalie prend le bras de Séraphin.
une main [ynmɛ̃]	eine Hand	Donne-moi la main.
un ventre [ɛ̃vɑ̃tr]	ein Bauch	Il a un gros ventre.
une jambe [ynʒɑ̃b]	ein Bein	
un pied [ɛ̃pje]	ein Fuß	Tu vas à l'école à pied? Non, je prends le bus, et toi?
dire qch à qn [dir]	jdm. etw. sagen	

7C3

Tout le monde va mal! [tulmɔ̃dvamal]	Es geht allen schlecht!	
avoir mal à ... [avwarmal]	Schmerzen haben	J'ai mal aux jambes. Je ne peux pas marcher.
J'ai mal à la tête. [ʒemalalatɛt]	Ich habe Kopfschmerzen. Mir tut der Kopf weh.	Dodo a mal à la tête.
une aspirine [ynaspirin]	ein Aspirin	
respirer [rɛspire]	atmen	
Donne un conseil. [dɔnɛ̃kɔ̃sɛj]	Gib einen Rat(schlag).	

8

Nous l'avons échappé belle! [nulavɔ̃eʃapebɛl]	Wir haben gerade noch mal Glück gehabt!	

8A

Ahmadou s'est endormi. [amadusɛtɑ̃dɔrmi]	Ahmadou ist eingeschlafen.	
pendant [pɑ̃dɑ̃]	während	
pendant son tour de garde [pɑ̃dɑ̃sɔ̃turdəgard]	während er Wache hielt	
Il est réveillé par les cris du perroquet. [ilɛreveјeparlekridyperɔkɛ]	Er wird vom Geschrei des Papageis geweckt.	
la terre [latɛr]	die Erde, *hier:* das Land	Du bateau, on peut voir la terre.
à bâbord [ababɔr]	nach Backbord, auf der linken Schiffsseite	
Les voilà réunis sur le pont. [levwalareynisyrləpɔ̃]	Da sind sie auf dem Deck versammelt.	
Même Nathalie a quitté son lit. [mɛmnataliakitesɔ̃li]	Sogar Nathalie hat ihr Bett verlassen.	
un lit [ɛ̃li]	ein Bett	Où est Nathalie? – Elle est dans son lit. Elle dort.
drôle [drol]	lustig, *hier:* komisch	Ce n'est pas drôle.
crier [krije]	schreien	Arrête de crier. J'ai mal à la tête.
Saperlipopette! *(fam.)* [sapɛrlipɔpɛt]	Sapperlot!	
à l'horizon [alɔrizɔ̃]	am Horizont	
apercevoir [apɛrsəvwar]	sehen, bemerken, *hier:* sichten	
une bande [ynbɑ̃d]	eine Bande, *hier:* ein Streifen	
jeter [ʒəte]	werfen	je jette, nous jetons, ils / elles jettent
une ancre [ynɑ̃kr]	ein Anker	Les jeunes jettent l'ancre.
un canot de sauvetage [ɛ̃kanod(ə)sovtaʒ]	ein Rettungsboot	
à toute vitesse [atutvitɛs]	sehr schnell, mit hoher Geschwindigkeit	Je suis très malade. Il faut aller à l'hôpital à toute vitesse.
passer [pase]	vergehen	Les week-ends passent vite.
La nuit tombe. [lanɥitɔ̃b]	Die Nacht bricht herein. Es wird dunkel.	
s'inquiéter [sɛ̃kjete]	sich Sorgen machen	
de plus en plus [dəplyzɑ̃ply]	mehr und mehr	
tout à coup [tutaku]	plötzlich	Tout à coup, on entend un bruit.
enfin [ɑ̃fɛ̃]	endlich, schließlich	Enfin les amis reviennent.
une chaloupe [ynʃalup]	ein Beiboot	
(s') embrasser [ɑ̃brase]	(sich) küssen, umarmen	
tous à la fois [tusalafwa]	alle gleichzeitig	
Qu'est-ce qui vous est arrivé? [kɛskivuzɛtarive]	Was ist mit euch passiert?	
Pourquoi? [purkwa]	Warum?	Pourquoi est-ce que tu ne vas pas à l'école aujourd'hui? – Je suis malade.
Qu'est-ce que vous avez fait? [kɛskəvuzavefɛ]	Was habt ihr gemacht?	

Et le trésor, vous l'avez trouvé? [elətrezɔrvulavetruve]	Und habt ihr den Schatz gefunden?	
Du calme! [dykalm]	Ruhe!	

8A1

se réveiller [sərevεje]	aufwachen	
se lever [sələve]	aufstehen	
s'habiller [sabije]	sich anziehen	
(se) laver [lave]	(sich) waschen	
(s') approcher de qch [aprɔʃe]	sich etw. nähern	

Atelier

se disputer [sədispyte]	sich streiten	
se dépêcher [sədepeʃe]	sich beeilen	
s'endormir [sɑ̃dɔrmir]	einschlafen	

8A2

parce que [parskə]	weil	Je mange parce que j'ai faim.

8A3

passer la journée [paselaʒurne]	den Tag verbringen	
hier [jɛr]	gestern	
vue, vu [vy]	*pp von* voir	
cette nuit [sɛtnɥi]	heute Nacht	
dormie, dormi [dɔrmi]	*pp von* dormir	
comme [kɔm]	wie	
une folle, un fou [ynfɔl, ɛ̃fu]	eine Verrückte, ein Verrückter	
lire [lir]	lesen	

Atelier

faite, fait [fɛt, fɛ]	*pp von* faire	
prise, pris [priz, pri]	*pp von* prendre	
bue, bu [by]	*pp von* boire	
lue, lu [ly]	*pp von* lire	
entendue, entendu [ɑ̃tɑ̃dy]	*pp von* entendre	

8B

débarquer [debarke]	von Bord / an Land gehen	≈ descendre d'un bateau
au port de Dakar [opɔrdədakar]	im Hafen von Dakar	
une ville [ynvil]	eine Stadt	
un trottoir [ɛ̃trɔtwar]	ein Bürgersteig	
vendre [vɑ̃dr]	verkaufen	
qui vendent de tout [kivɑ̃ddətu]	die alles Mögliche verkaufen	
des vêtements [devɛtmɑ̃]	Kleider	
une montre [ynmɔ̃tr]	eine Armbanduhr	Je cherche ma montre. Il est quelle heure?
(qch) à boire [abwar]	(etw.) zu trinken	
un boubou [ɛ̃bubu]	*Tunika, langes Kleid der Schwarzafrikaner*	
aider qn [ede]	jdm. helfen	
un magasin [ɛ̃magazɛ̃]	ein Geschäft	Dodo achète un boubou dans un magasin de Dakar.
ou bien [ubjɛ̃]	oder	
guider les touristes [gideleturist]	Führungen für Touristen machen	
visiter [vizite]	besichtigen	Qu'est-ce qu'on peut visiter à Dakar?
passer [pase]	*hier:* verbringen	Ma famille passe les vacances à la montagne.
avec nous [nu]	mit uns	
On lui a parlé du trésor. [ɔ̃lɥiaparledytrezɔr]	Wir haben ihm vom Schatz erzählt.	
tout de suite [tudsɥit]	sofort	Fais tes devoirs! – Plus tard, maman. – Non, tout de suite!

Il a pensé au baobab sacré. [ilapɑ̃seobaɔbabsakre]	Er hat an den heiligen Affenbrotbaum gedacht.	
un baobab [ɛ̃baɔbab]	ein Affenbrotbaum	Le baobab est un arbre d'Afrique.
sacrée, sacré [sakre]	heilig	
Il a proposé de nous y emmener. [ilaprɔpozed(ə)nuziɑ̃mne]	Er hat vorgeschlagen, uns dorthin zu führen.	
Minute! *(fam.)* [minyt]	Moment mal!	
d'abord [dabɔr]	zuerst, zunächst	D'abord, nous faisons les devoirs, et puis nous jouons à l'ordinateur.
nous sommes allés [nusɔmzale]	wir sind gegangen	
une gare routière [yngarrutjɛr]	ein Busbahnhof	Pour prendre le bus, il faut aller à la gare routière.
un taxi-brousse [ɛ̃taksibrus]	*Sammeltaxi in Afrika*	
un taxi [ɛ̃taksi]	ein Taxi	Pour aller en ville, nous prenons un taxi.
Nous sommes montés dans un taxi. [nusɔmmɔ̃tedɑ̃zɛ̃taksi]	Wir sind in ein Taxi gestiegen.	
pleine, plein (de ...) [plɛn, plɛ̃]	voll (von / mit ...)	
la brousse [labrus]	der Busch *(tropische Gegend in Afrika)*	Dans la brousse, il y a de petits villages.
se trouver [sətruve]	sich befinden	
Abdoulaye nous a dit que ... [abdulajnuzadikə]	Abdoulaye hat uns gesagt, dass ...	
toucher [tuʃe]	berühren	Au foot, il faut toucher le ballon avec les pieds.
un tronc [ɛ̃trɔ̃]	ein Baumstamm	
un vœu; des vœux [ɛ̃vø, devø]	ein Wunsch	
faire un vœu [fɛrɛ̃vø]	sich etw. wünschen	
se réaliser [sərealize]	wahr werden, in Erfüllung gehen	
Vous avez cru à cette histoire? [vuzavekryasɛtistwar]	Ihr habt diese Geschichte geglaubt?	
Et alors? [ealɔr]	Na und?	
Nous avons suivi une piste. [nuzavɔ̃sɥiviynpist]	Wir sind einem Weg gefolgt.	
le long de [ləlɔ̃də]	entlang	
un champ [ɛ̃ʃɑ̃]	ein Feld	
une arachide [ynaraʃid]	eine Erdnuss	
le Sénégal [ləsenegal]	der Senegal	Le Sénégal est un pays d'Afrique.

8B1

la Route de la Corniche [larutdəlakɔrniʃ]	*Straße über einer Steilküste; Straße in Dakar*	
demander le chemin à qn [dəmɑ̃deləʃmɛ̃]	jdn. nach dem Weg fragen	Dodo demande le chemin pour aller à la poste.
Pardon ... [pardɔ̃]	Verzeihung ..., Entschuldigung ...	Pardon monsieur, la gare routière s'il vous plaît?
continuer [kɔ̃tinɥe]	*hier:* weitergehen	
tout droit [tudrwa]	geradeaus	Le port? Continuez tout droit.
passer devant qch [pased(ə)vɑ̃]	an etw. vorbeigehen	La gare routière? Passez devant la poste.
devant [dəvɑ̃]	vor *(örtlich)*	Devant le café, il y a un grand arbre.
le Palais présidentiel [ləpalɛprezidɑ̃sjɛl]	der Präsidentenpalast	
ensuite [ɑ̃sɥit]	danach	
tourner [turne]	drehen, wenden, *hier:* abbiegen	Pour aller au port, tournez ici et ensuite continuez tout droit.
à gauche [agoʃ]	links	
puis [pɥi]	dann	≈ ensuite
première, premier [prəmjɛr, prəmje]	erste, erster, erstes	Tu prends la première rue à gauche.
à droite [adrwat]	rechts	≠ à gauche
une avenue [ynav(ə)ny]	eine Avenue, eine Prachtstraße	
avenue Roume [av(ə)nyrum]	*Avenue in Dakar*	
tomber sur qch [tɔ̃be]	fallen, *hier:* kommen / gelangen zu	
une place [ynplas]	ein Platz	Tu continues tout droit et là, tu tombes sur la place de l'Opéra.
l'indépendance *(f.)* [lɛ̃depɑ̃dɑ̃s]	die Unabhängigkeit	
un instant [ɛ̃nɛ̃stɑ̃]	ein Augenblick	Un instant, j'arrive tout de suite.

C'est ça. [sɛsa]	Richtig. Genau.	La poste est devant la gare routière? – C'est ça.
le marché Kermel [ləmarʃekɛrmɛl]	*Markt in Dakar*	
derrière [dɛrjɛr]	hinter	≠ devant
drôlement *(adv., fam.)* [drolmɑ̃]	ziemlich, wirklich	
compliquée, compliqué [kɔ̃plike]	kompliziert	Pour aller au port, c'est compliqué? – Non, vous allez tout droit.
C'est plus simple. [sɛplysɛ̃pl]	Es ist einfacher.	

Paroles, paroles ...

un chemin [ɛ̃ʃmɛ̃]	ein Weg	
deuxième [døzjɛm]	zweite, zweiter, zweites	Le cinéma, c'est la première rue à droite? – Non, c'est la deuxième.
troisième [trwazjɛm]	dritte, dritter, drittes	

8B2

un plan [ɛ̃plɑ̃]	ein Plan	Où est la rue de la gare? – Je ne sais pas. Regarde sur le plan.
une boutique [ynbutik]	ein Laden	≈ un magasin
choisir [ʃwazir]	(aus)wählen, aussuchen	
une gare [yngar]	ein Bahnhof	Il y a un bus pour aller à la gare?
une mosquée [ynmɔske]	eine Moschee	Au Maroc, il y a de vieilles mosquées.
une cathédrale [ynkatedral]	eine Kathedrale, ein Dom	On peut visiter la cathédrale tous les jours.
l'Hôtel de Ville *(m.)* [lotɛldəvil]	das Rathaus	Pardon, Monsieur, l'Hôtel de Ville est loin d'ici? – Non, c'est à 5 minutes.
expliquer qch à qn [ɛksplike]	jdm. etw. erklären	
un endroit [ɛ̃nɑ̃drwa]	ein Ort	

8B3

une information [ynɛ̃fɔrmasjɔ̃]	eine Information, ein Hinweis	Pardon madame, je voudrais une information. Où se trouve l'Hôtel de Ville?
pratique [pratik]	praktisch	Les ordinateurs sont très pratiques.
un train [ɛ̃trɛ̃]	ein Zug	Pour prendre le train, il faut aller à la gare.
de ... à ... [də...a]	von ... bis ...	Les enfants vont à l'école de 8h 30 à 16h 30.
Saint-Louis [sɛ̃lwi]	*Stadt in Senegal*	
un départ [ɛ̃depar]	eine Abfahrt	Le départ du train pour Bamako est à 8 heures.
une arrivée [ynarive]	eine Ankunft	≠ un départ
Bamako [bamako]	*Hauptstadt von Mali*	
le lendemain [ləlɑ̃d(ə)mɛ̃]	am nächsten Tag	
un car [ɛ̃kar]	ein (Reise)Bus	On va à Lyon en train? – Non, en car.
quand [kɑ̃]	wann	Quand vas-tu au cinéma? – Ce soir.
Allah [ala]	Allah *(islamische Bezeichnung für Gott)*	
... quand Allah le veut bien. [kɑ̃talal(ə)vøbjɛ̃]	... wenn Allah will.	
emporter [ɑ̃pɔrte]	mitnehmen	
un musée [ɛ̃myze]	ein Museum	A Paris, les touristes visitent le Musée du Louvrre.
IFAN [ifɑ̃]	*Museum in Dakar*	
tous les jours sauf ... [tuleʒursof]	jeden Tag außer ...	
ouverte, ouvert [uvɛrt, uvɛr]	offen, geöffnet	La boutique d'Aboulaye est ouverte de 10h à 19h.

8C

Il fait nuit. [ilfɛnɥi]	Es ist Nacht. Es ist dunkel.	Il fait nuit. Il faut rentrer à la maison.
presque [prɛsk(ə)]	fast	Il est presque dix heures: il est dix heures moins cinq.
seule, seul [sœl]	allein	Est-ce que tu vas seule à la piscine? – Non, j'y vais avec ma sœur.

en pleine brousse [ɑ̃plɛnbrus]	mitten im Busch	
une clairière [ynklɛrjɛr]	eine Lichtung	
un milieu [ɛ̃miljø]	eine Mitte	
au milieu [omiljø]	in der Mitte	
immense [im(m)ɑ̃s]	riesig, enorm	
une branche [ynbrɑ̃ʃ]	ein Ast, ein Zweig	
un trou [ɛ̃tru]	ein Loch	Attention, il y a un trou!
soudain [sudɛ̃]	plötzlich	≈ tout à coup
sourde, sourd [surd, sur]	taub, *hier:* dumpf	
devenir [dəv(ə)nir]	werden	
de plus en plus fort [dəplyzɑ̃plyfɔr]	immer lauter	
forte, fort [fɔrt, fɔr]	stark, laut	C'est un homme très fort.
un insecte [ɛ̃nɛ̃sɛkt]	ein Insekt	
une nuée d'insectes [ynnɥedɛ̃sɛkt]	ein Insektenschwarm	
autour de ... [otur]	um ... herum	
foncer sur qn / qch [fõsesyr]	auf jdn. / etw. losgehen, losstürzen	
dessus [d(ə)sy]	darüber, darauf	
Les insectes nous foncent dessus. [lezɛ̃sɛktənufõsdəsy]	Die Insekten stürzen sich auf uns.	
un frelon [ɛ̃frəlõ]	eine Hornisse	
... nous crie Abdoulaye. [nukriabdulaj]	... ruft uns Abdoulaye zu.	
Adieu! [adjø]	Lebe wohl! Ade!	

9

Il faut agir. [ilfo(t)aʒir]	Wir müssen handeln.	

9A

Au boulot! [obulo]	An die Arbeit!	
Il faut apprendre à diriger ce bateau. [ilfo(t)aprɑ̃dradiriʒes(ə)bato]	Wir müssen lernen, dieses Schiff zu steuern.	
Essayons de nous orienter et de tracer une route. [esɛjõd(ə)nuzɔrjɑ̃teed(ə)traseynrut]	Versuchen wir, uns zu orientieren und eine Route / einen Kurs festzulegen.	
Utilisons l'ordinateur! [ytilizõlɔrdinatœr]	Benutzen wir den Computer!	
Quelqu'un a peut-être reçu notre message. [kɛlkɛ̃apøtɛtrər(ə)synɔtrəmesaʒ]	Vielleicht hat jemand unsere Meldung bekommen.	
Tu peux toujours attendre. [typøtuʒuratɑ̃dr]	Du kannst ja warten, wenn du willst.	
juillet *(m.)* [ʒɥijɛ]	Juli	
la visibilité [lavizibilite]	die Sichtverhältnisse	
un baromètre [ɛ̃barɔmɛtr]	ein Barometer	
le cap [ləkap]	*hier:* der Kurs, die Richtung	
la vitesse [lavitɛs]	die Geschwindigkeit	
allures et voiles [alyrevwal]	Takelage	
le génois [ləʒenwa]	*großes Vorsegel*	
une position [ynpozisjõ]	eine Position, ein Standort	
une observation [ynɔpsɛrvasjõ]	eine Beobachtung, eine Bemerkung	
la météo [lameteo]	die Wettervorhersage	
un événement [ɛ̃nevɛnmɑ̃]	ein Ereignis	
souffler [sufle]	wehen	
Il fait (du) soleil. [ilfɛsɔlɛj]	Die Sonne scheint.	
ce matin [səmatɛ̃]	heute Morgen	
rater [rate]	verpassen	

9A1

vraie, vrai [vrɛ]	wahr, richtig	Ce n'est pas vrai!
ou [u]	oder	Qu'est-ce que tu veux boire? Du lait ou du cacao?
fausse, faux [fos, fo]	falsch	≠ vraie, vrai
l'est *(m.)* [lɛst]	der Osten	
une carte marine [ynkartmarin]	eine Seekarte	
Il n'y a pas de compas. [ilnjapadkõpa]	Es gibt keinen Kompass.	

9A2

un marin [ɛ̃marɛ̃]	ein Seefahrer, ein Matrose	
apprendre à faire qch [aprɑ̃dr]	lernen etw. zu tun	j'apprends, tu apprends, il / elle apprend, nous apprenons, vous apprenez, ils / elles apprennent
lire [lir]	lesen	je lis, tu lis, il / elle lit, nous lisons, vous lisez, ils / elles lisent
un journal de bord [ɛ̃ʒurnaldəbɔr]	ein Logbuch	Le capitaine écrit dans le journal de bord.
l'alphabet *(m.)* [lalfabɛ]	das Alphabet	Ma petite sœur apprend l'alphabet, parce qu'elle veut lire.
l'alphabet morse *(m.)* [lalfabɛmɔrs]	das Morsealphabet	

9A3

un sondage [ɛ̃sɔ̃daʒ]	eine Umfrage	
une classe [ynklas]	eine Klasse, ein Klassenzimmer	Tu es dans quelle classe?
un journal intime [ɛ̃ʒurnalɛ̃tim]	ein Tagebuch	
un roman d'aventure [ɛ̃rɔmɑ̃davɑ̃tyr]	ein Abenteuerroman	
les bandes dessinées [lebɑ̃ddesine]	die Comics	
une lettre d'amour [ynlɛtr(ə)damur]	ein Liebesbrief	
un mur [ɛ̃myr]	eine Wand	

9A4

l'ABC *(m.)* [labese]	das ABC	
maritime [maritim]	maritim, See-	
un dictionnaire [ɛ̃diksjɔnɛr]	ein Wörterbuch	
que [kə]	*hier:* die *(Relativpronomen)*	

9A5

s'orienter [sɔrjɑ̃te]	sich orientieren	
à l'aide de ... [alɛddə]	mit Hilfe von ...	
un compas [ɛ̃kɔ̃pa]	ein Kompass	
les Antilles *(f.)* [lezɑ̃tij]	die Antillen *(Inselgruppe in der Karibik)*	Les Antilles sont des îles des Caraïbes.
le nord [lənɔr]	der Norden	Séraphin habite dans le nord de la France.
le sud [ləsyd]	der Süden	≠ nord
l'est *(m.)* [lɛst]	der Osten	L'Allemagne est à l'est de la France.
l'ouest *(m.)* [lwɛst]	der Westen	≠ est

9B

Tu devrais te laver! [tydəvrɛt(ə)lave]	Du solltest dich waschen!	
un savon [ɛ̃savɔ̃]	eine Seife	Je voudrais me laver. Où est le savon? – Dans le placard.
(ne) ... plus rien [plyrjɛ̃]	nichts mehr	
Je n'ai plus rien à me mettre! [ʒ(ə)neplyrjɛ̃(n)am(ə)mɛtr]	Ich habe nichts mehr anzuziehen!	
Si on faisait une lessive? [siɔ̃fəzɛynlesiv]	Wir könnten Wäsche waschen.	
faire la lessive [fɛrlalesiv]	Wäsche waschen	Tu fais la lessive? – Oui, je lave mon pull.
la lessive [lalesiv]	die Wäsche	
il faut (faire qch) [ilfo]	man muss (etw. tun), braucht	Il faut aller à l'école.
l'eau douce *(f.)* [lodus]	das Süßwasser	Dans la mer, il n'y a pas d'eau douce.
sale [sal]	schmutzig	Mon pull est sale. Il faut le laver.
dégoûtante, dégoûtant [degutɑ̃t, degutɑ̃]	widerlich, ekelhaft	
nettoyer [netwaje]	putzen, reinigen, sauber machen	je nettoie, nous nettoyons, ils / elles nettoient
un travail [ɛ̃travaj]	eine Arbeit	Faire la lessive, ce n'est pas mon travail.
garder [garde]	aufheben, behalten	Ne mange pas les œufs maintenant, on les garde pour l'omelette.
se laver les dents [səlaveledɑ̃]	sich die Zähne putzen	On se lave les dents matin et soir.
une dent [yndɑ̃]	ein Zahn	
Quelle horreur! *(fam.)* [kɛlɔrœr]	Wie schrecklich!	
Pas moi. [pamwa]	Ich nicht.	Qui fait la vaisselle? – Pas moi.
Ça suffit! *(fam.)* [sasyfi]	Jetzt reicht's!	Arrêtez de crier. Ça suffit!
une canne à pêche [ynkanapɛʃ]	eine Angelrute	

commander [kɔmɑ̃de]	befehlen	
un capitaine [ɛ̃kapitɛn]	ein Kapitän	C'est le capitaine qui commande sur le bateau.
Ça commence à bien faire! *(fam.)* [sakɔmɑ̃sabjɛ̃fɛr]	Das reicht aber langsam!	
Ça me donne soif. [sam(ə)dɔnswaf]	Das macht mich durstig.	
un verre (de ...) [ɛ̃vɛr]	ein Glas	Qu'est-ce que vous voulez boire? – Je voudrais un verre d'eau, s'il vous plaît.
Je n'ai pas envie de travailler. [ʒ(ə)nepa(z)ɑ̃vid(ə)travaje]	Ich habe keine Lust zum Arbeiten.	
trop [tro]	zu (viel)	
Tant pis pour ...! [tɑ̃pipur]	Pech für ...!	

9B1

le nettoyage [lənetwajaʒ]	das Putzen, die Reinigung	→ nettoyer
avoir besoin de qch [avwarbəzwɛ̃]	etw. brauchen	Tu as besoin de savon?
un équipage [ɛ̃nekipaʒ]	eine Besatzung, *hier:* eine Mannschaft	
un inventaire [ɛ̃nɛ̃vɑ̃tɛr]	ein Inventar; eine Bestandsaufnahme	
la lessive [lalesiv]	*hier:* das Waschpulver	
une cuvette [ynkyvɛt]	eine Waschschüssel	
un torchon [ɛ̃tɔrʃɔ̃]	ein Geschirrtuch	
un seau [ɛ̃so]	ein Eimer	
un balai [ɛ̃balɛ]	ein Besen	Où est le balai, je ne le trouve pas.
un balai-brosse [ɛ̃balɛbrɔs]	ein Schrubber	
le ménage [ləmenaʒ]	der Haushalt, der Hausputz	
faire le ménage [fɛrləmenaʒ]	den Haushalt machen; aufräumen	Je n'ai pas envie de faire le ménage ce matin.
faire sa toilette [fɛrsatwalɛt]	sich waschen	Le matin, on fait sa toilette.
du dentifrice [dydɑ̃tifris]	Zahnpasta	Je voudrais me laver les dents. Tu as du dentifrice?
une brosse à dents [ynbrɔsadɑ̃]	eine Zahnbürste	Tu as pris ma brosse à dents.
une éponge [ynepɔ̃ʒ]	ein Schwamm	
un peigne [ɛ̃pɛɲ]	ein Kamm	Je cherche mon peigne.
une brosse à cheveux [ynbrɔsaʃvø]	eine Haarbürste	Tu as un peigne? – Non, mais j'ai une brosse à cheveux.

9B2

un planning [ɛ̃planiŋ]	eine Arbeitsplanung	
répartie, réparti (répartir) [reparti]	*pp von* répartir (aufteilen)	
le travail à faire [lətravajafɛr]	die anstehende Arbeit	
un ordre [ɛ̃nɔrdr]	eine Ordnung; eine Reihenfolge	
mettre de l'ordre [mɛtrədəlɔrdr]	wieder in Ordnung bringen, Ordnung schaffen	Séraphin met de l'ordre dans ses affaires.
pêcher [peʃe]	fischen, angeln	
mettre la table [mɛtrəlatabl]	den Tisch decken	C'est l'heure de manger, je vais mettre la table.
Dis ce que chacun va faire. [diskəʃakɛ̃vafɛr]	Sag, was jeder machen wird.	
demain [dəmɛ̃]	morgen	Qu'est-ce que tu vas faire demain?
un week-end [ɛ̃wikɛnd]	ein Wochenende	Le week-end, nous jouons au foot.

9C

toute, tout; toutes, tous [tut, tu, tus]	ganz, *hier:* alles; alle	Dodo mange tous les biscuits d'Ahmadou.
calme [kalm]	ruhig	
une chaleur [ynʃalœr]	eine Wärme, *hier:* eine Hitze	→ chaude, chaud
insupportable [ɛ̃sypɔrtabl]	unerträglich	
brûlante, brûlant [brylɑ̃t, brylɑ̃]	(glühend) heiß	
avancer [avɑ̃se]	vorwärts kommen, vorwärts gehen	
ne ... que [nəkə]	nur	
un clapotis [ɛ̃klapɔti]	ein Plätschern	
une vague [ynvag]	eine Welle	La mer est calme. Il n'y a pas de vagues.
De l'air! [dəlɛr]	Luft!	
vieille, vieux, vieil [vjɛj, vjø, vjɛj]	alt	≠ jeune

un coffre [ɛ̃kɔfr]	eine Truhe	Dans le coffre, il y a peut-être un trésor.
des vêtements [devɛtmɑ̃]	Kleider	Dans cette boutique, on peut acheter des vêtements.
une époque [ynepɔk]	eine Zeit, eine Epoche	
une marquise [ynmarkiz]	eine Marquise *(alter franz. Titel; vgl. deutsch: Markgräfin)*	
une fête [ynfɛt]	ein Fest, eine Fete	Les jeunes organisent une fête.
Voudriez-vous me faire l'honneur de m'accorder cette danse? [vudrijevum(ə)fɛrlɔnœrdəmakɔrdesɛtdɑ̃s]	Es wäre mir eine Ehre, wenn Sie mit mir tanzen würden.	
Œil de faucon a parlé juste! [œjdəfokõaparleʒyst]	Falkenauge hat richtig gesprochen!	
un menuet [ɛ̃mənɥɛ]	ein Menuett *(im 17. Jh. Hof- u. Gesellschaftstanz)*	
ravir [ravir]	begeistern	
à ravir [aravir]	bezaubernd, hinreißend	
une bourse [ynburs]	eine Geldbörse	
Ohé flibustier! [ɔeflibystje]	He da, Freibeuter!	
A l'abordage! [alabɔrdaʒ]	Entert das Schiff!	
nouvelle, nouveau, nouvel [nuvɛl, nuvo, nuvɛl]	neu	Nous avons une nouvelle voiture.
un saloon [ɛ̃salun]	ein Saloon	
un whisky [ɛ̃wiski]	ein Whisky	

9C1

cette, ce, cet; ces [sɛt, sə, sɛt, se]	diese, dieser, dieses; diese *(Pl.)*	A qui sont ces vêtements? Ils sont à moi.
une veste [ynvɛst]	eine Jacke	
belle, beau, bel [bɛl, bo, bɛl]	schön	Mon père a une très belle veste.
elle / il me plaît [ɛlməplɛ, ilməplɛ]	sie / er gefällt mir	Cette robe me plaît beaucoup.
une bague [ynbag]	ein Fingerring	
un collier [ɛ̃kɔlje]	eine (Hals)Kette	
une jupe [ynʒyp]	ein Rock	Ta nouvelle jupe est très chic.
une chaussure [ynʃosyr]	ein Schuh	Ces chaussures sont trop petites pour moi.
une écharpe [yneʃarp]	ein Schal	Il fait froid. Je prends une écharpe.
un pantalon [ɛ̃pɑ̃talõ]	eine Hose	Zut, mon pantalon a un trou.
une botte [ynbɔt]	ein Stiefel	Mes nouvelles bottes sont chaudes.
une chemise [ynʃəmiz]	ein Hemd	Ta chemise est sale.
un gant [ɛ̃gɑ̃]	ein Handschuh	Il fait froid, il faut des gants.

9C2

mettre [mɛtr]	setzen, stellen, legen; *hier:* anziehen *(Kleidung)*	je mets, tu mets, il / elle met, nous mettons, vous mettez, ils / elles mettent
une perruque [ynperyk]	eine Perücke	
ne ... pas encore [n(ə)pazɑ̃kɔr]	noch nicht	

9C3

le carnaval [ləkarnaval]	der Karneval, der Fasching	
un costume [ɛ̃kɔstym]	ein Kostüm	

9C4

un pull marin [ɛ̃pylmarɛ̃]	ein Matrosenpulli	
un lave-vaisselle [ɛ̃lavvɛsɛl]	eine Geschirrspülmaschine	
traduire [tradɥir]	übersetzen	

9C5

un goût [ɛ̃gu]	ein Geschmack	
une chanteuse, un chanteur [ynʃɑ̃tøz, ɛ̃ʃɑ̃tœr]	eine Sängerin, ein Sänger	Luciano Pavarotti est un grand chanteur.

préférée, préféré [prefere]	bevorzugt, Lieblings-	Ma chanteuse préférée est Patricia Kaas.
un film [ɛ̃film]	ein Film	J'aime les vieux films.
une boisson [ynbwasõ]	ein Getränk	→ boire

10

Sauve qui peut! [sovkipø]	Rette sich, wer kann!	

10A

la tempête [latɑ̃pɛt]	der Sturm	Est-ce que tu as peur de la tempête?
tout le monde [tul(ə)mõd]	alle, jeder	La nuit, tout le monde dort.
fini par s'endormir [finiparsɑ̃dɔrmir]	schließlich doch noch eingeschlafen	
le vent [ləvɑ̃]	der Wind	Pour avancer, le voilier a besoin de vent.
gronder [grõde]	grollen	
un océan [ɛ̃nɔseɑ̃]	ein Ozean	
tanguer [tɑ̃ge]	stampfen	
dangereusement *(adv.)* [dɑ̃ʒrøzmɑ̃]	gefährlich	
terrifiante, terrifiant [terifjɑ̃t, terifjɑ̃]	entsetzlich, erschreckend	
(se) briser [brize]	zerbrechen	
un sol [ɛ̃sɔl]	ein Boden	
la panique [lapanik]	die Panik	
se précipiter [səpresipite]	sich stürzen auf	
le hublot [ləyblo]	das Bullauge	
sortir qch [sɔrtir]	*hier:* etw. herausnehmen, herausholen	
un gilet de sauvetage [ɛ̃ʒilɛd(ə)sovtaʒ]	eine Schwimmweste	
Il se cramponne à la barre. [ilsəkrɑ̃pɔnalabar]	Er klammert sich an der Ruderpinne fest.	
à bout de forces [abud(ə)fɔrs]	am Ende seiner Kräfte	
une force [ynfɔrs]	eine Kraft, eine Stärke	
lutter contre qch [lytekõtr]	gegen etw. kämpfen	
un cauchemar [ɛ̃koʃmar]	ein Alptraum	
comme par enchantement [kɔmparɑ̃ʃɑ̃tmɑ̃]	wie durch ein Wunder	
La mer redevient calme. (*Inf.:* redevenir) [lamɛrrədəvjɛ̃kalm]	Das Meer wird wieder ruhig.	
Les nuages disparaissent. (*Inf.:* disparaître) [lenɥaʒdisparɛs]	Die Wolken verschwinden.	
le soleil [ləsɔlɛj]	die Sonne	→ les lunettes de soleil
recommencer à ... [rəkɔmɑ̃se]	wieder anfangen zu ...	
briller [brije]	scheinen	

10A1

dehors [dəɔr]	draußen	
le temps [lətɑ̃]	*hier:* das Wetter	Quel temps fait-il aujourd'hui? – Il fait beau.
un temps de chien *(fam.)* [ɛ̃tɑ̃d(ə)ʃjɛ̃]	ein Sauwetter	

10A2

Il fait (du) soleil. [ilfɛdysɔlɛj]	Die Sonne scheint.	C'est une belle journée. Il fait soleil.
Il fait beau. [ilfɛbo]	Es ist schön. Die Sonne scheint.	Est-ce qu'il fait beau? – Oui, le soleil brille.
Il fait chaud. [ilfɛʃo]	Es ist warm / heiß.	Tu n'as pas besoin d'écharpe. Il fait chaud.
Il fait froid. [ilfɛfrwa]	Es ist kalt.	Il fait froid aujourd'hui. Il faut mettre un pull.
Il fait gris. [ilfɛgri]	Es ist trüb.	Pourquoi es-tu triste aujourd'hui? – Parce qu'il fait gris.
Le ciel est couvert. [ləsjɛlɛkuvɛr]	Es ist bedeckt.	≈ Il fait gris.
Il fait mauvais. [ilfɛmɔvɛ]	Das Wetter ist schlecht.	Il fait mauvais, je reste à la maison.
Le ciel est nuageux. [ləsjɛlɛnɥaʒø]	Es ist bewölkt.	≈ Il y a des nuages dans le ciel.
un degré [ɛ̃dəgre]	ein Grad	Il fait 35°C. Quelle chaleur!
un orage [ɛ̃nɔraʒ]	ein Gewitter	
le brouillard [ləbrujar]	der Nebel	
la pluie [laplɥi]	der Regen	La nature a besoin de pluie.
Il pleut. [ilplø]	Es regnet.	On va jouer au tennis? – Non, il pleut.

la neige [lanɛʒ]	der Schnee	Les enfants aiment jouer dans la neige.
Il neige. [ilnɛʒ]	Es schneit.	A la montagne, il neige beaucoup.
haute, haut ['ot, 'o]	hoch	
faible [fɛbl]	schwach	
l'Europe *(f.)* [lørɔp]	Europa	L'Europe est un continent.
le printemps [ləprɛ̃tɑ̃]	der Frühling	
au printemps [oprɛ̃tɑ̃]	im Frühling	Au printemps, il pleut beaucoup.
l'été *(m.)* [lete]	der Sommer	
en été [ɑ̃nete]	im Sommer	En été, nous allons à la plage.
l'automne *(m.)* [lotɔn]	der Herbst	
en automne [ɑ̃notɔn]	im Herbst	En automne, les arbres changent de couleur.
l'hiver *(m.)* [livɛr]	der Winter	Tu aimes l'hiver? – Non, pas du tout.
en hiver [ɑ̃nivɛr]	im Winter	En hiver, on peut faire du ski.

10B

le monde [ləmɔ̃d]	die Welt	Les jeunes font un voyage autour du monde.
à l'envers [alɑ̃vɛr]	verkehrt / falsch herum; durcheinander	
Alerte! [alɛrt]	Alarm!	
à tribord [atribɔr]	nach Steuerbord, auf der rechten Schiffsseite	
comme ça [kɔmsa]	so	
la côte [lakot]	die Küste	La côte française est très belle.
C'est bien la côte! [sɛbjɛ̃lakot]	Es ist wirklich / tatsächlich die Küste!	
un cocotier [ɛ̃kɔkɔtje]	eine Kokospalme	
Que c'est beau! [kəsɛbo]	Wie schön!	Que c'est beau ici!
un bananier [ɛ̃bananje]	eine Bananenstaude	
une banane [ynbanan]	eine Banane	Ahmadou va chercher des bananes.
flambée, flambé [flɑ̃be]	flambiert	
connaître [kɔnɛtr]	kennen	je connais, tu connais, il / elle connaît, nous connaissons, vous connaissez, ils / elles connaissent
le sucre de canne [ləsykrəd(ə)kan]	der Rohrzucker	
penser à qch / qn [pɑ̃se]	an etw. / jdn. denken	A quoi penses-tu? – Je rêve.
Tu ne penses qu'à manger! [tyn(ə)pɑ̃skamɑ̃ʒe]	Du denkst nur ans Essen.	
facile [fasil]	einfach	≠ difficile
complètement *(adv.)* [kɔ̃plɛtmɑ̃]	vollkommen, völlig	Mais arrête, tu es complètement fou.
dingue *(fam.)* [dɛ̃g]	bekloppt	
la terre ferme [latɛrfɛrm]	das Festland	
près de [prɛdə]	in der Nähe, bei	
assez (de ...) [ase]	genug	
un fond [ɛ̃fɔ̃]	ein Boden	
découvrir [dekuvrir]	entdecken	
(s') entasser dans qch [ɑ̃tase]	in etw. hineinzwängen, (sich) zusammendrängen	
ramer [rame]	rudern	→ la rame
Après avoir mangé au moins quatre bananes chacun, ... [aprɛ(z)avwarmɑ̃ʒeomwɛ̃kat(rə)bananʃakɛ̃]	Nachdem sie alle mindestens vier Bananen gegessen hatten, ...	
se mettre en route [səmɛtrɑ̃rut]	sich auf den Weg machen	
explorer [ɛksplɔre]	erforschen	
une fleur [ynflœr]	eine Blume	Les roses sont mes fleurs préférées.
un parapluie [ɛ̃paraplɥi]	ein Regenschirm	Prends ton parapluie, il pleut.
un lion [ɛ̃ljɔ̃]	ein Löwe	En Afrique, on trouve des lions.
mignonne, mignon [miɲɔn, miɲɔ̃]	hübsch, niedlich	Ma petite sœur est mignonne.
caresser [karese]	streicheln	
un éléphant [ɛ̃nelefɑ̃]	ein Elefant	Les éléphants sont des animaux très grands.
à reculons [arəkylɔ̃]	rückwärts	
un singe [ɛ̃sɛ̃ʒ]	ein Affe	Les singes adorent les bananes.
Qu'il est drôle! [kilɛdrol]	Er ist wirklich lustig!	
un serpent [ɛ̃sɛrpɑ̃]	eine Schlange	Mon frère a peur des serpents.

un moustique [ɛ̃mustik]	eine Stechmücke	Un moustique est un insecte.
un pélican [ɛ̃pelikɑ̃]	ein Pelikan	
survoler [syrvɔle]	über etw. fliegen	
avec leurs dards géants [avɛklœrdarʒeɑ̃]	mit ihren riesigen Stacheln	
un papillon [ɛ̃papijɔ̃]	ein Schmetterling	Ce papillon a de très belles couleurs.
un cerf-volant [ɛ̃sɛrvɔlɑ̃]	ein Drachen *(Spielzeug)*	
cacher [kaʃe]	(sich) verstecken, *hier:* verbergen	Les nuages cachent le soleil.
une araignée [ynareɲe]	eine Spinne	Nathalie a peur des araignées.
poilue, poilu [pwaly]	behaart	
ficher le camp *(fam.)* [fiʃelkɑ̃]	abhauen	
dangereuse, dangereux [dɑ̃ʒrøz, dɑ̃ʒrø]	gefährlich	Attention! Ce serpent est dangereux!
Par ici! [parisi]	Hier entlang!	
... aussi vite qu'ils peuvent. [osivitkilpœv]	... so schnell sie können.	

10B1

corriger [kɔriʒe]	korrigieren	je corrige, nous corrigeons, ils / elles corrigent
bizarrement *(adv.)* [bizarmɑ̃]	seltsam, komisch	
faire demi-tour [fɛrdəmitur]	umkehren	

10B2

normale, normal; normales, normaux [nɔrmal, nɔrmo]	normal	
comme [kɔm]	wie	Bleu comme le ciel.

10B3

une langue [ynlɑ̃g]	eine Sprache	Le français est une belle langue.
un professeur [ɛ̃prɔfesœr]	ein Lehrer, eine Lehrerin	Notre professeur d'anglais vient de Londres.
... ne doit pas ... / ne doivent pas [nədwapa, nədwavpa]	... darf nicht ... / dürfen nicht	
déchiffrer [deʃifre]	entziffern, entschlüsseln	
dans l'ordre [dɑ̃lɔrdr]	in der richtigen Reihenfolge	

10B4

plier [plije]	falten	
nager [naʒe]	schwimmen	
une orange [ynɔrɑ̃ʒ]	eine Orange	Tu veux une orange? – Non merci.

10B5

un animal; des animaux [ɛ̃nanimal, dezanimo]	ein Tier	Au zoo, on peut voir beaucoup d'animaux.
fantastique [fɑ̃tastik]	fantastisch	
un animal fantastique [ɛ̃nanimalfɑ̃tastik]	ein Fabeltier	
Quels animaux est-ce que tu reconnais? *(Inf.:* reconnaître) [kɛlzanimoɛskətyr(ə)kɔnɛ]	Welche Tiere erkennst du wieder?	
chaque [ʃak]	jede, jeder, jedes	Chaque animal a un nom spécial.
une autruche [ynotryʃ]	ein Strauß *(Vogel)*	Dans quel pays est-ce qu'on trouve des autruches? – En Australie.
une girafe [ynʒiraf]	eine Giraffe	Les girafes sont des animaux qui viennent d'Afrique.
une chatte, un chat [ynʃat, ɛ̃ʃa]	eine Katze, ein Kater	Ma grand-mère a un beau chat gris.
un cheval; des chevaux [ɛ̃ʃ(ə)val, deʃ(ə)vo]	ein Pferd	Le cheval est un bel animal.

10B6

le langage parlé [ləlɑ̃gaʒparle]	die gesprochene Sprache, die Umgangssprache	
une mémoire [ynmemwar]	ein Gedächtnis	

Elle a une mémoire d'éléphant. [ɛlaynmemwardelefɑ̃]	Sie hat ein fantastisches Gedächtnis.	
courir [kurir]	laufen, rennen	
un lapin [ɛ̃lapɛ̃]	ein Kaninchen	
Il court comme un lapin. [ilkurkɔmɛ̃lapɛ̃]	Er flitzt / saust davon.	
avoir la chair de poule [avwarlaʃɛrdəpul]	Gänsehaut haben	
s'entendre avec qn [sɑ̃tɑ̃dr]	sich mit jdm. verstehen, mit jdm. gut auskommen	
un cochon [ɛ̃kɔʃɔ̃]	ein Schwein	
une tête de cochon *(fam.)* [yntɛtdəkɔʃɔ̃]	ein Starrkopf, ein sturer Knochen	

11A

un pirate [ɛ̃pirat]	ein Pirat	Des pirates? Ça n'existe plus. – Si!
notre *(sg.)*, **nos** *(pl.)* [nɔtr, no]	unser(e)	Voilà, c'est notre bateau.
une aile [ynɛl]	ein Flügel	
leur *(sg.)*, **leurs** *(pl.)* [lœr]	ihr(e) *(bezieht sich auf mehrere Besitzer)*	Ce sont les affaires de Christian et Marion? – Oui, ce sont leurs affaires.
cent [sɑ̃]	hundert	
un mètre [ɛ̃mɛtr]	ein Meter	Un mètre a cent centimètres.
les rires [lerir]	das Gelächter	
une silhouette [ynsilwɛt]	eine Figur, *hier:* eine Gestalt	
l'habitant *(m.)* [labitɑ̃]	der Einwohner	
armée, armé [arme]	bewaffnet	
une rencontre [ynrɑ̃kɔ̃tr]	eine Begegnung	
venir à la rencontre de qn [vəniralarɑ̃kɔ̃tr]	jdm. entgegenkommen	
avoir l'air sympa [avwarlɛrsɛ̃pa]	sympathisch aussehen	Ta nouvelle copine a l'air sympa. – Oui, elle est très gentille.
un pistolet [ɛ̃pistɔlɛ]	eine Pistole	
pourtant [purtɑ̃]	dennoch, trotzdem	
sembler [sɑ̃ble]	scheinen	
s'amuser [samyze]	sich amüsieren, Spaß haben	Les enfants jouent au foot. Ils s'amusent beaucoup.
rire [rir]	lachen	je ris, tu ris, il / elle rit, nous rions, vous riez, ils / elles rient
borgne [bɔrɲ]	einäugig	
sauter [sote]	springen	Les kangourous peuvent sauter très loin.
attacher [ataʃe]	festbinden, fesseln	Quand ma sœur joue au tennis, elle attache ses cheveux.
un poignet [ɛ̃pwaɲɛ]	ein Handgelenk	
Ils leur attachent les poignets. [illœrataʃlepwaɲɛ]	Sie fesseln sie an den Handgelenken.	
voler [vɔle]	fliegen	
dans tous les sens [dɑ̃tulesɑ̃s]	in alle Richtungen	
la nage [lanaʒ]	das Schwimmen	
décidément [desidemɑ̃]	also wirklich	
une prisonnière, un prisonnier [ynprizɔnjɛr, ɛ̃prizɔnje]	eine Gefangene, ein Gefangener	
sur leur propre bateau [syrlœrprɔprəbato]	auf ihrem eigenen Schiff	
Les pirates viennent de découvrir le vieux coffre. [lepiratvjɛndədekuvrirləvjøkɔfr]	Die Piraten haben soeben die alte Truhe entdeckt.	
Tonnerre de Brest! [tɔnɛrdəbrɛst]	Donnerwetter!	
Je vous l'avais bien dit. [ʒ(ə)vulavɛbjɛ̃di]	Ich hatte es euch doch gesagt.	
ouvrir [uvrir]	öffnen, aufmachen	j'ouvre, tu ouvres, il / elle ouvre, nous ouvrons, vous ouvrez, ils / elles ouvrent; ≠ fermer
un bijou; des bijoux [ɛ̃biʒu, debiʒu]	ein Schmuckstück	
vide [vid]	leer	Qu'est-ce qu'il y a dans ton sac? – Rien, il est vide.
une colère [ynkɔlɛr]	ein Zorn	
rouge de colère [ruʒdəkɔlɛr]	rot vor Wut	
une rage [ynraʒ]	eine Wut	
Il soulève le coffre. *(Inf.:* soulever) [ilsulɛvləkɔfr]	Er hebt die Kiste hoch.	
par-dessus bord [pardəsybɔr]	über Bord	

Bons à rien! [bɔ̃arjɛ̃]	Ihr Taugenichtse!	
la vermine [lavɛrmin]	das Ungeziefer; das Gesindel	
payer [peje]	bezahlen	
chère, cher [ʃɛr]	teuer	
Vous allez le payer cher! [vuzalel(ə)pejeʃɛr]	Das wird euch teuer zu stehen kommen!	
un matelot [ɛ̃matlo]	ein Matrose	
fouiller [fuje]	durchsuchen	
enfermer [ɑ̃fɛrme]	einsperren	Les pirates enferment Feisal et ses amis dans la cale.
une poche [ynpɔʃ]	eine Tasche *(am Kleidungsstück)*	Il y a un trou dans ma poche.
une pièce [ynpjɛs]	ein Stück	
la monnaie [lamɔnɛ]	*hier:* das Geld	
une pièce de monnaie [ynpjɛsdəmɔnɛ]	eine Münze	
prendre pour [prɑ̃drəpur]	für etw. halten	Ma tante est très jeune. Tout le monde la prend pour ma sœur.
un billet [ɛ̃bijɛ]	*hier:* ein Geldschein	Vous pouvez changer ce billet? J'ai besoin de pièces de monnaie.
intéresser [ɛ̃terese]	interessieren	Le sport ne m'intéresse pas du tout.

11A1

mauvaise, mauvais [mɔvɛz, mɔvɛ]	schlecht	≠ bonne, bon
un retour [ɛ̃r(ə)tur]	eine Rückkehr	
se mettre en colère [səmɛtrɑ̃kɔlɛr]	wütend werden	

Atelier

bien *(adv.)* [bjɛ̃]	gut	Bien joué!
mal *(adv.)* [mal]	schlecht	Mon grand-père a des lunettes parce qu'il voit mal.

11A2

tirer [tire]	ziehen, *hier:* schießen	
un tireur [ɛ̃tirœr]	ein Schütze	
une faute [ynfot]	ein Fehler	
se sentir [səsɑ̃tir]	sich fühlen	
nager [naʒe]	schwimmen	je nage, nous nageons, ils / elles nagent
une nageuse, un nageur [ynnaʒøz, ɛ̃naʒœr]	eine Schwimmerin, ein Schwimmer	
lentement *(adv.)* [lɑ̃tmɑ̃]	langsam	
plus lentement [plylɑ̃tmɑ̃]	langsamer	

11A3

un butin [ɛ̃bytɛ̃]	eine Beute	
votre *(sg.)*; **vos** *(pl.)* [vɔtr, vo]	Ihr(e), euer(e); Ihre, eure *(Pl.)*	Ce sont vos affaires? – Pourquoi?
un objet [ɛ̃nɔbʒɛ]	ein Gegenstand	
un exercice [ɛ̃nɛgzɛrsis]	eine Übung	Complétez l'exercice.

Atelier

un crayon [ɛ̃krɛjɔ̃]	ein Bleistift	
une trousse [yntrus]	ein Beutel, Mäppchen	

11B

(être) morte, mort [mɔrt, mɔr]	gestorben (sein)	
Il sont morts de peur. [ilsɔ̃mɔrdəpœr]	Sie sind vor Angst fast gestorben.	
Vous avez vu Ahmadou? [vuzavevyamadu]	Habt ihr Ahmadou gesehen?	
Il a disparu. [iladispary]	Er ist verschwunden.	
J'espère qu'il ne s'est pas noyé! [ʒɛspɛrkilnəsɛpanwaje]	Ich hoffe, dass er nicht ertrunken ist.	
Je suis sûre qu'il va nous délivrer! [ʒəsɥisyrkilvanudelivre]	Ich bin sicher, dass er uns befreien wird.	
Qu'est-ce qu'ils vont faire de nous? [keskilvɔ̃fɛrdənu]	Was werden sie mit uns machen?	

Ils ne vont tout de même pas nous vendre comme esclaves! [ilnəvõtudmɛmpanuvɑ̃drəkɔmɛsklav]	Sie werden uns doch wohl nicht als Sklaven verkaufen!	
à une vitesse infernale [aynvitɛsɛ̃fɛrnal]	mit einer wahnsinnigen Geschwindigkeit	
J'ai déjà entendu ce bruit-là quelque part. [ʒedeʒaɑ̃tɑ̃dysəbrɥilakɛlkəpar]	Ich habe dieses Geräusch schon irgendwo einmal gehört.	

11B1

Toc Tac [tɔktak]	*(Klopfen, Pochen)*	
par [par]	durch	
une serrure [ynseryr]	ein (Tür)Schloss	
une différence [yndiferɑ̃s]	ein Unterschied	
entre [ɑ̃tr]	zwischen	

11B2

libérer [libere]	befreien	
espérer [ɛspere]	hoffen	
sinon [sinõ]	sonst, andernfalls	
tuer [tɥe]	töten, umbringen	
un modèle [ɛ̃mɔdɛl]	ein Modell, ein Beispiel, ein Vorbild	
sur le modèle de ... [syrləmɔdɛldə]	nach dem Beispiel von ...	

Atelier

me, m' [mə]	mich *(direktes Objekt)*	Dodo me regarde.
te, t' [tə]	dich *(direktes Objekt)*	Tu m'aimes? – Oui, je t'aime.
nous [nu]	uns *(direktes Objekt)*	Nos parents nous cherchent.

11B3

idéale, idéal; idéales, idéaux [ideal, ideo]	ideal	
un bandeau [ɛ̃bɑ̃do]	eine Augenbinde	
un crochet [ɛ̃krɔʃɛ]	ein Haken	
un sabre [ɛ̃sabr]	ein Säbel	
un pantalon corsaire [ɛ̃pɑ̃talõkɔrsɛr]	eine Kniebundhose	
une jambe de bois [ynʒɑ̃bdəbwa]	ein Holzbein	
reproduire [r(ə)prɔdɥir]	wiedergeben, reproduzieren	

11B4

dans le noir [dɑ̃l(ə)nwar]	im Dunkeln	
ne ... plus [nəply]	nicht mehr	Est-ce que tu joues encore au tennis? – Non, je ne joue plus. Je n'ai plus le temps.
toujours [tuʒur]	immer (noch)	Au Maroc, on boit toujours du thé à la menthe après les repas.
(ne) ... jamais [ʒamɛ]	nie	Je ne joue jamais au foot. Je n'aime pas ça.
Mais non, voyons! [mɛnõvwajõ]	Natürlich nicht!	

12

Fort-de-France [fɔrdəfrɑ̃s]	*Hauptstadt der Insel Martinique*	

12A

Personne ne le sait. [pɛrsɔnnəl(ə)sɛ]	Niemand weiß es.	
une obscurité [ynɔpskyrite]	eine Dunkelheit, eine Finsternis	
perdre [pɛrdr]	verlieren	je perds, tu perds, il / elle perd, nous perdons, vous perdez, ils / elles perdent
perdue, perdu [pɛrdy]	*pp von* perdre	
une notion [ynnosjõ]	ein Begriff, *hier:* ein Gefühl, ein Sinn	
la notion de temps [lanosjõdətɑ̃]	das Zeitgefühl	
une porte [ynpɔrt]	eine Tür	Entrez! La porte est ouverte.
une lumière [ynlymjɛr]	ein Licht	
aveugler [avœgle]	blenden	
barbue, barbu [barby]	bärtig	

sans [sɑ̃]	ohne	Mon père boit toujours son café noir, sans lait.
pousser [puse]	schieben, drücken	Pour entrer, poussez la porte.
un marché [ɛ̃marʃe]	ein Markt	Ma mère achète toujours les bananes au marché.
bientôt [bjɛ̃to]	bald	Vous partez bientôt en vacances? – Oui, nous partons dans une semaine.
une Africaine, un Africain [ynafrikɛn, ɛ̃nafrikɛ̃]	eine Afrikanerin, ein Afrikaner	
une Européenne, un Européen [ynørɔpeɛn, ɛ̃nørɔpeɛ̃]	eine Europäerin, ein Europäer	
richement *(adv.)* [riʃmɑ̃]	reich, prächtig	
mise, mis [miz, mi]	*pp von* mettre	
ressembler à [rəsɑ̃ble]	ähneln, ähnlich sein	
qui étaient ... [kietɛ]	die ... waren	
une estrade [ynɛstrad]	ein Podium	
couverte, couvert [kuvɛrt, kuvɛr]	bedeckt, voll von / mit ...	
une plume [ynplym]	eine Feder	
une oie [ynwa]	eine Gans	
il leur fait signe de ... [illœrfɛsiɲdə]	er fordert sie durch eine Handbewegung auf ...	
s'asseoir [saswar]	sich hinsetzen	
s'adresser à qn [sadrese]	jdn. ansprechen, sich an jdn. wenden	
un arrivage [ɛ̃narivaʒ]	eine Lieferung	
la santé [lasɑ̃te]	die Gesundheit	
une plantation [ynplɑ̃tasjɔ̃]	eine Plantage	
avoir horreur de qch [avwarɔrœrdə]	etw. nicht ausstehen können, etw. hassen	
se mettre à faire qch [səmɛtra]	anfangen etw. zu tun	
se couvrir de [səkuvrirdə]	sich bedecken mit	
de plus en plus fort [dəplyzɑ̃plyfɔr]	immer stärker	
une tornade [yntɔrnad]	ein Tornado, ein Wirbelsturm	≈ tempête
Combien de temps? [kɔ̃bjɛ̃dətɑ̃]	Wie lange?	
sentir [sɑ̃tir]	riechen, spüren	je sens, tu sens, il / elle sent, nous sentons, vous sentez, ils / elles sentent
la peau [lapo]	die Haut	
les revoilà [ler(ə)vwala]	da sind sie wieder	
tourner en rond [turneɑ̃rɔ̃]	im Kreis laufen	
le marché aux esclaves [ləmarʃeozɛsklav]	der Sklavenmarkt	
Tout a disparu. [tutadispary]	Alles ist verschwunden.	
à la place de ... [alaplasdə]	anstelle von ...	
un tas [ɛ̃ta]	ein Haufen	
un melon [ɛ̃m(ə)lɔ̃]	eine Melone	L'été, quand il fait chaud, j'aime bien manger du melon.
les fruits [lefrɥi]	das Obst	
merveilleuse, merveilleux [mɛrvɛjøz, mɛrvɛjø]	wunderschön	
qui leur mettent l'eau à la bouche [kilœrmɛtloalabuʃ]	die ihnen das Wasser im Mund zusammenlaufen lässt	
une mangue [ynmɑ̃g]	eine Mango	
un maracuja [ɛ̃marakuʒa]	eine Maracuja	
une carambole [ynkarɑ̃bɔl]	eine Sternfrucht	
une papaye [ynpapaj]	eine Papaya	
un ananas [ɛ̃nanana(s)]	eine Ananas	La mangue, la papaye et l'ananas, ce sont des fruits exotiques.
une noix [ynnwa]	eine (Wal)Nuss	
une noix de coco [ynnwad(ə)koko]	eine Kokosnuss	On trouve les noix de coco dans les cocotiers.
toujours pas de traces de ... [tuʒurpad(ə)trasdə]	immer noch keine Spur von ...	
vive, vif [viv, vif]	kräftig, hell	
un foulard [ɛ̃fular]	ein Halstuch, ein Schal	
nouer [nwe]	binden, zusammenknoten	
discuter [diskyte]	diskutieren, sich unterhalten	Séraphin aime beaucoup discuter avec sa grand-mère. C'est une femme très intéressante.

un accent [ɛ̃naksɑ̃]	ein Akzent	
une surprise [ynsyrpriz]	eine Überraschung	Quelle surprise!
Maintenant que le cauchemar est terminé ... [mɛ̃tnɑ̃kələkoʃmarɛtɛrmine]	Jetzt, wo der Alptraum beendet ist ...	

12A1

un puzzle [pœzl, pœzœl]	ein Puzzle	
Un pirate les amène sur le pont. (*Inf.:* amener qn) [ɛ̃piratlezamɛnsyrləpɔ̃]	Ein Pirat führt sie an Bord.	
porter [pɔrte]	tragen	Ahmadou porte des lunettes.

12A2

ramener [ramne]	zurückbringen, mitbringen	
créole [kreɔl]	kreolisch	

Paroles, paroles ...

C'est à qui? [sɛtaki]	Wer ist der / die Nächste?	
désirer [dezire]	wünschen	Vous désirez? – Je voudrais un ananas.
C'est à moi. [sɛtamwa]	Ich bin der / die Nächste. Ich bin dran.	C'est à qui? – C'est à moi.
Et avec ça? [eavɛksa]	Sonst noch etwas?	
Merci, c'est tout. [mɛrsisɛtu]	Danke, das ist alles.	Et avec ça? – Merci, c'est tout.
coûter [kute]	kosten	Ça coûte 3 francs.

12A3

accorder [akɔrde]	angleichen	
la cannelle [lakanɛl]	Zimt	
un klaxon [ɛ̃klaksɔn]	eine Hupe	
une auto(mobile) [ynoto, ynotomɔbil]	ein Auto	
une Martiniquaise, un Martiniquais [ynmartinikɛz, ɛ̃martinikɛ]	ein(e) Einwohner(in) von Martinique	
un stand [ɛ̃stɑ̃d]	ein (Verkaufs)Stand	
C'est combien? [sɛkɔ̃bjɛ̃]	*hier:* Was kostet das? Was macht das?	
un kilo(gramme) [ɛ̃kilɔgram]	ein Kilo	C'est combien? – 9 francs le kilo.
bon marché [bɔ̃marʃe]	billig, günstig	Un franc pour un ananas? Ce n'est pas cher, c'est bon marché.
appeler [aple]	rufen	j'appelle, nous appelons, ils / elles appellent
vendre [vɑ̃dr]	verkaufen	Les marchands vendent des fruits au marché.
choisir [ʃwazir]	(aus)wählen, aussuchen	je choisis, tu choisis, il / elle choisit, nous choisissons, vous choisissez, ils / elles choisissent
acheter qch [aʃte]	etw. kaufen	j'achète, nous achetons, ils / elles achètent; ≠ vendre
répondre à qn / qch [repɔ̃dr]	(be)antworten	Les élèves répondent aux questions du professeur.
payer [peje]	bezahlen	je paie, nous payons, ils / elles paient
un litre [ɛ̃litr]	ein Liter	Je voudrais un litre de lait, s.v.p.
un pot [ɛ̃po]	ein (Marmeladen)Glas	Où est le pot de confiture? – Sur la table.
un paquet [ɛ̃pakɛ]	ein Paket	Dodo va chercher un paquet de café à l'épicerie.
un jus de fruit [ɛ̃ʒydfrɥi]	ein Fruchtsaft	Qu'est-ce que vous prenez? – Un jus de fruit, s'il vous plaît.
la Martinique [lamartinik]	Martinique *(Insel in der Karibik)*	En Martinique, on parle français.
une des plus grandes [yndeplygrɑ̃d]	eine der größten	
la Guadeloupe [lagwadlup]	die Insel Guadeloupe	
un département [ɛ̃departəmɑ̃]	ein Departement *(Verwaltungsbezirk; vgl. Regierungsbezirk in Deutschland)*	
... heures d'avion [œrdavjɔ̃]	... Flugstunden	
l'Amérique du Nord *(f.)* [lamerikdynɔr]	Nordamerika	
une capitale [ynkapital]	eine Hauptstadt	
officielle, officiel [ɔfisjɛl]	offiziell	
la langue courante [lalɑ̃gkurɑ̃t]	die Umgangssprache	
au temps de l'esclavage [otɑ̃dəlɛsklavaʒ]	zur Zeit der Sklaverei	

dix-septième [di(s)sɛtjɛm]	siebzehnte(-r, -s)	
dix-neuvième [diznœvjɛm]	neunzehnte(-r, -s)	
un siècle [ɛ̃sjɛkl]	ein Jahrhundert	
(s') installer [ɛ̃stale]	einrichten, sich niederlassen	

12A4

un jeu [ɛ̃ʒø]	ein Spiel	On fait un jeu? – D'accord, on joue au Monopoly.
sur [syr]	über	
une altitude [ynaltityd]	eine Höhe	
Montagne Pelée [mɔ̃taɲpəle]	*Berg auf Martinique*	
(être) née, né [ne]	geboren (sein)	
A quel âge? [akɛlaʒ]	In welchem Alter?	

12B

le héros [ləero]	der Held	
à côté de ... [akotedə]	neben	
être perché sur ... [ɛtrəpɛrʃe]	sitzen auf ...	
une épaule [ynepol]	eine Schulter	
un air [ɛ̃nɛr]	eine Miene	
malicieuse, malicieux [malisjøz, malisjø]	schelmisch	
embrasser qn [ɑ̃brase]	küssen, umarmen	La maman embrasse sa fille quand elle va dormir.
Où étais-tu? [uetɛty]	Wo warst du?	
Holà! ['ɔla]	Halt! Langsam!	
pas tous à la fois [patusalafwa]	nicht alle auf einmal	
dire qch à qn [dir]	jdm. etw. sagen	je dis, tu dis, il / elle dit, nous disons, vous dites, ils / elles disent
raconter qch à qn [rakɔ̃te]	jdm. etw. erzählen	Le père raconte une histoire à son fils.
Ils sont partis. [ilsɔ̃parti]	Sie sind fort (gegangen).	
Ils ont vraiment disparu. [ilzɔ̃vrɛmɑ̃dispary]	Sie sind wirklich verschwunden.	
un moment [ɛ̃mɔmɑ̃]	ein Moment, ein Augenblick	Allô? Je voudrais parler à ..., s.v.p. – Un moment, s.v.p.
(être) rassurée, rassuré [rasyre]	beruhigt (sein)	
décider de faire qch [deside]	sich entschließen etw. zu tun	Les jeunes ont décidé de faire un voyage.
de fond en comble [dəfɔ̃tɑ̃kɔ̃bl]	von Grund auf, ganz und gar	
promettre qch à qn [prɔmɛtr]	jdm. etw. versprechen	
malgré la fatigue [malgrelafatig]	trotz der Müdigkeit	
ronfler [rɔ̃fle]	schnarchen	
Le bateau est hanté. [ləbatoɛɑ̃te]	Auf dem Boot spukt es.	
un voyage [ɛ̃vwajaʒ]	eine Reise	Tous les ans, ma famille fait un voyage en Italie.
le temps [lətɑ̃]	*hier:* die Zeit	Tu m'écris? – Non, je n'ai pas le temps.
Qu'est-ce qui va encore leur arriver? [kɛskivaɑ̃kɔrlœrarive]	Was wird ihnen noch alles passieren?	
un sort [ɛ̃sɔr]	ein Fluch	
jeter un mauvais sort à qn [ʒəteɛ̃mɔvɛsɔr]	jdn. verhexen	

12B1

dans la rue [dɑ̃lary]	auf der Straße	
sourire à qn [surir]	jdm. zulächeln	s. rire
demander qch à qn [dəmɑ̃de]	jdn. etw. fragen	Quelle heure est-il? – Je ne sais pas. Demande à Ahmadou.
se promener [səprɔmne]	spazieren gehen	
proposer qch à qn [prɔpoze]	jdm. etw. vorschlagen	Marion propose à Christian d'aller à la plage.
expliquer qch à qn [ɛksplike]	jdm. etw. erklären	Le professeur explique la grammaire aux élèves.
poser une question à qn [pozeynkɛstjɔ̃]	jdm. eine Frage stellen	Séraphin pose une question à Christian.
téléphoner à qn [telefɔne]	jdn. anrufen	Il lui téléphone tous les jours, parce qu'il l'aime beaucoup.

Atelier

lui [lɥi]	ihm, ihr *(indirektes Objekt)*	Est-ce que tu écris à ta copine? – Non, je ne lui écris pas. Je lui téléphone.
leur [lœr]	ihnen *(indirektes Objekt)*	Les élèves posent des questions au professeur et il leur répond.

12B2

une question [ynkɛstjɔ̃]	eine Frage	Ma petite sœur pose beaucoup de questions.
la curiosité [lakyrjozite]	die Neugier	
inviter qn [ɛ̃vite]	jdn. einladen	

12B3

Quelle cacophonie! [kɛlkakɔfɔni]	Was ist das für eine Katzenmusik!	
rencontrer qn [rɑ̃kɔ̃tre]	jdn. treffen, *hier:* kennen lernen	

13

une énigme [ynenigm]	ein Rätsel	
réveiller qn [reveje]	jdn. (auf)wecken	
se calmer [səkalme]	sich beruhigen	
un danger [ɛ̃dɑ̃ʒe]	eine Gefahr	
les esprits [lezɛspri]	die Gemüter	
l'humeur *(f.)* [lymœr]	die Laune	
attendre qn / qch [atɑ̃dr]	auf jdn. / etw. warten	Tu m'attends?
l'impatience *(f.)* [lɛ̃pasjɑ̃s]	die Ungeduld	
une enveloppe [ynɑ̃vlɔp]	ein Umschlag	
poser [poze]	stellen, legen	Tu peux poser tes affaires sur la table.
délicatement *(adv.)* [delikatmɑ̃]	fein, *hier:* vorsichtig	
un morceau [ɛ̃mɔrso]	ein Stück	Est-ce que vous voulez un morceau de fromage?
un parchemin [ɛ̃parʃəmɛ̃]	ein Pergament, eine Urkunde	
sans rien dire [sɑ̃rjɛ̃dir]	ohne irgendetwas zu sagen	
bouger [buʒe]	sich bewegen	
une idée [ynide]	eine Idee, ein Einfall	Qu'est-ce qu'on fait ce soir, tu as une idée? – On peut aller au cinéma.
une recherche [ynrəʃɛrʃ]	eine Suche	
réussir à [reysir]	etw. zu Stande bringen, Erfolg haben	
localiser [lɔkalize]	lokalisieren, orten	
un golfe [ɛ̃gɔlf]	ein Golf	
ancienne, ancien [ɑ̃sjɛn, ɑ̃sjɛ̃]	alt; *hier:* ehemalig	
un repaire [ɛ̃r(ə)pɛr]	ein Schlupfwinkel	
se rendre à [sərɑ̃dr]	irgendwohin gehen	
aussitôt [osito]	sofort, gleich	
pour la première fois [purlaprəmjɛrfwa]	zum ersten Mal	
arriver à faire qch [ariveafɛr]	etw. zu Stande bringen, bewältigen	
mettre le cap sur ... [mɛtrəl(ə)kapsyr]	Kurs nehmen auf ...	
un but [ɛ̃by(t)]	ein Ziel	
toucher au but [tuʃeoby(t)]	nahe am Ziel sein	
une ruine [ynrɥin]	eine Ruine	
Eurêka! [øreka]	Heureka! *(griech.: Ich habe es gefunden!)*	
donner sa langue au chat [dɔnesalɑ̃goʃa]	das Raten aufgeben	
un blablabla *(fam.)* [ɛ̃blablabla]	ein Geschwafel	
approcher [aprɔʃe]	sich nähern	
déserte, désert [dezɛrt, dezɛr]	unbewohnt, einsam, verlassen	
se diriger vers [sədiriʒevɛr]	zugehen auf	
une forteresse [ynfɔrtərɛs]	eine Festung	La forteresse est déserte.
par là [parla]	dort in der Gegend	
une jungle [ynʒɛ̃gl]	ein Dschungel	
on se croirait dans la jungle [ɔ̃s(ə)krwarɛdɑ̃laʒɛ̃gl]	man kommt sich vor wie im Dschungel	
se piquer avec [səpike]	sich stechen an	
les ronces [lerɔ̃s]	die Dornenzweige	
attentive, attentif [atɑ̃tiv, atɑ̃tif]	aufmerksam	

abandonnée, abandonné [abɑ̃dɔne]	verlassen	
une broussaille [ynbrusaj]	ein Gestrüpp, ein Dickicht	
une mauvaise herbe [ynmɔvɛzɛrb]	ein Unkraut	
pousser [puse]	wachsen	
une pierre [ynpjɛr]	ein Stein	
une file [ynfil]	eine Reihe	
indienne, indien [ɛ̃djɛn, ɛ̃djɛ̃]	indianisch	
en file indienne [ɑ̃filɛ̃djɛn]	im Gänsemarsch	
pousser un cri [puseɛ̃kri]	schreien, einen Schrei ausstoßen	
un cri [ɛ̃kri]	ein Schrei	
Qu'est-ce qui te prend? *(fam.)* [kɛskitprɑ̃]	Was ist mit dir los?	
une chauve-souris [ynʃovsuri]	eine Fledermaus	
plus ... que ... [plys...kə]	mehr ... als ...	
une suite [ynsɥit]	eine Fortsetzung	
un bâtiment [ɛ̃batimɑ̃]	ein Gebäude	
une salle [ynsal]	ein Saal	Un château est un bâtiment avec de grandes salles.
plus petite, petit [plyp(ə)tit, plyp(ə)ti]	kleiner	
envahie, envahi [ɑ̃vai]	*pp von* envahir (*hier:* überwuchert)	
une entrée [ynɑ̃tre]	ein Eingang	Où est l'entrée de ce bâtiment?
secrète, secret [səkrɛt, səkrɛ]	heimlich, Geheim-	Dans une forteresse, il y a beaucoup d'entrées secrètes.
allumer [alyme]	anzünden, einschalten	Il fait sombre. Est-ce que tu peux allumer la lampe de poche, Dodo?
hésiter [ezite]	zögern	
une oubliette [ynublijɛt]	ein Verlies	
Si c'étaient des oubliettes? [sisetɛdezublijɛt]	Es ist vielleicht ein Verlies!	
tirer au sort [tireosɔr]	auslosen	
qui descendra le premier [kidesɑ̃dral(ə)prəmje]	wer zuerst hinabsteigen wird	
Am stram gram ... [amstramgram...]	*franz. Kinderreim, Abzählvers*	
courageuse, courageux [kuraʒøz, kuraʒø]	mutig	
Chacun retient son souffle. [ʃakɛ̃r(ə)tjɛ̃sɔ̃sufl]	Alle halten den Atem an.	
la fin [lafɛ̃]	das Ende	La fin de ce film est triste.
plus bas [plyba]	*hier:* weiter unten	
un squelette [ɛ̃skəlɛt]	ein Skelett	
Il descend l'escalier à son tour. [ildesɑ̃lɛskaljeasɔ̃tur]	Er geht die Treppe auch hinunter.	
Nous l'avons trouvé! [nulavɔ̃truve]	Wir haben ihn gefunden!	
avoir du mal à faire qch [avwardymalafɛr]	Schwierigkeiten haben etw. zu tun	
donner un coup de pied [dɔneɛ̃kudpje]	einen Fußtritt versetzen	
un couvercle [ɛ̃kuvɛrkl]	ein Deckel	
Il est très déçu. [ilɛtrɛdesy]	Er ist sehr enttäuscht.	
Si au moins, on était au Château d'If. [siomwɛ̃ɔ̃netɛoʃatodif]	Wenn wir wenigstens beim Château d'If wären.	
A ces mots ... [asemo]	Auf diese Worte hin ...	
... la lampe de poche s'éteint. [lalɑ̃pdəpɔʃsetɛ̃]	... geht die Taschenlampe aus.	
Comme si Séraphin avait prononcé une formule magique. [kɔmsiserafɛ̃avɛprɔnɔ̃seynfɔrmylmaʒik]	So als ob Séraphin einen Zauberspruch ausgesprochen hätte.	
un couloir [ɛ̃kulwar]	ein Gang, ein Korridor	
Les voilà emportés hors du château. [levwalaɑ̃pɔrteɔrdyʃato]	Und jetzt werden sie aus dem Schloss herausgeschleudert.	
entraîner [ɑ̃trene]	mit sich reißen	
Ils s'envolent. [ilsɑ̃vɔl]	Sie fliegen weg.	
un atterrissage [ɛ̃naterisaʒ]	eine Landung	
violente, violent [vjɔlɑ̃t, vjɔlɑ̃]	hart, brutal	
les fesses par terre [lefɛspartɛr]	mit dem Hintern auf dem Boden	
un peu plus loin [ɛ̃pøplylwɛ̃]	ein bisschen weiter weg	
cassée, cassé [kase]	kaputt, zerbrochen	

Das alphabetische Register enthält sowohl den aktiven als auch den passiven Wortschatz mit Angabe der Fundstelle des erstmaligen Vorkommens und der deutschen Übersetzung. Das aktive Vokabular wird hier lediglich durch die Hervorhebung der Fundstelle gekennzeichnet, z. B.:
un bateau 1A1 ein Boot > Episode 1A Übung 1 (aktiver Wortschatz)
une aile 11A ein Flügel > Episode 11A (passiver Wortschatz).
Vokabeln, die zunächst passiv vorkommen und erst später aktiv benutzt werden, erhalten zwei Fundstellen, z. B.:
alors 3A (passiv), **4C** (aktiv).
Bei der Tilde ~ muss jeweils die übergeordnete Vokabel eingefügt werden, z. B.:
un age, Tu as quel ~? Tu as quel age?

Abkürzungen

1A	Episode 1A	2BAt	Episode 2B, Atelier
1A1	Episode 1A, Übung 1	2BP	Episode 2B, Paroles, paroles ...

A

à 3A3 (hin)zu / auf / in / an / nach
~ bientôt **1B4P** bis bald
~ l'aide! 6A Hilfe!
~ l'envers 10B verkehrt / falsch herum; durcheinander
~ toi! 1A, **1B1** du bist dran
~ tout à l'heure 1B4P bis gleich
~ une vitesse infernale 11B mit einer wahnsinnigen Geschwindigkeit
abandonnée, abandonné 13 verlassen
l'ABC *(m.)* 9A4 das ABC
abordage, A l'~! 9C Entert das Schiff!
absolument *(adv.)* 6A unbedingt
un accent 12A ein Akzent
accompagner 6A begleiten
accorder 12A3 angleichen
acheter (qch) 7A4, **12A3** (etw.) kaufen
Adieu! 8C Lebe wohl! Ade!
adorer 4B2 (sehr) lieben
J'adore les sandwichs au camembert. 2B Ich liebe Sandwiches mit Camembert.
une adresse 6A1 eine Adresse
s'adresser à qn 12A jdn. ansprechen, sich an jdn. wenden
un aéroport 6A1 ein Flughafen
les affaires 5A, **6A** Sachen *(Kleider, persönliche Gegenstände)*
une Africaine, un Africain 12A eine Afrikanerin, ein Afrikaner
l'Afrique *(f.)* **7C** Afrika
un âge 6A1 ein Alter
A quel ~? 12A4 In welchem Alter?
Tu as quel ~? **6A1P** Wie alt bist du?
agir, Il faut ~. 9 Wir müssen handeln.
Ah, non! 1A Oh nein!
aide, à l'~ de ... 9A5 mit Hilfe von ...
aider qn 8B jdm. helfen
Aide-moi. 2C Hilf mir.
Aidez-nous. 2A2 Helft / helfen Sie uns.
une aile 11A ein Flügel
aimer 4B3 lieben, mögen
Je t'aime. 6A3P Ich liebe dich.
~ mieux faire qch 7B etw. lieber tun
J'aimerais boire quelque chose. 5C Ich möchte gern etwas trinken.
l'air *(m.)* 7C die Luft; 12B *hier:* die Miene
De l'~! 9C Luft!
prendre l'~ 7C frische Luft schnappen
ajouter qch 5C etw. hinzufügen
Alerte! 10B Alarm!
Allah 8B3 Allah *(islamische Bezeichnung für Gott)*
l'Allemagne *(f.)* **6A1At** Deutschland
une Allemande, un Allemand 4A, **6A1At** eine Deutsche, ein Deutscher
allemande, allemand 6A1At deutsch
aller (à ...) 3A3 gehen (zu / auf / in / nach / an ...)
J'y vais. **3A** Ich gehe hin.
Je m'en vais. 4B Ich gehe weg.
On y va? **3A** Gehen wir (hin)?
un ~ et retour **5A3P** eine Hin- und Rückfahrt
un ~ simple **5A3P** eine einfache Fahrt
~ voir **7A** nachsehen, nachschauen
Va voir. **6B** Schau mal nach.
nous sommes allés 8B wir sind gegangen
Allez, on continue. 1B Los, machen wir weiter.
Allez, vas-y! 1A Los, auf!
Comment allez-vous? **1B1** Wie geht es Ihnen?
Ça va? **1B1** Wie geht's?
Ça va bien. **2A1** Es geht (mir / uns) gut.
Ça va. **2A1** Es geht.
Ça va mal. **2A1** Es geht (mir / uns) schlecht.
Ça va comme ça. 5A1 Das geht schon so.
il va nous aider 5A er wird uns helfen
allumer 13 anzünden, einschalten
allures et voiles 9A Takelage
alors 3A, **4C** also, nun, dann
Et ~? 8B Na und?
l'alphabet *(m.)* **9A2** das Alphabet
l'~ morse *(m.)* 9A2 das Morsealphabet
une altitude 12A4 eine Höhe
amener qn 12A1 jdn. bringen, führen
américaine, américain 6A1At amerikanisch
l'Américaine, l'Américain 6A1At die Amerikanerin, der Amerikaner
l'Amérique du Nord *(f.)* 12A3 Nordamerika
une amie, un ami 1B5 eine Freundin, ein Freund
amusante, amusant 6A3P lustig, witzig
s'amuser 11A sich amüsieren, Spaß haben
un an 4B2, **6A1** ein Jahr
J'ai ... ans. **6A1P** Ich bin ... Jahre alt.
un ananas 12A eine Ananas
ancienne, ancien 13 alt; *hier:* ehemalig
une ancre 8A ein Anker
un âne 5A ein Esel
anglaise, anglais 6A1At englisch
l'Anglaise, l'Anglais 6A1At die Engländerin, der Engländer
l'Angleterre *(f.)* **6A1At** England
un animal; des animaux 4B2, **10B5** ein Tier
un ~ fantastique 10B5 ein Fabeltier
les Antilles *(f.)* **9A5** die Antillen *(Inselgruppe in der Karibik)*
apercevoir 8A sehen, bemerken, *hier:* sichten
toute personne susceptible d'~ ce voilier 7B jeder, der das Schiff sichtet
aperçu 7B das gesehen wurde
un appareil-photo 1B5 ein Fotoapparat
appeler 12A3 rufen
s'appeler 1B1 heißen
je m'appelle ... **1B1** ich heiße ...

Tu t'appelles comment? **1B1** Wie heißt du?
il s'appelle **4B2** er heißt
l'appétit *(m.)* 7A der Hunger
Bon ~! **7B3** Guten Appetit!
manger d'un bon ~ *(fam.)* 7A mit gutem Appetit essen
apporter qch 5C jdm. etw. (mit) bringen
apprendre à faire qch 9A2 lernen etw. zu tun
(s') approcher de qch 8A1 sich etw. nähern
après 5C nach
l'après-midi *(m.)* **7B1** der Nachmittag, am Nachmittag, nachmittags
arabe 6A1At arabisch
en ~ 5C auf Arabisch
une arachide 8B eine Erdnuss
une araignée 10B eine Spinne
un arbre 5A ein Baum
l'argent *(m.)* **5A2** das Geld;
7A *hier*: das Silber
en ~ *(m.)* 7A aus Silber
armée, armé 11A bewaffnet
arrêter de faire qch 5C aufhören etw. zu tun
J'arrête. 1A Ich höre auf.
arrête de ... 2A2 hör auf zu ...
Arrête avec ta famille. 5A Hör auf mit deiner Familie.
Arrêtez de crier. 4B Hört auf zu schreien.
Arrêtez de vous disputer. 6B Hört auf, euch zu streiten.
s'arrêter 5A anhalten
arrière, à l'~ 4B1 hinten
un arrivage 12A eine Lieferung
une arrivée 8B3 eine Ankunft
arriver 2B2At ankommen
j'arrive **2A2** ich komme
~ à faire qch 13 etw. zu Stande bringen, bewältigen
une aspirine 7C3 ein Aspirin
s'asseoir 12A sich hinsetzen
assis par terre 5B auf dem Boden sitzend
assez (de ...) 10B genug
une assiette 3B ein Teller
assure, Je t'~! 6B Das kannst du mir glauben! Das garantiere ich dir!
un atelier 1B5 eine Werkstatt, *hier:* Sprachwerkstatt
attacher 11A festbinden, fesseln
Ils leur attachent les poignets. 11A Sie fesseln sie an den Handgelenken.
attendre qn / qch 5C, **13** auf jdn. / etw. warten
Tu peux toujours ~. 9A Du kannst ja warten, wenn du willst.
Attends! 4A Warte!
Attention! 4A, **5B** Vorsicht! Achtung! *hier:* Aufgepasst!
attentive, attentif 13 aufmerksam
un atterrissage 13 eine Landung
au revoir 1B4 auf Wiedersehen
Au secours! 6A Hilfe!
aujourd'hui 5A, **7B4** heute
aussi 2A3 auch
aussitôt 13 sofort, gleich
une auto(mobile) 12A3 ein Auto
un autobus 5A4 ein Autobus
l'automne *(m.)* **10A2** der Herbst
en ~ **10A2** im Herbst
autour de ... 8C um ... herum
autre 5A3 andere, anderer, anderes
une autruche 10B5 ein Strauß *(Vogel)*
avancer 9C vorwärts kommen, vorwärts gehen
s'avancer vers qn / qch 6A auf jdn. / etw. zugehen
avant, à l'~ 6B vorne
avec 3A3 mit
une avenue 8B1 eine Avenue, eine Prachtstraße
aveugler 12A blenden
un avion 1A1 ein Flugzeug
un avis de recherche 4A eine Suchmeldung
avoir 2C1 haben
Ils n'ont pas de fourchettes? 5C Haben sie keine Gabeln?
~ besoin de qch **9B1** etw. brauchen
~ de la chance 5A1 Glück haben
~ envie de faire qch 9B Lust haben etw. zu tun
Je n'ai pas envie de travailler. 9B Ich habe keine Lust zum Arbeiten.
~ envie de vomir 7C sich erbrechen müssen
~ l'air sympa **11A** sympathisch aussehen
~ raison **6B** Recht haben

B

bâbord, à ~ 8A nach Backbord, auf der linken Schiffsseite
une bague 9C1 ein Fingerring
une baguette 7A1 ein Stangenweißbrot
un baladeur 1B5 ein Walkman
un balai 9B1 ein Besen
un balai-brosse 9B1 ein Schrubber
un ballon 1A1 ein Ball
une banane 10B eine Banane
un bananier 10B eine Bananenstaude
une bande 8A eine Bande, *hier:* ein Streifen
les bandes dessinées 9A3 die Comics
Bande d'idiots. 4C Ihr Dummköpfe.
un bandeau 11B3 eine Augenbinde
une banque 5A1 eine Bank
une banquette 3B eine (Sitz)Bank
un baobab 8B ein Affenbrotbaum
barbue, barbu 12A bärtig
un baromètre 9A ein Barometer
la barre 10A die Ruderpinne
un bateau 1A1 ein Boot
un ~ prêt à partir 6A ein Boot, das startklar ist
un bâtiment 13 ein Gebäude
beaucoup 4B3P sehr, viel
~ d'autres 4B2 viele andere
~ de monde 5B viele Leute
un bébé 4B3 ein Baby
belle, beau, bel 9C1 schön
Il fait beau. **10A2** Es ist schön. Die Sonne scheint.
la belote 4A4 *(französisches Kartenspiel)*
ben *(fam.)* 1B6 also, och, nun
~ quoi? *(fam.)* 1A Also was (ist)?
bête *(fam.)* 5A1 dumm, blöd
une bêtise 4B4 eine Dummheit, Blödsinn
Beurk! 3B Bäh! Pfui!
le beurre 7A1 die Butter
bien *(adv.)* 4B1, **11A1At** gut
C'est ~ la côte! 10B Es ist wirklich / tatsächlich die Küste!
~ sûr **4A4** natürlich, selbstverständlich
J'ai ~ trop peur pour dormir. 6B Ich habe (viel) zu viel Angst um zu schlafen.
bientôt 12A bald
un bijou; des bijoux 11A ein Schmuckstück
un billet 5A1 ein Fahrschein, ein Ticket;
11A *hier:* ein Geldschein
une biscotte 7A ein Zwieback
un biscuit 2C2 ein Keks
une bise 5C3 ein Küsschen
bizarre 3B, **6B** seltsam, komisch
bizarrement *(adv.)* 10B1 seltsam, komisch
un blablabla *(fam.)* 13 ein Geschwafel
blanche, blanc 5B weiß
être toute ~, être tout ~ 7C ganz blass sein
bleue, bleu 5B1At blau
Bof 2A2 Na ja ...
boire 5C, **7A2** trinken
(qch) à ~ 8B (etw.) zu trinken
une boisson 9C5 ein Getränk
une boîte de conserve 3B, **3B** eine Konservendose
un bol 3B eine Trinkschale
un bonbon 7A5At ein Bonbon
bonjour 1B1 guten Tag
bonne, bon 6B4At gut
bon marché **12A3** billig, günstig
C'est bon. 2B Das ist / schmeckt gut.
Bonnes vacances! 1A Schöne Ferien!
Bons à rien! 11A Ihr Taugenichtse!
bord, à ~ 4C an Bord
borgne 11A einäugig
une botte 9C1 ein Stiefel
un boubou 8B *Tunika, langes Kleid der Schwarzafrikaner*
la bouche 7C2 der Mund

une boucle d'oreille 7A ein Ohrring
une bouée de sauvetage 2C2 ein Rettungsring
bouger 13 sich bewegen
le voilà qui bouge 1B7 und jetzt bewegt es sich
une boulangerie 7A4 eine Bäckerei
un boulevard 6A1 ein Boulevard *(breite Straße)*
boulot, Au ~! 9A An die Arbeit!
une boum *(fam.)* **4B3** eine Fete, eine Party
un bouquet 5C ein Strauß, *hier:* ein Bund
une bourse 9C eine Geldbörse
bout, à ~ de forces 10A am Ende seiner Kräfte
une bouteille 1A1 eine Flasche
une boutique 5B, **8B2** ein Laden
une branche 8C ein Ast, ein Zweig
un bras 7C2 ein Arm
le Brésil 6B1At Brasilien
briller 10A scheinen
(se) briser 10A zerbrechen
une brosse 9B1 eine Bürste
une ~ à cheveux **9B1** eine Haarbürste
une ~ à dents **9B1** eine Zahnbürste
le brouillard 10A2 der Nebel
une broussaille 13 ein Gestrüpp, ein Dickicht
la brousse 8B der Busch *(tropische Gegend in Afrika)*
en pleine ~ 8C mitten im Busch
un bruit 7A ein Geräusch, ein Lärm
brûlante, brûlant 9C (glühend) heiß
un bus 5A ein Bus
un but 13 ein Ziel
un butin 11A3 eine Beute

C

c'est à ... d'ici 5A4 es ist / liegt ... von hier entfernt
C'est à moi. 12A2P Ich bin der / die Nächste. Ich bin dran.
C'est à qui? 12A2P Wer ist der / die Nächste?
C'est ça. 8B1 Richtig. Genau.
C'est nous! 4A Das sind wir!
ça 5A3P das, es
~ alors! 1B6 Na so was!
~ ne vous rappelle rien cette carte? 7C Erinnert euch diese Karte nicht an etwas?
~ sent trop mauvais. 3B Es stinkt zu sehr.
~ vient peut-être du Château d'If. 1B Das kommt vielleicht vom Château d'If.
~ y est! 6A Jetzt haben wir's.
Et avec ~? **12A2P** Sonst noch etwas?
une cabine 3B1 eine Kabine, *hier:* Schlafkoje
(se) cacher 6A, **10B** (sich) verstecken, *hier:* verbergen
cacophonie, Quelle ~! 12B3 Was ist das für eine Katzenmusik!
le café 5A3 der Kaffee
le ~ au lait **7A1** der Milchkaffee
un café 3A3 ein Café, eine Kneipe
un cahier 4A3 ein Heft
une cale 3B, **3B1** ein Schiffsraum, ein Laderaum
calme 9C ruhig
Du ~! 8A Ruhe!
se calmer 13 sich beruhigen
un camping 1A1 ein Campingplatz
Au ~ 3A3 Auf dem Campingplatz
le Canada 6B1At Kanada
une canne 7A ein (Geh)Stock
une ~ à pêche 9B eine Angelrute
la cannelle 12A3 Zimt
un canot de sauvetage 8A ein Rettungsboot
le cap 9A *hier:* der Kurs, die Richtung
un capitaine 3A, **9B** ein Kapitän
une capitale 12A3 eine Hauptstadt
un car 8B3 ein (Reise)Bus
une carambole 12A eine Sternfrucht
caresser 10B streicheln
le carnaval 9C3 der Karneval, der Fasching
un carré 6B *hier:* ein Gemeinschaftsraum
une carte 6A1 eine Karte
une ~ de débarquement 6A1 *Karte, die ausgefüllt werden muss, wenn man in einem Hafen an Land geht*
une ~ marine 9A1 eine Seekarte
en tout cas 7A jedenfalls
casse-pieds, Quel(le) ~! *(fam.)* 6A Was für eine Nervensäge!
casses les pieds, Tu me ~. *(fam.)* 6A3P Du gehst mir auf den Wecker.
cassée, cassé 13 kaputt, zerbrochen
une casserole 3B ein Topf
une cassette 2B1 eine Kassette
une cathédrale 8B2 eine Kathedrale, ein Dom
un cauchemar 10A ein Alptraum
Maintenant que le ~ est terminé ... 12A Jetzt, wo der Alptraum beendet ist ...
un CD (un compact-disc) 4B2 eine CD
cent 11A hundert
un centime 5A2 ein Centime *(französische Münze)*
les céréales 7A1 das Müsli
une cérémonie 5C eine Zeremonie
un cerf-volant 10B ein Drachen *(Spielzeug)*
cette, ce, cet; ces 5B, **9C1** diese, dieser, dieses; diese *(Pl.)*
chacune, chacun 6B jede, jeder
une chaîne Hi-Fi 4B2 eine Stereoanlage
chair de poule, avoir la ~ 10B6 Gänsehaut haben
une chaleur 9C eine Wärme, *hier:* eine Hitze
une chaloupe 8A ein Beiboot
un chameau; des chameaux 5A ein Kamel
un champ 8B ein Feld
changer 5A1 wechseln, ändern
une chanson 2B1 ein Lied
chanter 2B1 singen
une chanteuse, un chanteur 9C5 eine Sängerin, ein Sänger
un chapeau; des chapeaux 7A ein Hut
chaque 10B5 jede, jeder, jedes
une charcuterie 7A4 eine Metzgerei
un château 1A, **1A1** ein Schloss
une chatte, un chat 10B5 eine Katze, ein Kater
chaude, chaud 7A1 warm, heiß
J'ai chaud. **2C1** Mir ist warm / heiß.
Il fait chaud. 5A3, **10A2** Es ist warm / heiß.
un chauffeur 5C4 ein Fahrer
une chaussure 9C1 ein Schuh
une chauve-souris 13 eine Fledermaus
un chef 5C1 ein Chef
un ~ de famille 5C1 ein Familienoberhaupt
un chemin 8B1P ein Weg
demander le ~ à qn **8B1** jdn. nach dem Weg fragen
une chemise 9C1 ein Hemd
chère, cher 5C3 liebe, lieber; 11A teuer
chercher 4A suchen
On nous cherche! 4A Sie suchen uns!
aller / venir ~ qn / qch **6A** jdn. / etw. holen
ma chérie, mon chéri *(fam.)* 7B3 mein Liebling, mein Schatz
un cheval; des chevaux 10B5 ein Pferd
les cheveux 7C2 die Haare
une chèvre 5A eine Ziege
chez 4B2, **5C** bei (jdm.), zu (jdm.)
une chienne, un chien 4B2 eine Hündin, ein Hund
le chocolat chaud 7A1 der heiße Kakao
choisir 8B2, **12A3** (aus)wählen, aussuchen
chouette *(fam.)* 3B, **4B3P** klasse, toll
Chut! 4A Pst!
le ciel 2C2 der Himmel
dans le ~ 2C2 am Himmel
Le ~ est couvert. **10A2** Es ist bedeckt.
une cigarette 4B3 eine Zigarette
un cinéma 3A4 ein Kino
un citron 5C eine Zitrone
une clairière 8C eine Lichtung
un clapotis 9C ein Plätschern
une classe 9A3 eine Klasse, ein Klassenzimmer
un clavier 7B eine Tastatur
clignoter 7B blinken
une clochette 5B ein Glöckchen
un clou 1B7 ein Nagel
un clown 4B4 ein Clown
un coca 5A3 eine Cola
un cochon 10B6 ein Schwein
un cockpit 3B1 ein Cockpit

un cocotier 10B eine Kokospalme
un coffre 9C eine Truhe
une coïncidence 7C ein Zufall
une colère 11A ein Zorn
rouge de ~ 11A rot vor Wut
se mettre en ~ 11A1 wütend werden
un collier 9C1 eine (Hals)Kette
combien de ...? 6B3 wie viele?
~ temps? 12A Wie lange?
combien, C'est ~? 12A3 *hier:* Was kostet das? Was macht das?
commander 9B befehlen
comme 8A3, **10B2** wie
~ ça 10B so
commencer (à) 6B anfangen (zu)
Ça commence à bien faire! *(fam.)* 9B Das reicht aber langsam!
comment 5C4 wie
un commissariat de police 3A3 ein Polizeirevier
comparer 4A3 vergleichen
un compas 9A5 ein Kompass
complètement *(adv.)* **10B** vollkommen, völlig
compléter (avec ...) 3B2 ergänzen (mit ...)
Complète avec ... 3B2 Ergänze mit ...
compliquée, compliqué 5C, **8B1** kompliziert
se composer de 5C bestehen aus
comprendre 6A verstehen
Je ne comprends pas. **4B1** Ich verstehe nicht.
compter 6B zählen
une comptine 1B7 ein Kinderreim
un concombre 5C eine Gurke
une confiture 3B eine Marmelade
connaître 10B kennen
connue, connu 5C bekannt
conseil, Donne un ~. 7C3 Gib einen Rat(schlag).
contente, content de 5C froh, glücklich über
continuer 6A weitermachen; **8B1** *hier:* weitergehen
Continue. 1B5 Mach weiter. Fahre fort.
une copine, un copain *(fam.)* **1B4** eine Freundin, ein Freund
un coquillage 1A1 eine Muschel
corriger 10B1 korrigieren
un costume 9C3 ein Kostüm
la côte 10B die Küste
la Côte d'Ivoire **6A1At** die Elfenbeinküste
côté, à ~ de ... 12B neben
se coucher 5C schlafen gehen, sich hinlegen
une couchette 6B ein Schlafplatz, *hier:* eine Koje
une couleur 5B eine Farbe
de toutes les couleurs 5B bunt
un couloir 13 ein Gang, ein Korridor
un coup de pied, donner ~ 13 einen Fußtritt versetzen
couper 5C schneiden
courageuse, courageux 13 mutig
courir 10B6 laufen, rennen
Il court comme un lapin. 10B6 Er flitzt / saust davon.
les courses 7A3 die Einkäufe
un couscous 5C Kuskus *(typisches nordafrikanisches Gericht aus Grieß, Gemüse und Fleisch)*
une cousine, un cousin 5A eine Cousine, ein Cousin
un couteau; des couteaux 7A ein Messer
coûter 12A2P kosten
un couvercle 13 ein Deckel
couverte, couvert 12A bedeckt, voll von / mit ...
se couvrir de 12A sich bedecken mit
se cramponner 10A sich festklammern
un crayon 11A3At ein Bleistift
une crémerie 7A4 *ein Geschäft, in dem Milchprodukte verkauft werden*
une créole 7A *großer, runder Ohrring*
créole 12A2 kreolisch
crevé, Je suis ~. 6B Ich bin kaputt, total fertig.
un cri 13 ein Schrei
crier 5B, **8A** schreien
... nous crie Abdoulaye. 8C ... ruft uns Abdoulaye zu.
un crochet 11B3 ein Haken
croire qn 7B4 jdm. glauben
~ au Père Noël 7C an den Weihnachtsmann glauben
on se croirait dans la jungle 13 man kommt sich vor wie im Dschungel
un croissant 7A1 ein Croissant
une cuillère 5C ein Löffel
une ~ à soupe 5C *hier:* ein Esslöffel
une cuisine 3B eine Küche
le cuivre 5B Kupfer
les curieux 6A die Neugierigen
la curiosité 12B2 die Neugier
une cuvette 9B1 eine Waschschüssel

D

d'abord 3A3, **8B** zuerst, zunächst
d'accord 2B2 einverstanden, in Ordnung
d'où 2A3 woher
un danger 13 eine Gefahr
dangereuse, dangereux 10B gefährlich
dangereusement *(adv.)* 10A gefährlich
dans 3B2 in
~ le labyrinthe des souks 5B Im Labyrinth der Basare
danser 4A3 tanzen
dards, avec leurs ~ géants 10B mit ihren riesigen Stacheln
une date de naissance 6A1 ein Geburtsdatum
de 1B5 von; **2A3** aus
~ ... à ... **8B3** von ... bis ...
le débarquement 6A1 das Aussteigen *(Schiff)*
débarquer 8B von Bord / an Land gehen
déchiffrer 10B3 entziffern, entschlüsseln
décidément 11A also wirklich
décider de faire qch 6A, **12B** sich entschließen etw. zu tun
découvrir 10B entdecken
déçu, Il est très ~. 13 Er ist sehr enttäuscht.
dedans 3B hinein, *hier:* darin
dégoûtante, dégoûtant 9B widerlich, ekelhaft
un degré 10A2 ein Grad
dehors 10A1 draußen
déjà 4C, **5C** schon, bereits
délicatement *(adv.)* 13 fein, *hier:* vorsichtig
demain 9B2 morgen
à ~ **1B4** bis morgen
demander à qn 4B4, **12B1** jdn. etw. fragen
Demande à ta voisine / à ton voisin. 2C4 Frage deine Nachbarin / deinen Nachbarn.
demie, demi 7B1 (ein) halb
demi-tour, faire ~ 10B1 umkehren
une dent 9B ein Zahn
du dentifrice 9B1 Zahnpasta
un départ 8B3 eine Abfahrt
un département 12A3 ein Departement *(Verwaltungsbezirk; vgl. Regierungsbezirk in Deutschland)*
se dépêcher 8A1At sich beeilen
Dépêche-toi. 6A Beeil dich!
Dépêchez-vous. 5A Beeilt euch!
depuis 4B2 seit, seitdem
derrière 8B1 hinter
des 2C2 *unbestimmter Artikel Plural (wird nicht übersetzt)*
descendre 5A4 hinuntergehen, herunterkommen, *hier:* aussteigen
On descend? 3B Gehen wir hinunter?
un désert 5B2 eine Wüste
déserte, désert 13 unbewohnt, einsam, verlassen
désirer 12A2P wünschen
dessiner 2B1 zeichnen
se ~ 7C sich abzeichnen, erkennbar werden
dessus 8C darüber, darauf
le déterminant possessif 5C1 der Possessivbegleiter
détester 4B3P hassen
deuxième 8B1P zweite, zweiter, zweites
devant 5B, **8B1** vor *(örtlich)*
devenir 8C werden
Devinez. 3A2 Ratet!
un devoir 4B4 eine Hausaufgabe
devoir 4B1 müssen, sollen
Ce doit être ... **7C1** Das muss ... sein. / Es ist bestimmt ...
... ne doit pas ... / ne doivent pas 10B3 ... darf nicht ... / dürfen nichtIl doit y avoir quelqu'un. 4B1 Es muss jemand da sein.

on doit être loin de ... 7C wir müssen weit von ... entfernt sein
Tu devrais te laver! 9B Du solltest dich waschen!
un dialogue 2B2 ein Dialog
Fais un ~ avec ta voisine / ton voisin. 2B2 Erstelle einen Dialog mit deiner Nachbarin / deinem Nachbarn.
un diamant 7C ein Diamant
un dictionnaire 9A4 ein Wörterbuch
une différence 11B1 ein Unterschied
difficile 5B schwierig
bien ~ 5B sehr schwierig
il est ~ de 5B es ist schwierig, zu ...
dimanche *(m.)* **7B3** Sonntag
dingue *(fam.)* 10B bekloppt
dire qch à qn 7C2, **12B** jdm. etw. sagen
Qu'est-ce que tu dis? **3A2P** Was sagst du?
on dit 1B4 man sagt
on dirait ... 7B, **7C1** es sieht aus wie / als ob ...
une direction 5A eine Richtung
en ~ de 5A in Richtung ..., nach ...
C'est la bonne ~? 2C Stimmt die Richtung?
On est toujours dans la bonne ~? 2B Stimmt die Richtung immer noch?
diriger 2B1 lenken
se ~ vers 13 zugehen auf
discuter 12A diskutieren, sich unterhalten
disparaître 10A verschwinden
Les nuages disparaissent. 10A Die Wolken verschwinden.
Il a disparu. 11B Er ist verschwunden.
Tout a disparu. 12A Alles ist verschwunden.
Ils ont vraiment disparu. 12B Sie sind wirklich verschwunden.
une dispute 4B ein Streit
Et vive les ~ et vogue la galère! 6B Es lebe der Streit und lassen wir den Dingen ihren Lauf.
se disputer 8A1At sich streiten
dix-neuvième 12A3 neunzehnte(-r, -s)
dix-septième 12A3 siebzehnte(-r, -s)
une djellaba 5B Dschellaba *(arabischer Kapuzenmantel)*
en ~ 5B mit einer Dschellaba bekleidet
donner qch à qn 5A1 jdm. etw. geben
Ça me donne soif. 9B Das macht mich durstig.
dormir 6B schlafen
une douche 3B1 eine Dusche
un drapeau 1A1 eine Fahne
droit, tout ~ 2B, **8B1** geradeaus
droite, à ~ 8B1 rechts
drôle 8A lustig, *hier:* komisch
Un ~ de bateau 4 Ein seltsames Boot
drôlement *(adv., fam.)* 8B1 ziemlich, wirklich
C'est drôlement sympa. *(fam.)* 6A3P Es ist wirklich nett.

E

l'eau *(f.)* **3B** das Wasser
l'~ douce *(f.)* **9B** das Süßwasser
une ~ minérale **5A3** ein Mineralwasser
échappé, Nous l'avons ~ belle! 8 Wir haben gerade noch mal Glück gehabt!
une écharpe 9C1 ein Schal
les échecs 4A4 Schach
une échelle 3A eine Leiter
une école 3A4 eine Schule
écouter 2B1 (an/zu)hören
Ecoute. 1A1 Hör zu.
un écran 7B ein Bildschirm
écrire 4A1, **7B** schreiben
eh bien ... 7B *hier:* also ..., nun ...
élégante, élégant 5C1 elegant
un éléphant 10B ein Elefant
une / un élève 6A1, **7B** eine Schülerin, ein Schüler
l'embarquement *(m.)* 6A1 das Einsteigen *(Schiff)*
(s') embrasser 8A, **12B** (sich) küssen, umarmen
une employée, un employé 5A1 eine Angestellte, ein Angestellter
emporter 8B3 mitnehmen
en 4B in / auf
~ anglais 4B2 auf Englisch
~ pleine mer 4B mitten auf dem Meer
enchantement, comme par ~ 10A wie durch ein Wunder
encore 4B1 noch einmal; **5A4** noch
Encore! 6A *hier:* Schon wieder!
ne ... pas ~ 9C2 noch nicht
s'endormir 8A1At einschlafen
un endroit 8B2 ein Ort
énerves, Tu m'~. 2A2, **2B2** Du gehst mir auf die Nerven.
une / un enfant 5B ein Kind
enfermer 11A einsperren
enfin 5A, **8A** endlich, schließlich
une énigme 13 ein Rätsel
énorme 5C riesig
ensemble 3A zusammen
ensuite 3A3, **8B1** danach
(s') entasser dans qch 10B in etw. hineinzwängen, (sich) zusammendrängen
entendre 6B hören
s'~ avec qn 10B6 sich mit jdm. verstehen, mit jdm. gut auskommen
entendue, entendu 8A3At *pp von* entendre
J'ai déjà entendu ce bruit-là quelque part. 11B Ich habe dieses Geräusch schon irgendwo einmal gehört.
entraîner 13 mit sich reißen
entre 11B1 zwischen
une entrée 13 ein Eingang
entrer dans 5B hineingehen, hereinkommen
envahie, envahi 13 *pp von* envahir *(hier:* überwuchert)
une enveloppe 13 ein Umschlag
s'envoler 13 wegfliegen
envoyer qch à qn 7B jdm. etw. schicken
épaisse, épais 5C dick
une épaule 12B eine Schulter
une épicerie 7A4 ein Lebensmittelgeschäft
une éponge 9B1 ein Schwamm
une époque 9C eine Zeit, eine Epoche
un équipage 9B1 eine Besatzung, *hier:* eine Mannschaft
un escalier 3B, **3B1** eine Treppe
espérer 11B2 hoffen
J'espère qu'il ne s'est pas noyé! 11B Ich hoffe, dass er nicht ertrunken ist.
les esprits 13 die Gemüter
essayer de faire qch 7B versuchen etw. zu tun
l'est *(m.)* 9A1, **9A5** der Osten
Est-ce que ... 5B1 *Einleitung einer Frage*
une estrade 12A ein Podium
et 1B1 und
une étagère 3B ein Regal
les États-Unis 6A1At die Vereinigten Staaten von Amerika, USA
l'été *(m.)* **10A2** der Sommer
en ~ **10A2** im Sommer
étrange 6A seltsam, komisch
être 3B2At sein
~ en vacances 5B im Urlaub sein, Ferien haben
ce sont ... **2C3** es sind ...
Il n'était pas là. 7A Er war nicht da.
qui étaient ... 12A die ... waren
Où étais-tu? 12B Wo warst du?
être à qn 6B2 jdm. gehören
C'est à elle / à lui. **6B2** Das gehört ihr / ihm.
C'est à elles / à eux. **6B2** Das gehört ihnen.
étroite, étroit 5B eng, schmal
Eurêka! 13 Heureka! *(griech.: Ich habe es gefunden!)*
l'Europe *(f.)* **10A2** Europa
une Européenne, un Européen 12A eine Europäerin, ein Europäer
eux 6A sie, *hier:* ihnen *(3. Pers. Pl.)*
un événement 9A ein Ereignis
un exemple 7B4 ein Beispiel
par ~ **7B4** zum Beispiel
un exercice 11A3 eine Übung
expliquer qch à qn 8B2, **12B1** jdm. etw. erklären
explorer 10B erforschen

F

facile 10B einfach
faible 10A2 schwach
la faim 2B der Hunger
J'ai ~. 2B, **2C1** Ich habe Hunger. Ich bin hungrig.
faire 4A2, **4B4** machen, tun
~ marcher qch **4A** (ein Gerät) bedienen
Fais attention à la voile. 1B Pass auf das Segel auf.

Fais gaffe. *(fam.)* 1B Pass auf.
Fais voir. 1B Zeig mal.
Si on faisait une lessive? 9B Wir könnten Wäsche waschen.
Ça fait combien? **5A3P** Wie viel macht das? Wie viel kostet das?
faite, fait 8A3At *pp von* faire
fameuse, fameux 5C berühmt
une famille 5A eine Familie
fantastique 10B5 fantastisch
un fantôme 7A ein Gespenst
fatiguée, fatigué 5C, **6B** müde
fausse, faux 9A1 falsch
faut (faire qch), il ~ 5A1, **9B** man muss (etw. tun), braucht
Il ne ~ pas ... 5B Man darf nicht ... / Wir dürfen nicht ...
une faute 11A2 ein Fehler
C'est la ~ à Feisal. 4B Feisal ist Schuld daran.
C'est de ta ~. 6A3P Du bist Schuld.
une femme 5B eine Frau, eine Ehefrau
fermer 6A3P schließen
Ferme-la! *(fam.)* 6A3P Halt die Klappe!
les fesses par terre 13 mit dem Hintern auf dem Boden
une fête 9C ein Fest, eine Fete
ficher le camp *(fam.)* 10B abhauen
fichus, On est ~. 6A Wir sind erledigt.
une file 13 eine Reihe
en ~ indienne 13 im Gänsemarsch
une fille 5B ein Mädchen; **5C1** *hier:* eine Tochter
un film 9C5 ein Film
un fils 5C2At ein Sohn
la fin 13 das Ende
finir par s'endormir 10A schließlich doch noch einschlafen
flambée, flambé 10B flambiert
une fleur 10B eine Blume
flotter 2A2 schwimmen *(auf der Oberfläche einer Flüssigkeit liegen)*
il flotte 2A2 er / es schwimmt
fois, pour la première ~ 13 zum ersten Mal
une folle, un fou 8A3 eine Verrückte, ein Verrückter
folle, fou 2C verrückt
être ~ d'inquiétude 7B verrückt vor Sorge sein, sich große Sorgen machen
Mais, tu es ~. 1A, **7A** Du spinnst wohl! Du bist ja verrückt!
foncer sur qn / qch 8C auf jdn. / etw. losgehen, losstürzen
un fond 10B ein Boden
de ~ en comble 12B von Grund auf, ganz und gar
le foot *(fam.)* **4A4** Fußball
une force 10A eine Kraft, eine Stärke
formidable 6B5 großartig
formule magique, prononcer une ~ 13 einen Zauberspruch aussprechen
Fort-de-France 12 *Hauptstadt der Insel Martinique*
forte, fort 5C *hier:* scharf; **8C** stark, laut
une forteresse 13 eine Festung
fouiller 11A durchsuchen
un foulard 12A ein Halstuch, ein Schal
une foule 5B eine (Menschen)Menge
cette ~ 5B diese Menschenmenge
fous, Je m'en ~! *(fam.)* 7B Es ist mir piepegal!
fraîche, frais 5C frisch
un franc 5A1 ein Franc *(französische Währung)*
française, français 6A1At französisch
la Française, le Français 6A1At die Französin, der Franzose
la France 5C, **6A1At** Frankreich
un frelon 8C eine Hornisse
un frère 5C2At ein Bruder
froide, froid 7A1 kalt
J'ai froid. 2C, **2C1** Mir ist kalt.
Il fait froid. **10A2** Es ist kalt.
un fromage 3B ein Käse
les fruits 12A das Obst

G

gaie, gai 6A3 fröhlich
un gant 9C1 ein Handschuh
un garçon 5B ein Junge
garde, monter la ~ 6A, **6B** aufpassen, Wache halten
garder 9B aufheben, behalten
une gare 8B2 ein Bahnhof
une ~ routière **8B** ein Busbahnhof
gauche, à ~ 8B1 links
géniale, génial 4B3P genial, großartig
la gendarmerie 7B die Polizeiwache, das Polizeirevier
le génois 9A *großes Vorsegel*
gentille, gentil 5C3, **6A3** nett, freundlich
Vous êtes très gentils. 5A1 Sie sind sehr freundlich, sehr nett.
un gilet de sauvetage 10A eine Schwimmweste
une girafe 10B5 eine Giraffe
une glace 1A1 ein Eis
une ~ au citron 7A5At ein Zitroneneis
un golfe 13 ein Golf
un goût 9C5 ein Geschmack
un gramme 5C ein Gramm
grande, grand 5B, **6A3** groß
une des plus grandes 12A3 eine der größten
une grand-mère 5A eine Großmutter
un grand-père 5A ein Großvater
les grands-parents 5C4 die Großeltern
grise, gris 5B1At grau
Il fait gris. **10A2** Es ist trüb.
gronder 10A grollen
grosse, gros 5C3, **6A3** dick, fett, groß
Grosses bises. **5C3** Viele Grüße und Küsse!
la Guadeloupe 12A3 die Insel Guadeloupe
un guichet 5A1 ein Schalter
guider les touristes 8B Führungen für Touristen machen
la Guyane 6B1 Guyana

H

s'habiller 8A1 sich anziehen
l'habitant *(m.)* 11A der Einwohner
habiter à 5A wohnen
hacher 5C zerkleinern, hacken
hanté, Le bateau est ~. 12B Auf dem Boot spukt es.
la harissa 5C die Harissa *(sehr scharfe Paste)*
haute, haut 10A2 hoch
Hein? *(fam.)* 1A Hm? Was?
le héros 12B der Held
hésiter 13 zögern
l'heure *(f.)* **6B** *hier:* die Stunde; **7B2** *hier:* die Uhrzeit
A quelle ~ ...? **7B4** Um wie viel Uhr?
Quelle ~ est-il? / Il est quelle ~? **7B2** Wie spät ist es?
Tu as l'~? **7B2** Weißt du, wie spät es ist?
à (neuf) heures (trente) **7B4** um (neun) Uhr (dreißig)
... heures d'avion 12A3 ... Flugstunden
Il est ... heures. **7B1** Es ist ... Uhr.
Il est dix heures trente. 7B Es ist 10 Uhr 30.
heureuse, heureux 5A glücklich
être ~ de 5A glücklich / froh sein zu ...
hier 8A3 gestern
histoire, C'est une longue ~. 5B Das ist eine lange Geschichte.
l'hiver *(m.)* **10A2** der Winter
en ~ **10A2** im Winter
le hockey 4A4 Hockey
Holà! 12B Halt! Langsam!
l'homme *(m.)* **5B** ein Mann
l'hôpital *(m.)* **3A3** ein Krankenhaus
horizon, à l'~ 8A am Horizont
horreur, avoir ~ de qch 12A etw. nicht ausstehen können, etw. hassen
l'Hôtel de Ville *(m.)* **8B2** das Rathaus
le hublot 10A das Bullauge
l'huile *(f.)* 5C das Öl
l'~ d'olive *(f.)* 5C das Olivenöl
l'humeur *(f.)* 13 die Laune
être de bonne / mauvaise ~ 7A gut / schlecht gelaunt sein

I

ici 3A hier
idéale, idéal; idéales, idéaux 11B3 ideal
une idée 13 eine Idee, ein Einfall
Moi, j'ai une ~. 1A Ich habe eine Idee.
IFAN 8B3 *Museum in Dakar*
Il n'y a pas de ... 9A1 Es gibt kein(e) ...
il y a 2C2 es gibt, da sind
~ des biscuits? 2C Gibt es Kekse?
une île 1A1 eine Insel
une image 2B1 ein Bild

imaginer 6B4 sich vorstellen
immense 8C riesig, enorm
l'impatience *(f.)* 13 die Ungeduld
impossible 6A unmöglich
incroyable 4B unglaublich
l'indépendance *(f.)* 8B1 die Unabhängigkeit
indienne, indien 13 indianisch
une infirmière, un infirmier 5C4 eine Krankenschwester, ein Krankenpfleger
une information 8B3 eine Information, ein Hinweis
s'inquiéter 8A sich Sorgen machen
une inquiétude 7B eine Sorge
un insecte 8C ein Insekt
inspecter 7A kontrollieren
(s') installer 12A3 einrichten, sich niederlassen
un instant 8B1 ein Augenblick
insupportable 9C unerträglich
intelligente, intelligent 6A3 intelligent, klug
intéressante, intéressant 6B5 interessant
intéresser 11A interessieren
un inventaire 9B1 ein Inventar; eine Bestandsaufnahme
inviter qn 12B2 jdn. einladen
l'Irlande *(f.)* 6B1At Irland
l'Italie *(f.)* **6A1At** Italien
italienne, italien 6A1At italienisch
l'Italienne, l'Italien 6A1At die Italienerin, der Italiener
ivoirienne, ivoirien 6A1At von der Elfenbeinküste

J

(ne) ... jamais 7A, **11B4** nie
une jambe 7C2 ein Bein
  une ~ de bois 11B3 ein Holzbein
le jambon 7A1 der Schinken
jaune 5B1At gelb
jeter 8A werfen
  ~ un mauvais sort à qn 12B jdn. verhexen
  Jette-le. 3B Wirf es weg.
un jeu 12A4 ein Spiel
jeudi *(m.)* **7B3** Donnerstag
une / un jeune 4A eine Jugendliche, ein Jugendlicher
jeune 5A1 jung
  ~ homme 5A1 junger Mann *(Anrede)*
jolie, joli 5C1, **6A3** hübsch
jouer 2A2 spielen
  ~ à un sport / jouer à un jeu **4A4** (etw.) spielen (Sport / Spiel)
  ~ d'un instrument 4B2 spielen *(Instrument)*
  On joue au foot! 1A Spielen wir Fußball!
un jour 5A ein Tag
  le ~ **7B4** der Tag, am Tag, tagsüber
un journal 4B3 eine Zeitung, *hier:* ein Tagebuch
  un ~ de bord **9A2** ein Logbuch
  un ~ intime 9A3 ein Tagebuch
une journée 7B1 ein Tag *(zur Betonung der Dauer)*
juillet *(m.)* 9A Juli
  Nous sommes samedi 28 ~. 7B Heute ist Samstag, der 28. Juli.
une jungle 13 ein Dschungel
une jupe 9C1 ein Rock
un jus 7A1 ein Saft
  un ~ d'orange **7A1** ein Orangensaft
  un ~ de fruit **12A3** ein Fruchtsaft
jusqu'au port 6A bis zum Hafen

K

Kermel, le marché ~ 8B1 *Markt in Dakar*
un kilo(gramme) 12A3 ein Kilo
un kilomètre 5A4 ein Kilometer
un klaxon 12A3 eine Hupe

L

là 2A2 da, hier
là-haut 4C dort hinauf, dort oben
la voilà 2A2 da ist sie
laisser 5C lassen
  Laisse-la tranquille. 2C Lass sie in Ruhe.
  Laisse-moi tranquille! 4A2P Lass mich in Ruhe!
le lait 7A1 die Milch
une lampe de poche 7A eine Taschenlampe
le langage parlé 10B6 die gesprochene Sprache, die Umgangssprache
une langue 10B3 eine Sprache
  donner sa ~ au chat 13 das Raten aufgeben
  la ~ courante 12A3 die Umgangssprache
un lapin 10B6 ein Kaninchen
un lave-vaisselle 9C4 eine Geschirrspülmaschine
(se) laver 8A1 (sich) waschen
  se ~ les dents **9B** sich die Zähne putzen
le / l', la / l' 1B5 der, die, das
le, la; les 7A5At ihn, sie, es *(direktes Objekt Sg.)*; sie *(direktes Objekt Pl.)*
un légume 5C ein Gemüse
le lendemain 8B3 am nächsten Tag
  le ~ matin 7A am nächsten Morgen
lentement *(adv.)* 11A2 langsam
  plus ~ 11A2 langsamer
les 2C3 die *(best. Artikel, Pl.)*
la lessive 9B die Wäsche; 9B1 *hier:* das Waschpulver
  faire la ~ **9B** Wäsche waschen
une lettre 7B6 ein Brief
  une ~ d'amour 9A3 ein Liebesbrief
leur *(sg.)*, **leurs** *(pl.)* 5B, **11A** ihr(e) *(bezieht sich auf mehrere Besitzer)*
leur 12B1At ihnen *(indirektes Objekt)*
se lever 8A1 aufstehen
libérer 11B2 befreien
libre 6A frei
un lieu 6A1 ein Ort
une limonade 5A3 eine Limonade
un lion 10B ein Löwe
lire 8A3, **9A2** lesen
  Lis le texte. 1B6 Lies den Text.
Lisbonne 6B1 Lissabon
une liste 4B3 eine Liste
un lit 3B, **8A** ein Bett
un litre 12A3 ein Liter
un livre 1A1 ein Buch
localiser 13 lokalisieren, orten
loin 5A weit
  C'est encore ~? 2B Ist es noch weit?
  C'est ~ d'ici. 5A Es ist weit weg von hier.
  C'est trop ~. 1A Das ist zu weit.
  On est déjà très ~. 4C Wir sind schon sehr weit weg.
  C'est ~? **5A4** Ist das weit?
le long de 8B entlang
lue, lu 8A3At *pp von* lire
lui 12B1At ihm, ihr *(indirektes Objekt)*
une lumière 12A ein Licht
lundi *(m.)* **7B3** Montag
des lunettes de soleil 2C2 eine Sonnenbrille
lutter contre qch 10A gegen etw. kämpfen

M

ma, mon; mes 5A, **5C1** mein(e); meine *(Pl.)*
une machine 3B eine Maschine
madame (*Abk.:* **Mme**) **1B4** Frau *(Anrede)*
mademoiselle (*Abk.:* **Mlle**) **1B4P** Fräulein *(Anrede)*
un magasin 8B ein Geschäft
magique 5B magisch
une main 5C, **7C2** eine Hand
maintenant 4C, **7B6** jetzt, nun
mais 1B4, **4A4** aber
  ~ quel désordre! 3B3 Was für ein Durcheinander!
une maison 4A, **5B2** ein Haus
mal *(adv.)* **11A1At** schlecht
  avoir ~ à ... **7C3** Schmerzen haben
  avoir du ~ à faire qch 13 Schwierigkeiten haben etw. zu tun
  J'ai ~ à la tête. **7C3** Ich habe Kopfschmerzen. Mir tut der Kopf weh.
  avoir ~ au cœur **7C** Übelkeit empfinden
  le ~ de mer **7C** die Seekrankheit
  avoir le ~ de mer **7C** seekrank sein
malade 7C krank
malgré la fatigue 12B trotz der Müdigkeit
malicieuse, malicieux 12B schelmisch

maman 5C3 Mama, Mutti
manger 2B1 essen
une mangue 12A eine Mango
manquer 5C3 fehlen
un maracuja 12A eine Maracuja
une marchande, un marchand 5B eine Händlerin, ein Händler
un marchand d'eau 5B ein Wasserverkäufer
un marché 5A, **12A** ein Markt
le ~ aux esclaves 12A der Sklavenmarkt
marcher 4B laufen, gehen
Ça ne marche pas. 4A Es funktioniert nicht.
mardi *(m.)* **7B3** Dienstag
un mari 5C1 ein (Ehe)Mann
un marin 9A2 ein Seefahrer, ein Matrose
maritime 9A4 maritim, See-
le Maroc 5A Marokko
marocaine, marocain 6A1 marokkanisch
une marquise 9C eine Marquise *(alter franz. Titel; vgl. deutsch: Markgräfin)*
marrante, marrant 6A3P lustig, witzig
marre, J'en ai ~ (de ...). *(fam.)* 1A Ich habe die Nase voll (von ...).
marron 5B1At kastanienbraun
un marteau 1B5 ein Hammer
marteler 5B hämmern
une Martiniquaise, un Martiniquais 12A3 ein(e) Einwohner(in) von Martinique
la Martinique 12A3 Martinique *(Insel in der Karibik)*
un mât 4C ein Mast
un matelot 11A ein Matrose
le matin 7B1 der Morgen, am Morgen, morgens
ce ~ 9A heute Morgen
matinée, faire la grasse ~ 4B3 bis in den Tag hinein schlafen
mauvaise, mauvais 11A1 schlecht
Il fait mauvais. **10A2** Das Wetter ist schlecht.
une mauvaise herbe 13 ein Unkraut
me, m' 11B2At mich *(direktes Objekt)*
méchante, méchant 6A3 böse
une médina 5B *nordafrikanisches Stadtviertel*
mélanger à 5C vermischen mit
un melon 12A eine Melone
même 5A sogar
~ Nathalie a quitté son lit. 8A Sogar Nathalie hat ihr Bett verlassen.
le / la même 5C derselbe, dieselbe, dasselbe
en ~ temps 5C gleichzeitig
une mémoire 10B6 ein Gedächtnis
Elle a une ~ d'éléphant. 10B6 Sie hat ein fantastisches Gedächtnis.
le ménage 9B1 der Haushalt, der Hausputz
faire le ~ **9B1** den Haushalt machen; aufräumen
une mendiante, un mendiant 5B eine Bettlerin, ein Bettler
la menthe 5C Minze, *hier:* Pfefferminz
un menuet 9C ein Menuett *(im 17. Jh. Hof- u. Gesellschaftstanz)*
la mer 7B1 das Meer
merci 5A1 danke
~ bien. **6A3P** Danke schön.
~, c'est tout. **12A2P** Danke, das ist alles.
mercredi *(m.)* **7B3** Mittwoch
une mère 5C2 eine Mutter
merveilleuse, merveilleux 12A wunderschön
un message 1B6 eine Botschaft, eine Meldung
Un ~ à la radio 4A Eine Meldung im Radio
la météo 9A die Wettervorhersage
un mètre 11A ein Meter
mettre 5C, **9C2** setzen, stellen, legen; **9C2** *hier:* anziehen *(Kleidung)*
Je n'ai plus rien à me ~! 9B Ich habe nichts mehr anzuziehen!
se ~ à faire qch 12A anfangen etw. zu tun
~ le cap sur ... 13 Kurs nehmen auf ...
on met ... à la mer 2A2 wir lassen ... zu Wasser
qui leur mettent l'eau à la bouche 12A die ihnen das Wasser im Mund zusammenlaufen lässt
le Mexique 6B1At Mexiko
Miam! 3B Mmmh!
midi 7B1 zwölf Uhr, Mittag
le miel 7A1 der Honig
mignonne, mignon 10B hübsch, niedlich
un milieu 8C eine Mitte
au ~ 8C in der Mitte
mince 6A3 schlank
Mince! *(fam.)* 6A3P So ein Mist!
~ alors! *(fam.)* 2C So ein Mist!
minuit 7B1 zwölf Uhr nachts, Mitternacht
une minute 5A1 eine Minute
Minute! *(fam.)* 8B Moment mal!
un mirage 5B2 eine Fata Morgana
un miroir 1A1 ein Spiegel
mise, mis 12A *pp von* mettre
un modèle 11B2 ein Modell, ein Beispiel, ein Vorbild
sur le ~ de ... 11B2 nach dem Beispiel von ...
moi 1B1 ich *(zur Betonung)*
moins 7B1 weniger, minus; *hier:* vor
un moment 12B ein Moment, ein Augenblick
le monde 5B1At, **10B** die Welt
la monnaie 11A *hier:* das Geld
monsieur *(Abk.:* **M.)** **1B4** Herr *(Anrede)*
une montagne 5B2 ein Berg
monter 3A steigen, einsteigen
Nous sommes montés dans un taxi. 8B Wir sind in ein Taxi gestiegen.
Tu montes? **3A** Gehst du hinauf?
Montez. **3A** Kommt herauf.
une montre 8B eine Armbanduhr
un morceau 5C, **13** ein Stück
(être) morte, mort 11B gestorben (sein)
Il sont morts de peur. 11B Sie sind vor Angst fast gestorben.
morue salée, C'est de la ~. 3B Das ist Stockfisch. Das ist in Salz eingelegter Kabeljau.
une mosquée 8B2 eine Moschee
un mot 5B ein Wort
un ~ magique 5B ein Zauberwort
A ces mots ... 13 Auf diese Worte hin ...
une mouette 1A1 eine Möwe
un moustique 10B eine Stechmücke
un mouton 6B ein Schaf
un mur 9A3 eine Wand
un musée 8B3 ein Museum
la musique classique 4B3 klassische Musik

N

la nage 11A das Schwimmen
A la ~! 4C Los, wegschwimmen!
nager 10B4, **11A2** schwimmen
une nageuse, un nageur 11A2 eine Schwimmerin, ein Schwimmer
une nationalité 6A1 eine Staatsangehörigkeit
(être) née, né 12A4 geboren (sein)
néerlandaise, néerlandais 6A1At niederländisch
la Néerlandaise, le Néerlandais 6A1At die Niederländerin, der Niederländer
la neige 10A2 der Schnee
neige, Il ~. 10A2 Es schneit.
le nettoyage 9B1 das Putzen, die Reinigung
nettoyer 9B putzen, reinigen, sauber machen
le nez 7C2 die Nase
noire, noir 5B1At schwarz
dans le noir 11B4 im Dunkeln
une noix 12A eine (Wal)Nuss
une ~ de coco **12A** eine Kokosnuss
un nom 6A1 ein Name
le ~ de jeune fille 6A1 der Mädchenname
Quel est ton ~? **6A1P** Wie ist dein Name? Wie heißt du?
non 1A, **1A2** nein
~ plus 7A auch nicht
~, je ne veux pas. **4A2P** Nein, ich will nicht.
~, merci! 2B Nein, danke!
le nord 9A5 der Norden
normale, normal; normales, normaux 10B2 normal
une notion 12A ein Begriff, *hier:* ein Gefühl, ein Sinn
la ~ de temps 12A das Zeitgefühl
notre *(sg.)*, **nos** *(pl.)* 6A, **11A** unser(e)

nouer 12A binden, zusammenknoten
un nounours 1A1 ein Teddy(bär)
nous 11B2At uns *(direktes Objekt)*
avec ~ 8B mit uns
nouveau, de ~ 7A noch einmal, wieder
nouvelle, nouveau, nouvel 9C neu
un nuage 1A1 eine Wolke
Des nuages, encore des nuages 2C Wolken, noch mehr Wolken
nuageux, Le ciel est ~. 10A2 Es ist bewölkt.
une nuée d'insectes 8C ein Insektenschwarm
une nuit 5C eine Nacht
l'autre ~ 7A neulich nachts
la ~ **7B1** die Nacht, nachts
cette ~ 8A3 heute Nacht
La ~ tombe. 8A Die Nacht bricht herein. Es wird dunkel.
Il fait ~. **8C** Es ist Nacht. Es ist dunkel.
Il fait (déjà) ~. 2C Es wird (schon) dunkel.
nul, C'est ~. 4B3P Das taugt nichts.
nulle / nul, Je suis ~ en géographie. 7C Ich bin schlecht in Geographie.
un numéro 5C3 eine Nummer

O

un objet 11A3 ein Gegenstand
une obscurité 12A eine Dunkelheit, eine Finsternis
une observation 9A eine Beobachtung, eine Bemerkung
observer 7B4 beobachten
un océan 10A ein Ozean
un œil; des yeux 7C2 ein Auge
~ de faucon 9C Falkenauge
un œuf; des œufs 7A1 ein Ei
officielle, officiel 12A3 offiziell
Oh! Hisse! 2A2 Hau ruck!
Oh, oui! 1A Oh ja!
Ohé flibustier! 9C He da, Freibeuter!
une oie 12A eine Gans
un oiseau; des oiseaux 4C ein Vogel
une olive 5C eine Olive
on 2A2 man; wir *(fam.)*
un oncle 5C1 ein Onkel
l'or *(m.)* 7A das Gold
un orage 10A2 ein Gewitter
orange 5B1At orange
une orange 10B4 eine Orange
un ordinateur 7B6 ein Computer
un ordre 9B2 eine Ordnung; eine Reihenfolge
dans l'~ 10B3 in der richtigen Reihenfolge
mettre de l'~ **9B2** wieder in Ordnung bringen, Ordnung schaffen
une oreille 7C2 ein Ohr
s'orienter 9A5 sich orientieren
où 2A2 wo *(Fragepronomen)*; 5B wo *(Relativpronomen)*
~ ça? 4C Wo denn?
~ es-tu? **3A** Wo bist du?
~ est-ce que **6B** wo(hin)
~ est-ce qu'il nous emmène? 6B Wo führt er uns hin?
~ sommes-nous? 2C Wo sind wir?
ou 9A1 oder
~ bien 8B oder
une oubliette 13 ein Verlies
l'ouest *(m.)* **9A5** der Westen
oui 1A2 ja
~, je veux bien. **4A2P** Ja, gerne.
ouverte, ouvert 8B3 offen, geöffnet
ouvrir 11A öffnen, aufmachen

P

une page 3B1 eine Seite
le pain 7A1 das Brot
un ~ au chocolat **7A1** ein Schokocroissant
le Palais présidentiel 8B1 der Präsidentenpalast
un palmier 5B2 eine Palme
la panique 10A die Panik
Pas de ~. 2A2 Nur keine Panik. Immer mit der Ruhe.
un pantalon 9C1 eine Hose
un ~ corsaire 11B3 eine Kniebundhose
papa 4A1 Papa, Vati
une papaye 12A eine Papaya
un papillon 10B ein Schmetterling
un paquet 12A3 ein Paket
par 11B1 durch
~ ici! 10B Hier entlang!
~ là 13 dort in der Gegend
par-dessus bord 11A über Bord
un parapluie 10B ein Regenschirm
parce que 8A2 weil
un parchemin 13 ein Pergament, eine Urkunde
Pardon ... 8B1 Verzeihung ..., Entschuldigung ...
les parents 5C4 die Eltern
parler 2B1 sprechen
~ allemand **2B1** Deutsch reden
~ anglais **4A3** Englisch reden
~ français **2B2** Französisch reden
Paroles, paroles ... 1A2 Worte, Worte ...
partir 4B, **6A** abfahren, weggehen
On part 2A Wir gehen / fahren (weg)
partis de 7B abgereist, abgefahren von
Ils sont partis. 12B Sie sind fort (gegangen).
partout 5A überall
un pas 6B ein Schritt
ne ... pas 4A nicht; kein(e)
Pas de réponse. 4A Keine Antwort. Man hört nichts.
(ne) ... pas du tout **4B3P** überhaupt nicht
Pas moi. **9B** Ich nicht.
pas tous à la fois 12B nicht alle auf einmal
un passeport 6A2 ein Reisepass
passer 8A vergehen; 8A3, **8B** *hier:* verbringen
~ la journée 8A3 den Tag verbringen
passer qch à qn 1B jdm. etw. reichen
Passe-moi le marteau. 1B Reich mir mal den Hammer.
passer devant qch 8B1 an etw. vorbeigehen
se passer 7B1 geschehen, passieren
un patron 5A3 ein Chef, *hier:* ein Besitzer, ein Wirt
pauvre 7C arm
payer 11A, **12A3** bezahlen
un pays 5, **6A1At** ein Land
les Pays-Bas 6A1At die Niederlande
la peau 12A die Haut
pêcher 9B2 fischen, angeln
un peigne 9B1 ein Kamm
un pélican 10B ein Pelikan
pendant 8A während
~ son tour de garde 8A während er Wache hielt
pénible 6A *hier:* anstrengend
penser à qch / qn 10B an etw. / jdn. denken
Tu ne penses qu'à manger! 10B Du denkst nur ans Essen.
être perché sur ... 12B sitzen auf ...
(se) perdre 5B, **12A** (sich) verlieren
perdue, perdu 12A *pp von* perdre
un père 5C2At ein Vater
le Père Noël 7C der Weihnachtsmann
un perroquet 4C ein Papagei
une perruque 9C2 eine Perücke
un persil 5C eine Petersilie
(ne) ... personne 3A niemand
~ dedans 6A niemand drinnen
~ ne le sait. 12A Niemand weiß es.
Plus ~! 6A Niemand mehr!
petite, petit 5A, **6A3** klein
plus ~ 13 kleiner
un petit déjeuner 7A1 ein Frühstück
un peu 5C ein wenig
~ plus loin 13 ein bisschen weiter weg
la peur 2C1 die Angst
J'ai ~. **2C1** Ich habe Angst.
Tu as ~? 2C Hast du Angst?
peut, On ~ ... 1A Man kann ...
peut-être 4A vielleicht
une phrase 2C2 ein Satz
Fais des phrases. 2C2 Bilde Sätze.
un piano 4B2 ein Klavier
une pièce 5C ein Zimmer; 11A ein Stück
une ~ de monnaie **11A** eine Münze
un pied 7C2 ein Fuß
une pierre 13 ein Stein
le ping-pong 4A4 Tischtennis
se piquer avec 13 sich stechen an
un pirate 7A, **11A** ein Pirat
une piscine 3A3 ein Schwimmbad
un pistolet 11A eine Pistole
un placard 3B ein Wandschrank

une place 8B1 ein Platz
à la ~ de ... 12A anstelle von ...
une plage 1A1 ein Strand
plaît, s'il vous / s'il te ~ 3A2P bitte
plaît, elle / il me ~ 9C1 sie / er gefällt mir
un plan 8B2 ein Plan
planche, faire la ~ 7B3 den toten Mann machen
un planning 9B2 eine Arbeitsplanung
une plantation 12A eine Plantage
un plat 5C ein Gericht
un plateau; des plateaux 5B ein Tablett
pleine, plein (de ...) 8B voll (von / mit ...)
pleut, Il ~. 10A2 Es regnet.
plier 10B4 falten
la pluie 10A2 der Regen
une plume 12A eine Feder
plus *(+ Adj. / Adv.)* 2C mehr *(Steigerung)*
~ bas 13 *hier:* weiter unten
~ fort 3A lauter
~ vite 2C schneller
de ~ en ~ 8A mehr und mehr
de ~ en ~ fort 8C immer lauter; 12A immer stärker
~ ... que ... 13 mehr ... als ...
ne ... plus 5C, **11B4** nicht mehr
~ rien 9B nichts mehr
une poche 11A eine Tasche *(am Kleidungsstück)*
un poème 7B3 ein Gedicht
un poignet 11A ein Handgelenk
poilue, poilu 10B behaart
un poisson 3B ein Fisch
C'est du ~. 3B Das ist Fisch.
le poivre 5C der Pfeffer
la police 4A die Polizei
~ maritime 4A die Wasserschutzpolizei
un policier 6A ein Polizist
un pont 3B1 eine Brücke, *hier:* ein Deck
un port 3A1 ein Hafen
au ~ de 6A am Hafen von
une porte 12A eine Tür
porter 12A1 tragen
le Portugal 6B1 Portugal
poser 13 stellen, legen
~ une question à qn 4B3, **12B1** jdm. eine Frage stellen
une position 9A eine Position, ein Standort
possible, Ce n'est pas ~. 4B Das ist nicht möglich.
une poste 3A4 eine Post
un pot 12A3 ein (Marmeladen)Glas
Pouah, ça pue. 3B Pfui, das stinkt.
pour 5A1 *hier:* nach; **5C** für
~ (faire qch) **7A** um (etwas zu tun)
Pourquoi? 8A Warum?
pourtant 11A dennoch, trotzdem
pousser 12A schieben, drücken; 13 wachsen
Pousse! 2A2 Schieb!
~ un cri 13 schreien, einen Schrei ausstoßen
pouvoir 6B können
pratique 8B3 praktisch
se précipiter 10A sich stürzen auf
préférée, préféré 9C5 bevorzugt, Lieblings-
première, premier 8B1 erste, erster, erstes
prendre 5A nehmen
~ pour **11A** für etw. halten
un prénom 6A1 ein Vorname
une préparation 5C eine Vorbereitung
préparer 5C vorbereiten
près de 10B in der Nähe, bei
présenter qn 5C1 jdn. vorstellen
presque 8C fast
presser 5C (aus)pressen, drücken
prête, prêt à ... 5C fertig, bereit zu ...
prévenir, est prié(e) de ~ ... 7B ist gebeten ... zu benachrichtigen
le printemps 10A2 der Frühling
au ~ **10A2** im Frühling
une prisonnière, un prisonnier 11A eine Gefangene, ein Gefangener
prise, pris 8A3At *pp von* prendre
proche, la / le plus ~ 7B die / der nächste ...
un professeur 10B3 ein Lehrer, eine Lehrerin
une profession 6A1 ein Beruf
une promenade 4B4 ein Spaziergang
se promener 12B1 spazieren gehen
promettre qch à qn 12B jdm. etw. versprechen
proposer qch à qn 12B1 jdm. etw. vorschlagen
propre, sur leur ~ bateau 11A auf ihrem eigenen Schiff
puis 3A3, **8B1** dann
un pull *(fam.)* **2C2** ein Pulli
un ~ marin 9C4 ein Matrosenpulli
un puzzle 12A1 ein Puzzle

Q

un quai 6A ein Kai
quand 8B3 wann
un quart 7B1 ein Viertel
un ~ d'heure 5A eine Viertelstunde
un quartier 6A ein Viertel
que 7B dass; 9A4 *hier:* die *(Relativpronomen)*
ne ... ~ 9C nur
Que ...? 6A Was ...?
~ c'est beau! **10B** Wie schön!
~ je suis bête! 5A1 Ich bin vielleicht dumm!
Qu'il est beau! 4C Er ist wunderschön!
Qu'il est drôle! 10B Er ist wirklich lustig!
Qu'est-ce que ...? **2B1** Was ...?
Qu'est-ce qu'il y a? **3A** Was gibt's? Was ist los?
Qu'est-ce qu'ils vont faire de nous? 11B Was werden sie mit uns machen?
Qu'est-ce que c'est? **1A1** Was ist das?
Qu'est-ce que c'est que ça? 3B Was ist denn das?
Qu'est-ce que c'est en français? **1A1** Wie heißt das auf Französisch?
Qu'est-ce que ça veut dire? **7B** Was bedeutet das?
Qu'est-ce qui se passe? 4B Was passiert? Was ist los?
Qu'est-ce qui te prend? *(fam.)* 13 Was ist mit dir los?
quelle, quel 6A1P welche, welcher, welches; was für ein(e)
Quel jour sommes-nous aujourd'hui? 7B4 Was für einen Tag haben wir heute?
Quelle horreur! *(fam.)* 9B Wie schrecklich!
quelqu'un 3A jemand
Il y a ~? **3A** Ist da jemand?
quelque chose (de ...) 7A5At etwas
quelques 2C einige
~ heures plus tard. 2C Einige Stunden später.
~ minutes plus tard 6A einige Minuten später
une question 2C1 eine Frage
Pas ~. 3A1 Kommt nicht in Frage.
qui 2C1 wer; 4B1 der, die, das *(Relativpronomen)*
~ a peur? 2C1 Wer hat Angst?
~ est-ce? **1B3** Wer ist das?
~ veut dire 5B das so viel heißt wie
quitter 5A verlassen
a quitté ... pour une destination inconnue 7B hat ... mit unbekanntem Ziel verlassen
Quoi? 1A, **4B** Was?
Alors ~? 1A Also was?
Et ~ encore! 7A Ja, was denn noch alles?
Mais ~ encore? 6B Was ist denn jetzt schon wieder?

R

raconter qch à qn 5C, **12B** jdm. etw. erzählen
un radeau 1B7, **2A2** ein Floß
Le ~ a disparu. 4B Das Floß ist verschwunden.
une radio 4A ein Radio, ein Funkgerät
une rage 11A eine Wut
raison, Tu as ~. 4B1 Du hast Recht.
une rame 2C2 ein Ruder
ramener 12A2 zurückbringen, mitbringen
ramer 10B rudern
une raquette 1A1 ein Schläger *(Tennis, Badminton)*
ras-le-bol, J'en ai ~. *(fam.)* 6A Mir reicht's. Mir steht's bis hier!

(être) rassurée, rassuré 12B beruhigt (sein)
rater 9A verpassen
ravir 9C begeistern
à ~ 9C bezaubernd, hinreißend
se réaliser 8B wahr werden, in Erfüllung gehen
une recette 5C ein Rezept
une recherche 13 eine Suche
rechercher qn 7B nach jdm. suchen, fahnden
recommencer à ... 10A wieder anfangen zu ...
reculons, à ~ 10B rückwärts
redevenir 10A wieder werden
La mer redevient calme. 10A Das Meer wird wieder ruhig.
regarder 2B1 anschauen
Regardez ce que j'ai trouvé sur le pont. 7A Schaut mal, was ich an Deck gefunden habe.
~ la télé **4B3** fernsehen
une reine, un roi 5C1 eine Königin, ein König
remonter (dans) 5A wieder einsteigen
une rencontre 11A eine Begegnung
rencontrer qn 12B3 jdn. treffen, *hier:* kennen lernen
se rendre à 13 irgendwohin gehen
rentrer à la maison 4A nach Hause zurückkehren
un repaire 13 ein Schlupfwinkel
réparer 4A3 reparieren
répartie, réparti (répartir) 9B2 *pp von* répartir (aufteilen)
un repas 5C eine Mahlzeit
Répète, s'il te plaît! 3A2P Wiederhole bitte!
répondre à qn / qch 12A3 (be)antworten
Réponds aux questions. 2C1 Beantworte die Fragen.
réponds par ... 5B1 antworte mit ...
une réponse 4B3 eine Antwort
reposer 5C (aus)ruhen
reproduire 11B3 wiedergeben, reproduzieren
respirer 7C3 atmen
ressembler à 12A ähneln, ähnlich sein
un restaurant 3A3 ein Restaurant
rester 3A bleiben
Il ne reste pas grand-chose. 7A Es ist / bleibt nicht mehr viel übrig.
un retour 11A1 eine Rückkehr
retourner 7B zurückkehren
(se) retrouver 7A sich (wieder) treffen; wieder finden
réunis, Les voilà ~ sur le pont. 8A Da sind sie auf dem Deck versammelt.
réussir à 13 etw. zu Stande bringen, Erfolg haben
réveiller qn 13 jdn. (auf)wecken
se réveiller 8A1 aufwachen
Réveille-toi! 3A Wach auf!
revenir 6A zurückkommen, wiederkommen
rêver 6B träumen
Tu rêves, non! 3A Du träumst wohl!
revoir 4A1 wiedersehen
une revue 5C1 eine Zeitschrift
richement *(adv.)* 12A reich, prächtig
(ne) ... rien 6A, **7A5At** nichts
Je n'ai ~ à faire. 7B4 Ich habe nichts zu tun.
rire 11A lachen
les rires 11A das Gelächter
une robe 5B ein Kleid
un robot 7B ein Roboter
des rollers 4B2 Inlineskater
un roman d'aventure 9A3 ein Abenteuerroman
les ronces 13 die Dornenzweige
ronfler 12B schnarchen
rouge 5B1At rot
une route 5A eine Landstraße
se mettre en ~ 10B sich auf den Weg machen
une rue 5B eine Straße
dans la ~ 12B1 auf der Straße
une ruine 13 eine Ruine

S

sa, son; ses 5C1 ihr(e) / sein(e); ihre / seine *(Pl.)*
un sabre 11B3 ein Säbel
un sac 2C2 eine Tasche
sacrée, sacré 8B heilig
un saladier 5C eine Salatschüssel
sale 9B schmutzig
ce ~ bateau 6A dieses grässliche Schiff
salé, C'est ~. 3B Das ist salzig.
une salle 13 ein Saal
un saloon 9C ein Saloon
salut 1B1 hallo, tschüss
samedi *(m.)* **7B3** Samstag
un sandwich 2B1 ein Sandwich
sans 12A ohne
~ rien dire 13 ohne irgendetwas zu sagen
la santé 12A die Gesundheit
Saperlipopette! *(fam.)* 8A Sapperlot!
Sapristi, bande de ouistitis! 6B Verflixt, ihr komischen Vögel!
sauf 7A bis auf, außer
sauter 11A springen
Sauve qui peut! 10 Rette sich, wer kann!
Sauvés! 4C Gerettet!
savoir 4A etw. können, wissen (gelernt haben)
Je ne sais pas. **1A2** Ich weiß nicht.
un savon 9B eine Seife
un seau 9B1 ein Eimer
secrète, secret 13 heimlich, Geheim-
le sel 3B das Salz
une semaine 7B3 eine Woche
sembler 11A scheinen
une semoule 5C ein Grieß
le Sénégal 8B der Senegal
sens, dans tous les ~ 11A in alle Richtungen
sentir 12A riechen, spüren
se sentir 11A2 sich fühlen
un serpent 10B eine Schlange
une serrure 11B1 ein (Tür)Schloss
une serviette 2C2 ein Handtuch
seule, seul 4C, **8C** allein
seulement 7B nur
si 5C wenn; 7C so, dermaßen; **7C** doch
~ au moins, on était au Château d'If. 13 Wenn wir wenigstens beim Château d'If wären.
~ c'étaient des oubliettes? 13 Es ist vielleicht ein Verlies!
~ tu veux 5B *hier:* sozusagen
un siècle 12A3 ein Jahrhundert
signe, faire ~ à qn de faire qch 6A jdm. ein Zeichen geben etw. zu tun
il leur fait ~ de ... 12A er fordert sie durch eine Handbewegung auf ...
une silhouette 11A eine Figur, *hier:* eine Gestalt
simple, C'est plus ~. 8B1 Es ist einfacher.
un singe 10B ein Affe
sinon 11B2 sonst, andernfalls
une sœur 5C1 eine Schwester
soif, J'ai ~. 2C, **2C1** Ich habe Durst. Ich bin durstig.
le soir 5C, **7B1** der Abend, am Abend, abends
un sol 10A ein Boden
le soleil 2C2, **10A** die Sonne
Il fait (du) ~. 9A, **10A2** Die Sonne scheint.
sombre 5B dunkel
sommeil, J'ai ~. 2C1 Ich bin müde.
un sondage 9A3 eine Umfrage
un sort 12B ein Fluch
sortir qch 10A *hier:* etw. herausnehmen, herausholen
soudain 8C plötzlich
souffle, Chacun retient son ~. 13 Alle halten den Atem an.
souffler 9A wehen
un souk 5B ein Souk, ein Basar
soulever 11A hochheben
Il soulève le coffre. 11A Er hebt die Kiste hoch.
une soupe 5C eine Suppe
sourde, sourd 8C taub, *hier:* dumpf
sourire à qn 12B1 jdm. zulächeln
une souris 3B eine Maus
sous 3B2 unter
se souvenir de qch 7A sich an etw. erinnern
les spaghettis 7B1 die Spagetti
une spécialité 5C eine Spezialität
sportive, sportif 6A3 sportlich
un squelette 13 ein Skelett
un stade 3A3 ein Stadion
un stand 12A3 ein (Verkaufs)Stand
le sucre 3B der Zucker
le ~ de canne 10B der Rohrzucker

sucré, C'est ~. 3B Das ist süß.
le sud 9A5 der Süden
suffit, Ça ~! *(fam.)* 9B Jetzt reicht's!
une suite 13 eine Fortsetzung
suivre qn 5B jdm. folgen
Suivez-moi. 3B Folgt mir. Kommt mit.
Nous avons suivi une piste. 8B Wir sind einem Weg gefolgt.
super *(fam.)* 1A, **4B3P** super, toll
~ rapide 4C superschnell
un supermarché 3A3 ein Supermarkt
sur 3B1 auf, an; 12A4 über
~ le bateau 3B1 Auf dem Schiff
~ le radeau 2B Auf dem Floß
sûre, sûr 7A sicher
Je suis ~ qu'il va nous délivrer! 11B Ich bin sicher, dass er uns befreien wird.
J'en suis ~. 7A Da bin ich mir sicher.
sûrement *(adv.)* 7A bestimmt
~ au lit! 2A2 Bestimmt im Bett!
~ pas 7C bestimmt nicht
une surprise 6A, **12A** eine Überraschung
surtout 5C vor allem
surveiller 6B Wache halten, aufpassen
survoler 10B über etw. fliegen
sympa(thique) 6A, **6A3** sympathisch

T

ta, ton; tes 5C1 dein(e); deine *(Pl.)*
une table 3B ein Tisch
sortir de ~ 7A vom Tisch aufstehen
mettre la ~ **9B2** den Tisch decken
un taboulé 5C ein Taboulé *(kaltes Gericht aus Weizengrieß und Gemüse)*
Tais-toi! Taisez-vous! *(fam.)* 6A3P Sei still! Seien Sie / Seid still!
tanguer 10A stampfen
Tant pis pour ...! 9B Pech für ...!
une tante 5C1 eine Tante
tapes, Tu me ~ sur les nerfs. *(fam.)* 6A3P Du nervst. Du gehst mir auf die Nerven.
un tapis 5C ein Teppich
tard *(adv.)* **6B** spät
Il est trop ~. 2C Es ist zu spät.
plus ~ 5A, **6B** später
un tas 12A ein Haufen
un ~ de bois 1B7 ein Stapel Holz
une tasse 3B eine Tasse
un taxi 5C4, **8B** ein Taxi
un taxi-brousse 8B *Sammeltaxi in Afrika*
te, t' 11B2At dich *(direktes Objekt)*
une teinturière, un teinturier 5B1At eine Färberin, ein Färber
une télé(vision) 4B3 ein Fernseher
une télécopie 5C3 ein Fax
un téléphone 5C3 ein Telefon
téléphoner à qn 7B6, **12B1** jdn. anrufen
tellement ... que ... 5C so (viel) ..., dass ...
la tempête 10A der Sturm
le temps 10A1 *hier:* das Wetter; **12B** *hier:* die Zeit
un ~ de chien *(fam.)* 10A1 ein Sauwetter
au ~ de l'esclavage 12A3 zur Zeit der Sklaverei
le tennis 4A4 Tennis
une tente 1A1 ein Zelt
la terre 8A die Erde, *hier:* das Land
la ~ ferme 10B das Festland
sur la ~ ferme 5A auf festem Boden
terrible 6A *hier:* schrecklich, furchtbar
terrifiante, terrifiant 10A entsetzlich, erschreckend
la tête 6B4, **7C2** der Kopf
une ~ de cochon *(fam.)* 10B6 ein Starrkopf, ein sturer Knochen
un texte 1B6 ein Text
le thé 7A1 der Tee
du ~ à la menthe 5C Pfefferminztee
Tiens. 5C Hier, nimm.
~, un clou. 1B Hier bitte, ein Nagel.
tirer 11A2 ziehen, *hier:* schießen
Tire sur la corde. 1B Zieh das Seil fest.
~ au sort 13 auslosen
un tireur 11A2 ein Schütze
toi 1B1 du *(zur Betonung)*
toilette, faire sa ~ 9B1 sich waschen
les toilettes 3A3 die Toilette
une tomate 5C eine Tomate
tomber sur qch 8B1 fallen, *hier:* kommen / gelangen zu
Tonnerre de Brest! 11A Donnerwetter!
un torchon 9B1 ein Geschirrtuch
une tornade 12A ein Tornado, ein Wirbelsturm
toucher 8B berühren
~ au but 13 nahe am Ziel sein
toujours 5C1, **11B4** immer (noch)
tour, chacun son ~ 6B einer nach dem anderen
une / un touriste 5B eine Touristin, ein Tourist
tourner 8B1 drehen, wenden, *hier:* abbiegen
~ en rond 12A im Kreis laufen
tous 2A2 alle
~ à la fois 8A alle gleichzeitig
~ les jours sauf ... 8B3 jeden Tag außer ...
toute, tout; toutes, tous 9C ganz, *hier:* alles; alle
Tout est différent. 5A Alles ist anders.
Tout est là. 3B Es ist alles da
tout le monde 2A2, **10A** alle, jeder
Tout le monde va mal! 7C3 Es geht allen schlecht!
toute la famille 5C die ganze Familie
toutes les deux heures 6B alle zwei Stunden
tout à coup 5B, **8A** plötzlich
tout de suite 8B sofort
tracer une route 9A eine Route / einen Kurs festlegen
traces, toujours pas de ~ de ... 12A immer noch keine Spur von ...
traduire 9C4 übersetzen
un train 8B3 ein Zug
un travail 9B eine Arbeit
le ~ à faire 9B2 die anstehende Arbeit
travailler 3A3 arbeiten
très 2A1 sehr
un trésor 1B6 ein Schatz
Et le ~, vous l'avez trouvé? 8A Und habt ihr den Schatz gefunden?
tribord, à ~ 10B nach Steuerbord, auf der rechten Schiffsseite
triste 6A3 traurig
troisième 8B1P dritte, dritter, drittes
un tronc 8B ein Baumstamm
trop 9B zu (viel)
un trottoir 8B ein Bürgersteig
un trou 8C ein Loch
une trousse 11A3At ein Beutel, Mäppchen
trouver 5B1At finden
Trouve les images. 2B1 Finde die Bilder.
Trouve les infinitifs. 2B1 Finde die Infinitivformen.
Nous l'avons trouvé! 13 Wir haben ihn gefunden!
se trouver 8B sich befinden
un truc *(fam.)* 5C, **7A** ein Ding
Et ce truc-là? 7A Und dieses Ding da? Und das da?
tuer 11B2 töten, umbringen

U

un, une 1A1 ein, eine
Utilisons l'ordinateur! 9A Benutzen wir den Computer!

V

un V.T.T. (= vélo tout terrain) 4B2 ein Mountainbike
les vacances 4B3 die Ferien
vachement *(adv., fam.)* 5C echt, wahnsinnig
une vague 9C eine Welle
la vaisselle 4B3 das Geschirr
faire la ~ **4B3** (Geschirr) spülen
vendre 8B, **12A3** verkaufen
vendredi *(m.)* **7B3** Freitag
venir (de) 5A3, **6A1At** kommen (aus ...)
je viens **2A3** ich komme
tu viens **2A2** du kommst
il / elle vient **2A3** er / sie / es kommt
Venez vite. **3A** Kommt schnell!
Venez voir. 3A Schaut mal her.
~ à la rencontre de qn 11A jdm. entgegenkommen
le vent 6B, **10A** der Wind
un ventre 7C2 ein Bauch
un verbe 3B2 ein Verb
la vermine 11A das Ungeziefer; das Gesindel

un verre (de ...) 9B ein Glas
vers 7C auf ... zu, in Richtung ...
verte, vert 5B1 grün
une veste 9C1 eine Jacke
des vêtements 8B, **9C** Kleider
une viande 5C ein Fleisch
vide 11A leer
vieille, vieux, vieil 7A, **9C** alt
un village 5A ein Dorf
une ville 6B1At, **8B** eine Stadt
violente, violent 13 hart, brutal
violette, violet 5B1At violett
une vis 1B7 eine Schraube
la visibilité 9A die Sichtverhältnisse
une visite 3B ein Besuch
  une visite-surprise 5C ein Überraschungsbesuch
visiter 8B besichtigen
vite *(adv.)* **5A1** schnell
  Pas si ~. **3A2P** Nicht so schnell!
la vitesse 9A die Geschwindigkeit
  à toute ~ **8A** sehr schnell, mit hoher Geschwindigkeit
vive, vif 12A kräftig, hell
un vœu; des vœux 8B ein Wunsch
  faire un ~ 8B sich etw. wünschen
voguer *(littér.)* 7C segeln
une voie 6A ein Weg
voilà 1B4P hier, das ist; **1B5** das ist, das sind
  ~ le mât pour la voile. 1B Hier ist der Mast für das Segel.
  les revoilà 12A da sind sie wieder
une voile 4B ein Segel
un voilier 3A ein Segelboot
voir 5B, **7A5** sehen
  tu vois 2B du siehst
  Tu vois encore le château? 2C Siehst du das Schloß immer noch?
  Mais non, voyons! 11B4 Natürlich nicht!
une voisine, un voisin 4A3 eine Nachbarin, ein Nachbar
une voiture 5A ein Wagen, ein Auto
une voix 7B eine Stimme
voler 11A fliegen
le volley 4A4 Volleyball
vomir 7C sich erbrechen
votre *(sg.)*; **vos** *(pl.)* 5A, **11A3** Ihr(e); Ihre *(Pl.)* / euer(e); eure *(Pl.)*
vouloir 4A wollen
  Tu en veux? 2B Magst du welche?
  Magst du davon?
  je voudrais **5A1** ich möchte
vous 3B2 ihr / euch, Sie / Ihnen
  Je ~ l'avais bien dit. 11A Ich hatte es euch doch gesagt.
un voyage 6B1, **12B** eine Reise
vraie, vrai 9A1 wahr, richtig
  un vrai labyrinthe 5B ein echtes Labyrinth
  C'est vrai. 5A1 Stimmt.
  vraiment *(adv.)* 5A3 wirklich
vue, vu 8A3 *pp von* voir
  Vous avez vu? 6A Habt ihr gesehen?

W

un week-end 9B2 ein Wochenende
un whisky 9C ein Whisky

Y

un yaourt 7A1 ein Joghurt

Z

Zut! *(fam.)* 2C, **4A** Verflixt!
  Ah, ~ alors! *(fam.)* 1A Verflixt!

Qu’est-ce qu’on dit en classe?

– Je voudrais faire ... / lire.	– Ich möchte ... machen / lesen.
– Je voudrais travailler avec ...	– Ich möchte mit ... zusammen arbeiten.
– J’ai / Nous avons des problèmes avec ...	– Ich habe / Wir haben Schwierigkeiten mit ...
– J’ai (encore) une question.	– Ich habe (noch) eine Frage.
– Je ne comprends pas.	– Ich verstehe nicht.
– Je ne comprends pas ce mot / cette expression.	– Ich verstehe dieses Wort / diesen Ausdruck nicht.
– Je n’ai pas compris les devoirs.	– Ich habe die Hausaufgaben nicht verstanden.
– J’ai oublié mes devoirs / mon cahier / mon livre.	– Ich habe meine Hausaufgaben / mein Heft / mein Buch vergessen.
– Je ne sais pas.	– Ich weiß nicht.

– Est-ce que tu peux m’expliquer ...?	– Kannst du mir ... erklären?
– Tu peux m’aider, s’il te plaît?	– Kannst du mir bitte helfen?
– Est-ce que je peux t’aider?	– Kann ich dir helfen?
– Tu peux me donner ...?	– Kannst du mir ... geben?
– Tu a besoin de ...?	– Brauchst du ...?
– Tu as (une feuille)?	– Hast du (ein Blatt Papier)?
– On continue?	– Machen wir weiter?

– Est-ce que je peux me mettre à côté de ...?	– Darf ich mich neben ... setzen?
– Madame / Monsieur, est-ce que vous pouvez nous aider, s’il vous plaît?	– Frau ... / Herr ..., können Sie uns bitte helfen?
– Est-ce que vous pouvez expliquer ... (encore une fois), s’il vous plaît?	– Können Sie ... (noch einmal) erklären, bitte?
– Est-ce que vous pouvez répéter, s’il vous plaît?	– Können Sie bitte wiederholen?
– Est-ce que vous pouvez parler moins vite / plus fort, s’il vous plaît?	– Können Sie bitte langsamer / lauter sprechen?

?

– Qu’est-ce qu’il faut faire?	– Was sollen wir machen?
– On a combien de temps?	– Wie viel Zeit haben wir?
– C’est à quelle ligne / à quelle page?	– In welcher Zeile / auf welcher Seite ist das?
– Qu’est-ce que ça veut dire?	– Was heißt das?
– Qu’est-ce que c’est en allemand / en français?	– Was heißt das auf Französisch / auf Deutsch?
– Comment est-ce qu’on dit ... en français?	– Wie sagt man ... auf Französisch?
– Est-ce qu’on peut dire aussi ...?	– Kann man auch ... sagen?
– Comment est-ce que ça s’écrit?	– Wie wird das geschrieben?
– Ça s’écrit en deux mots / avec deux «l» / avec «e» accent aigu?	– Schreibt man das in zwei Wörtern / mit zwei „l“ / mit «e» accent aigu?
– Comment est-ce que ça se prononce?	– Wie wird das ausgesprochen?
– Est-ce que tu peux / vous pouvez épeler ce mot?	– Kannst du / Können Sie dieses Wort buchstabieren?

Exercices – Mode d'emploi

A toi!	Du bist dran!
Accorde les verbes.	Setze die richtigen Verbformen ein.
Cherche dans le dictionnaire les mots que tu ne comprends pas.	Suche im Wörterbuch die Wörter heraus, die du nicht verstehst.
Cherche dans ta classe quelqu'un qui ...	Suche jemanden in deiner Klasse, der ...
Cherche les verbes au passé composé.	Suche die Verben, die im *passé composé* stehen.
Choisis un costume pour le carnaval.	Suche dir ein Karnevalskostüm aus.
Choisis un lieu.	Suche dir einen Ort aus.
Compare avec ton voisin / ta voisine.	Vergleiche mit deinem Nachbarn / deiner Nachbarin.
Complète avec ... / avec le verbe ...	Ergänze mit ... / mit dem Verb ...
Complète les chiffres.	Ergänze die Zahlen.
Complète les phrases avec ... / avec le verbe ...	Vervollständige die Sätze mit ... / mit dem Verb ...
Complète le texte (avec ...).	Vervollständige den Text (mit ...).
Continue.	Fahre (mit der Übung) fort.
Continuez l'exercice à trois.	Setzt die Übung zu dritt fort.
Corrige.	Verbessere.
Demande à ta voisine / à ton voisin.	Frage deine Nachbarin / deinen Nachbarn.
Demande à ton voisin / à ta voisine ce qu'il / ce qu'elle va faire aujourd'hui / ce week-end.	Frage deinen Nachbarn / deine Nachbarin was er / was sie heute / am Wochenende tun wird.
Demande à ton voisin / à ta voisine ce qu'il / ce qu'elle met.	Frage deinen Nachbarn / deine Nachbarin was er / was sie anzieht.
Demande à ton voisin / à ta voisine quels sont ses goûts.	Frage deinen Nachbarn / deine Nachbarin nach seinen / ihren Vorlieben.
Dessine ton pirate idéal et décris-le à ton voisin / à ta voisine qui doit le reproduire.	Zeichne deinen Traumpiraten und beschreibe ihn deinem Nachbarn / deiner Nachbarin, der / die ihn daraufhin nachzeichnen soll.
Dis ce que chacun va faire.	Sage, was jeder tun wird.
Dis quelle direction il faut prendre pour aller à / au / aux ...	Sage, welche Richtung man einschlagen muss, um nach ... zu gelangen.
Donne la bonne réponse.	Gib die richtige Antwort.
Donne un conseil.	Gib einen Rat.
Donne un nom à chaque animal fantastique.	Gib jedem Fabeltier einen Namen.
Ecoute.	Hör zu.
Ecoute le texte.	Hör dir den Text an.
Ecoute la fin.	Höre dir das Ende an.
Ecris la lettre de Nathalie.	Schreibe den Brief von Nathalie.
Ecris les phrases dans l'ordre.	Schreibe die Sätze in der richtigen Reihenfolge auf.
Ecris les phrases dans ton cahier.	Schreibe die Sätze in dein Heft.
Ecris un ABC des mots français que tu connais.	Schreibe ein ABC mit den französischen Wörtern, die du kennst.
Ecris un poème.	Schreibe ein Gedicht.
Ecris un texte.	Schreibe einen Text.
Envoie un message de 2 à 3 phrases «à l'envers» à ton copain ou à ta copine.	Sende eine Botschaft von 2 bis 3 Sätzen «à l'envers» an deinen Freund oder an deine Freundin.
Explique la différence entre ...	Erkläre den Unterschied zwischen ...
Explique le chemin à ton voisin / à ta voisine.	Beschreibe deinem Nachbarn / deiner Nachbarin den Weg.
Fais des phrases.	Bilde Sätze.
Fais un dessin.	Fertige eine Zeichnung an.
Fais une liste avec les réponses.	Erstelle eine Liste mit den Antworten.
Fais un dialogue avec ta voisine / ton voisin.	Erstelle einen Dialog mit deiner Nachbarin / deinem Nachbarn.
Faites des dialogues.	Erstellt Dialoge.
Imagine la suite de l'histoire.	Denke dir den Fortgang der Geschichte aus.
Lis le texte.	Lies den Text.
Mets les phrases dans le bon ordre.	Bringe die Sätze in die richtige Reihenfolge.
Par exemple.	Zum Beispiel.
Pose à ton voisin / à ta voisine des questions sur la Martinique.	Stelle deinem Nachbarn / deiner Nachbarin Fragen über Martinique.

Pose des questions / (la question) à ton voisin / à ta voisine.
Pose les questions. (Pose des questions.)
Quels animaux est-ce que tu reconnais?
Qu'est-ce que tu achètes?
Regarde le plan.
Regarde l'image, page ...
Réponds aux questions.
Réponds avec ...
Réponds par «oui» ou «non».
Traduis les phrases en français / en allemand.
Travaille avec ton voisin / ta voisine.

Trouve les images.
Trouve les infinitifs.
Trouve d'autres animaux fantastiques.
Trouvez d'autres objets.

Stelle deinem Nachbarn / deiner Nachbarin Fragen / (diese Frage).
Stelle die Fragen. (Stelle Fragen.)
Welche Tiere erkennst du wieder?
Was kaufst du ein?
Betrachte den Stadtplan.
Betrachte das Bild auf Seite ...
Beantworte die Fragen.
Antworte mit ...
Antworte mit „ja" oder „nein".
Übersetze die Sätze ins Französische / ins Deutsche.
Arbeite mit deinem Nachbarn / deiner Nachbarin zusammen.
Finde die Bilder.
Finde die Infinitivformen.
Finde andere Fabeltiere.
Findet andere Gegenstände.

Références photographiques

Seite:	
18	Bildagentur Mauritius/Torino, Mittenwald
19	A. Rouanet, Editions de la Palette, St. Clément de la Rivière
27	B. Niemczyk, Frankfurt
48 o.	A. Attini/White Star srl. Editoria, Vercelli
48 Mi.li.	Das Fotoarchiv GmbH/P. Hollenbach, Essen
48 li. kl. Foto	M. Weßling-Bagel, Frankfurt
48 u.	Camerapress/G. Tortoli, Hamburg
48/49	P. Schirmbeck, Frankfurt
49 o.li.	Fotoagentur Helga Lade, Frankfurt
49 o.re.	IFA-Bilderteam/K. Welsh, Frankfurt
49 u.li.	Stern/Picture Press/R. Herzog, Hamburg
49 u.re.	IFA/K. Welsh
54/55	Das Fotoarchiv/H. Christoph
55 o.re.	IFA/Schüller
55 Mi.	Das Fotoarchiv/J. Scheibner
55 u.re.	Das Fotoarchiv/R.W. Wilkie
55 u.li.	
56	aus: M. Courtney-Clarke "Die Berberfrauen", Verlag Frederking & Thaler, München

Seite:	
57 u.li.	IFA/K. Welsh
57 u.re. (2)	Bildagentur Schuster GmbH/Hoa Qui, Oberursel
57 re. außen	Bavaria Bildagentur/J. Alexandre, Gauting
90 o.re., u.li., 91 o. (2)	J. Felten, Köln
90 o.li., u.re. (2) 91 u. (2), 92 (2), 93	M. Pelz, Eichstetten
123 o. Reihe	IFA/DDB
123 u. Reihe li.	Schuster GmbH
123 u. Reihe Mi.	Schuster GmbH/Hoa Qui
123 u. Reihe re.	Helga Lade/H.H. Kirmer
124	Schuster GmbH/Sonderegger
125 o.	Schuster GmbH/Beadu
125 Mi.	Schuster GmbH/Klingemann
125 u.li.	IFA/LOW
125 u.re.	Helga Lade/M. Trigalou
125 ganz unten	Schuster GmbH/Tauqueur

Références bibliographiques

Seite:	
74, 84, 116	Corinne Albaut: «Comptines de la mer et du vent», illustrées par Catherine Fichaux, © Actes Sud Junior, Arles 1996.

Seite:	
113	Robert Desnos, Librairie Gründ, Paris.

987 654 321